本成果为重庆市高等学校"特色专业、特色学科、特色学校"项目建设计划中市场营销特色专业建设部分成果，是市场营销国家级特色专业建设部分成果。

商科人才培养探索与创新
——重庆工商大学商务策划学院实践（2016）

主　编　骆东奇　邓德敏
副主编　陈秋梅　詹　川　叶海林

西南财经大学出版社
中国·成都

图书在版编目(CIP)数据

商科人才培养探索与创新——重庆工商大学商务策划学院实践(2016)/骆东奇等主编.—成都:西南财经大学出版社,2017.12
ISBN 978-7-5504-3257-4

Ⅰ.①商… Ⅱ.①骆… Ⅲ.①贸易—高等学校—人才培养—重庆—文集 Ⅳ.①G649.2-53

中国版本图书馆 CIP 数据核字(2017)第 257495 号

商科人才培养探索与创新——重庆工商大学商务策划学院实践(2016)

主　编:骆东奇　邓德敏
副主编:陈秋梅　詹　川　叶海林

责任编辑:李晓嵩
助理编辑:陈佩妮
封面设计:何东琳设计工作室
责任印制:朱曼丽

出版发行	西南财经大学出版社(四川省成都市光华村街55号)
网　　址	http://www.bookcj.com
电子邮件	bookcj@foxmail.com
邮政编码	610074
电　　话	028-87353785　87352368
照　　排	四川胜翔数码印务设计有限公司
印　　刷	四川五洲彩印有限责任公司
成品尺寸	170mm×240mm
印　　张	15.75
字　　数	283 千字
版　　次	2017 年 12 月第 1 版
印　　次	2017 年 12 月第 1 次印刷
书　　号	ISBN 978-7-5504-3257-4
定　　价	88.00 元

1. 版权所有,翻印必究。
2. 如有印刷、装订等差错,可向本社营销部调换。

目录 Contents

基于实证分析的高校生师比及测算的几点讨论 ……… 骆东奇 吴建涛（1）
以创新创业为导向的重庆工商大学电子商务人才培养模式探索与实践
　　…………………………………………………………… 詹　川（12）
重庆工商大学商务策划学院产教融合人才培养的探索与实践
　　…………………………………………………………… 王　燕（20）
重庆工商大学商务策划学院开放办学人才培养的探索与实践
　　…………………………………………………………… 王　燕（24）
重庆工商大学基于知识、能力、素质三位一体的 MBA 人才培养模式的
　　探索与实践 ……………………………………………… 王　燕（28）
以能力培养为导向的物流管理人才培养模式改革研究 ………………
　　………………………………………………… 张　军　周继祥（39）
社会经济发展需求驱动下企业管理研究生实践能力与综合素质培养创新研究
　　………………………………………… 张　军　骆东奇　王　燕（46）
供应链管理课程中的情境教学方法应用 ……… 龚　英　周愉峰（50）
应用型供应链管理课程转型研究 ……………… 龚　英　周愉峰（55）
基于协同的供应链管理课程实践教学体系的构建 … 龚　英　周愉峰（61）
物流技术与物流装备课程教学方法改革的探索 ………… 陶　熠（65）
努力加强课程改革，不断提升教学质量
　　——管理学科学研究方法课程建设实践 ……………… 蔡继荣（70）
加强研究方法论课程建设，促进研究生科研水平提升 ………………
　　………………………………………………… 郭春梅　蔡继荣（76）
市场调研与预测教学中实训项目的选取及其教学效果研究 … 史学斌（81）
市场调研与预测双语教学初探 …………………………… 史学斌（87）
项目教学模式下市场调研与预测课程考核方式改革研究 … 史学斌（92）
基于大学双语教学的学生自我实现及其动力机制 ……… 周　全（97）
以创新创业能力培养为导向的国际商务专业实践教学体系的实践探索
　　——以重庆工商大学为例 ……………………………… 李树良（103）

基于创新创业能力培养的国际商务专业实践教学体系的构建研究
································ 李树良 （108）
重庆工商大学国际商务专业教学存在的问题及改革研究 ····· 贾镜渝 （112）
"一带一路"背景下国际商务专业实践教学体系构建研究 ····· 刘相勇 （118）
信息泛在与教学范式的转换 ····················· 毛玉洁 黄志贵 （124）
关于策划提案课程的回顾与总结 ························ 杨德慧 （137）
市场营销专业教学"十问" ····························· 彭建仿 （144）
市场营销学课程教学经验探析 ·························· 周 勇 （149）
打破学科分隔，培养跨界融合的新型人才
　　——基于"创新创业"时代需求的大学生培养新思路 ····· 周 勇 （154）
基于建构主义的移动学习教学模式探索 ················ 王江涛 （160）
基于专业吸收能力促进电子商务师资采纳创新机制研究 ··· 刘四青 （169）
基于应用型人才培养的客户关系管理课程改革研究 ······· 袁 俊 （175）
基于 BTEC 理念的电子商务课程教学模式探索 ··········· 张梁平 （180）
基于合作学习模式的电子商务风险投资与创业教学实践探索
································ 张梁平 （186）
国内外高校创业教育研究综述 ·························· 古纯玉 （191）
商务策划学院大学生创业教育的调查研究报告 ··········· 古纯玉 （195）
跨文化管理（双语）课程建设存在的问题及对策研究
　　——以重庆工商大学为例 ····· 韩 艳 李树良 鄢清华 张 毅 （202）
跨文化管理虚拟仿真课程的设计与建设
　　··············· 韩 艳 鄢清华 周 茜 李树良 曹 俊 （205）
高校大学生就业指导课程改革初探 ·············· 邓 艺 宋钰静 （212）
浅析"三级十维"大学生学业促进体系的构建
　　——基于商务策划学院学业促进实践 ········· 邓 艺 宋钰静 （216）
高校军训对大学生管理模式的思考与探索 ········ 樊少华 宋钰静 （220）
浅谈感恩教育在大学生人才培养中的作用 ········ 樊少华 宋钰静 （224）
浅析当代大学生就业意识与择业倾向 ···················· 向丹丹 （229）
重构现代大学教学观：基于本体与价值的视角 ··········· 游 薇 （234）
自媒体对大学生思想政治教育的影响与对策 ············· 郑 娴 （239）
浅析时代背景下大学生心理健康教育 ·················· 朱华华 （244）

基于实证分析的高校生师比及测算的几点讨论[①]

骆东奇 吴建涛

[摘要] 我国高等教育面向大众化以来,一直面临着规模扩大与质量下降的矛盾,这是制约我国高等教育进一步发展的瓶颈。本文尝试从生师比的视角探究我国高校教学水平提升的困境,通过对一所地方性高校进行实证分析,提出我国高校应在招生、教师结构优化等方面努力降低生师比,提高教学质量,促进教育公平。

[关键词] 高等教育 生师比 测算 办学效益

"所谓大学者,非谓有大楼之谓也,有大师之谓也。"这是我国近代著名教育家梅贻琦对大学教育内涵的深刻阐释。教师是教育的第一资源,是学校的办学主体,而师资队伍是大学进行人才培养、科学研究、社会服务、文化传承与创新的决定性因素,是大学的灵魂,是大学的内涵与质量的决定性因素。百年大计,教育为本。伴随着经济、社会的飞速发展,我国的高等教育由精英教育转变为大众教育,高校生师比逐年上升,引发了关于教育质量与办学效益的广泛讨论。这也已经成为社会各界关注的焦点之一。目前学术界对于合理的生师比的界定并不适用于所有高校,也不适用于高校内部的院、系和专业等不同层次的分析;同时,对于生师比的计算大多只停留在高校的宏观层面,用某个宽泛的"一刀切"的标准对待所有高校或学科显然有失偏颇,在实际对比中存在很多不准确的地方。本文主要针对上述问题,从学校内部的微观层面进行生师比研究,以某地方高校为例进行实证分析,以期从生师比的视角探究目前高校办学质量和效益的提升

---

① 本文为重庆工商大学教育教学改革与研究项目"地方高校专任教师育人体系建设研究"(12016107)和重庆工商大学研究生教育教学改革研究项目"经济管理类学术型硕士研究生实践育人体系优化与实践"(2014YJG0209)研究成果。

困境，并提出相应的改善建议。

一、生师比的内涵

"生员比"一般指的是在某个时间，某校或者说一个地区在校的学生数量与所有教职员工的比例。教职员工包括专任教师、行政管理人员、教辅人员、后勤人员等。高校"生师比"是指在校学生数量与专任教师人数的比例，这是一个衡量教学质量和教育资源利用率的常用指标。目前国内不同学者对于生师比的内涵认识和界定总体一致，但也有一些差别。生师比是本科教学评估中用来衡量高校办学水平是否达标的重要指标之一，也是从人力资源使用效率角度上来分析高校办学效益最重要的客观量化的经济指标之一。该比值反映了社会资源利用率与办学质量的一般关系，不管生师比如何调整，最重要的是教育质量的把关。在保证教育质量的前提下，生师比越高，似乎社会资源利用率就越高，因为一定的资源有更多的学生来享用。但是，生师比越高，在一定的教育资源条件下，教学质量就越难以保证，因为一个教师的能力和精力是有限的。应根据不同层次高校教师工作量的不同及在校学生层次的不同，结合办学条件、办学效益、专业设置等情况综合考虑，优化人力资源的配置与使用。从高等教育大众化进程的角度出发，大学教育的精英性应该像学术自由一样，成为教育规律的一部分，严格控制与管理生师比的变化，守望精英教育的传统，追求大学卓越质量的精神。

高校教师在日常工作中都有教学和科研的双重任务，大部分教师不但要完成繁重的教学任务，还必须完成规定数量的科研项目。当生师比过高时，意味着每名专任教师所负担的教育学生的人数过多，会大量挤占教师用于科研的时间和精力，同时也使教师无法对每名学生学习情况加以了解，从而不能保证教学质量。如果生师比过低，又会造成教育资源的闲置和浪费。可以说，生师比是高校办学结构中的一把双刃剑，只有相对合理的生师比才能使高校在办学效益和教学质量提升的矛盾中找到平衡点，保证教师既能长时间跟踪本学科发展前沿和潜心进行科学研究，又有充足的时间和精力去备课及更新教学方法，能够与学生进行有效的沟通及互动，从而保证教学质量。

二、生师比的相关规定

生师比作为衡量高校办学质量的重要指标之一，一直是教育主管部门考察关注各高校办学情况的重要方面。在过去数轮全国学科评估中，生师比均被列为主要的评估指标之一。早在1999年,教育部在《关于新时期加强高等学校教师队伍建设的意见》中提出,高等学校教师队伍建设的具体目标是在保证高等教育水平不断提高的同时,全国高等学校平均当量生师比达到14∶1左右。随着高校扩招的进一步展开,2004年,教育部在《普通高等学校基本办学条件指标(试行)》中指出综合类、师范类和财经类普通高等学校的办学指标中,生师比16∶1为优秀,生师比18∶1为合格,生师比22∶1时限制招生。2006年,教育部在《普通本科学校设置暂行规定》中明确指出,普通本科学校应具有较强的教学、科研力量,专任教师总数一般应使生师比不高于18∶1;兼任教师人数应当不超过本校专任教师总数的1/4。这是国家教育主管部门对于全国范围内所有高校生师比的一般性要求,但各高校的建校背景、发展历史和学术研究水平不同,有着不同的办学定位、发展目标和培养层次等,因此合理的生师比的确定应当根据各高校的区域差异和教学科研侧重的不同确定。

从科研产出效率的视角看,要使科研产出效率最大化,最优生师比为16.558~17.548。从提升高校人力资源管理效益的角度看,对人员编制管理功能可以进行深度开发,高校可以采用更加灵活的用人方式,增加聘任兼职教师,从而不但可以有效降低生师比,还可以提升高校人力资源管理效益。

三、G高校不同层面生师比的测算

(一) 数据来源

本部分所有数据均来源于G高校信息公开网站、G高校下属二级学院网站和《2013级本科人才培养方案》等。

(二) 学校、学院和专业生师比测算

某地方性高校G高校是西南地区一所由中央和地方共建,多学科协调发展,具有鲜明财经特色并拥有硕士、博士授权点的多科性大学。G高校立足于培养高素质人才服务地方经济社会发展,同时积极寻求办学水平的提高,不断深化教育教学改革,朝着建成一所高水平的研究型大学的目标而努力。通过查阅G高校公开信息可知,截至2014年10月,G高校共有全日制本科生29 029名,专任教师1 616人,生师比为17.96∶1。从总体上可以看出,G高校的生师比恰好处于我国高校平均生师比的水平。但是,这是用全校学生人数和教职工总数之比得出的生员比值,通过这个数据可以得到的关于G高校生师比的具体信息极其有限,笔者希望通过对G高校生师比进行微观层面的测算,以期在新的视角找到制约G高校发展的短板,为地方性高校降低生师比提出可供参考的建议。

1. 分学院的生师比测算

G 高校构建了涵盖多个学科门类、布局合理的学科体系，共设有 22 个学院（中心）教学单位，2 个独立学院，70 余个本科专业。下面选取 G 高校几个主要的教学单位（学院），进行生师比测算。

通过表 1 可以看出，G 高校主要学院的生员比均高于 20∶1，其中，B 学院和 E 学院的生员比分别高达 38.95∶1 和 34.06∶1，即使生员比最低的 A 学院也达到了 20.72∶1；生员比最高和最低的学院相差 18.23。国内高校中，金融学和会计学等相关专业的报考热度有增无减，G 高校这两个专业所在的学院在每年的本科新生录取中生源充足，同时为了满足希望进入这两个专业学习但被录取到其他学院的学生需求，在大学二年级阶段，又有大量其他学院的学生转入这两个专业，造成了学生人数进一步上升。A 学院由于拥有较多科研机构和重点学科，教师和科研人员较多，因此相对生员比较低。总之，以上学院的生员比数值远大于 G 高校总体生员比，形成这种差异的原因在于一所高校为了维持各职能部门正常运转和保障师生的学习生活，除了从事教学和科研工作的专任教师以外，还有大量行政人员、教辅人员和后勤工作人员。表 1 中，各学院的非教学人员比重为 10%~20%，主要为行政人员和辅导员，这类人员并不直接参与教学工作。与学生学习和教学质量直接相关的是专任教师，因此测算生师比时应当去除非教学人员，据此得出的结果才能更为真实地反映生师比（见表 2）。

表 1　　　　　　　　G 高校部分学院的生员比

	学生人数(人)	教职工总数(人)	专任教师数(人)	非教学人员比重(%)	生员比
A 学院	1 844	89	71	20.22	20.72
B 学院	2 960	76	61	19.74	38.95
C 学院	1 686	65	58	10.77	25.94
D 学院	2 401	76	66	13.16	31.59
E 学院	2 350	69	58	15.94	34.06

表 2　　　　　　　　G 高校部分学院的生师比

	A 学院	B 学院	C 学院	D 学院	E 学院
生师比	25.97	48.52	29.07	36.38	40.52

去除非教学人员后得到经调整后的生师比＝学生人数/专任教师数，表2的生师比数值比表1得到的生员比的数值更大，其中B学院和E学院的生师比均高于40∶1，与生师比最低的A学院相比较，生师比最高和最低的差距已高达22.55，远大于18.23。去除非教学人员后的生师比与一般意义上的生员比数值差异明显，并且各学院的横向差距进一步扩大，这说明地方性高校的生师供需矛盾非常尖锐，需要引起学校和教育主管部门的高度关注。

2. 分学科的生师比测算

G高校是以经济管理类专业为优势的具有鲜明财经特色的高校，为了对G高校生师比情况能有一个较为系统的考察，需要对G高校各个不同的学科门类的生师比进行测算。立足于G高校已有的公开数据，下面对G高校的7个学科进行生师比测算（去除非教学人员）。

在表3中，只选取了各学科的部分数据。例如，在文学中就没有加入外语学院，因为外语学院通常承担着全校所有专业的公共英语课程的教学工作，因此外语学院的生师比极低，并不具有代表性。此外，还有部分学院的数据不足。通过已有的数据计算可以看到，学科1和学科2作为G高校重点打造的优势学科，生师比最高，分别为36.39∶1和35.37∶1，而其他的非优势学科的生师比则相对较低，其中学科4和学科6的生师比分别为14.42∶1和16.66∶1，各学科生师比的最大值和最小值的差距为21.97。不同学院之间生师比差异较大的问题在不同学科之间同样存在。

表3　　　　　　　　G高校不同学科的生师比

	学生人数（人）	专任教师数（人）	生师比
学科1	4 804	132	36.39
学科2	6 437	182	35.37
学科3	1 303	45	28.96
学科4	995	69	14.42
学科5	3 417	160	21.36
学科6	583	35	16.66
学科7	1 458	56	26.04

3. 单个专业的生师比测算

生师比的测算不能仅仅停留在学院和学科层面，通过在更小的范围内考察，可以更为全面和深刻地认识其中的问题。国际经济与贸易专业是G

高校4个国家级特色专业之一,每年招收4个专业班(平均每班45人),同时招收硕士研究生。通过查阅该专业的本科教育人才培养方案可知,该专业的本科培养主要包括通识教育模块、专业教育模块和集中实践教学环节。其中,通识教育模块又包含公共基础课和公共选修课,专业教育模块包含学科基础课、专业核心课和专业选修课,具体统计情况如表4所示。

表4　　　　G 高校国际经济与贸易专业学时数统计　　　单位:学时

模块类别	课程类别	学时	合计
通识教育模块	思想政治理论	352	1 190
	大学英语	186	
	大学计算机	136	
	大学数学	236	
	大学体育	126	
	通识课	154	
专业教育模块	学科基础课	533	1 397
	专业核心课	224	
	专业选修课	640	
集中实践教学	模拟综合实训	28	164
	学年论文和毕业论文	44	
	毕业实习	80	
	入学教育与就业指导	12	

国际经济与贸易专业每个专业班45人,根据不同类别课程的教学实际需要,可以测算出教师需求量和生师比。通识教育模块中大学英语和大学体育为30人小班教学,大学计算机和大学数学为60人中班教学,其余课程为90人大班教学;专业教育模块课程均为90人大班教学;模拟综合实训为30人小班教学,每名教师平均指导4名学生的学年论文和毕业论文,毕业实习由4名教师指导,入学教育与就业指导由2名教师指导。该专业的教学工作量为:

$(186+126)×6+(136+236)×3+(352+154)×2+1\ 397×2+28×6+44×45+80×4+12×2=9\ 286$(学时)

平均每学期的教学工作量为1 161学时(9 286/8≈1 161)。按照每学期教学时间为18周,每名教师的周教学工作量约为8学时来进行计算。

该专业每学期的平均教师需求量 = 1 161/(18×8) ≈ 8（人）

因此，国际经济与贸易专业的生师比 = 180∶8 ≈ 22.5∶1

同理，也可以搜集其他专业的数据资料进行测算。不同于笼统地用学生人数与专任教师数之比所得到生师比，这种测算方法可以较为准确地得出每个专业的生师比。从上述生师比的测算过程中，我们可以清晰地看出，当教师配备充足的情况下，可以安排越多的学时数，最后测算出的生师比数值就越小；反之，学时数越少，生师比就越大，反映教师数量的不足。同时，在学生数量和教师数量既定的前提下，高校降低生师比可以采取的措施有缩小教学班的容量，即对于很多原本采取大班或者中班教学的课程进行中班或小班教学。研究证明，班级授课时，教师视野覆盖范围不超过25 人，难以关注、监控视野范围之外学生的听课和参与情况。这样的做法显然会提高课堂教学质量，但也会加大教师需求量，对高校的师资力量储备提出新的挑战。

（三）与国家标准的比较

通过上述对 G 高校不同层面生师比的计算，可以发现 G 高校的总体生师比 17.96∶1 低于 18∶1，符合相关的国家标准。但对 G 高校内部微观层面生师比的计算结果表明，热门专业所在的学院和学科生师比远高于国家标准，而部分专业所在的学院和学科生师比较低。总体来说，G 高校的生师比偏高，这对提高教学质量和人才培养水平不利。

四、从 G 高校不同层次看生师比计算的问题

（一）生师比的适用范围

生师比是上级教育主管部门评价一所高校办学条件的参照指标之一，也是考生判断一所高校实力的重要参考。按照教学工作量的方法计算出的生师比可以较为准确地反映出各不同专业的教师需求量。以 G 高校为代表的教学研究型高校的主要办学目标是服务地方经济社会发展，因此生师比一般较高，师资力量较薄弱，不能用一个普遍的指标来衡量。各学科协调发展的意义不仅仅在于有齐全的学科门类，还在于不同学科的教学和科研工作协调发展。当不同学科间的生师比差距过大时，对于高校各学科之间的均衡发展和提高高校的整体竞争力极为不利。当然，这对于生师比较高的学科的学生来说是不公平的。对于生师比较高的院系，学校可以有针对性地引进教师，降低这些院系的生师比。

（二）生师比测算数据获取难点

计算生师比时一般是选取在校学生人数总量，另外考虑硕士研究生和

博士研究生的折算情况,一名硕士研究生折算为1.5名本科生,一名博士研究生折算为2名本科生,则学生人数总量的确定存在不一致。除去行政、教辅和后勤等人员后的专任教师也存在一定差异。有的专任教师承担大量行政工作或者主要承担科研工作,只能承担有限的教学工作,并且还有大量的校外兼职教师。由于各方面的原因,教师教学工作量存在极大的差异,目前还没有一个有效的标准能统筹和精确折算专任教师人数。学院、专业层面的生师比测算不但需要准确地了解学生数量、教师数量,还需要全面地获取各专业的教学工作量、不同职称教师的工作量等相关数据。这些数据的获取途径有限,而且整理起来较为繁杂。培养方案中确定的学时数在实际教学过程中往往会出现不同程度的出入,教师的周工作量根据不同职称是不同的,测算时只能采取平均估算的折中方法。教师在课下的备课、批改作业等工作所花的时间是无法统计的。这些都增加了精确获取教师工作量数据的难度。

(三)生师比在不同层次的差异

从上述对G高校不同层次生师比的测算可以看到,G高校的总体生师比是比较低的(17.96∶1)。但在学院层面、学科层面和所选取的单个专业层面,生师比均存在较大的差异。造成这种差异的原因在于不同层面的生师比测算方式不同,对于学校、学院和各学科,主要采取学生数量和专任教师数量的比值测算生师比。高校引进的教师数量必须达到一定指标,从而使生师比达到教育主管部门的规定标准。在高校内部,不同学院和学科间的师资绝对数量会由于专业热门程度、学科培养特点和科研基础强弱等因素而不同。而对于更微观层面的专业来说,无法采用这种简单的测算方式,需要通过专业培养计划的教学工作量和教师工作量,计算出该专业的教师配备数量,据此得出各专业的生师比。通过这种方式得出的不同专业间的生师比差异较小,可以较为客观全面地反映出生师比情况。

(四)生师比的有效性问题

由于数据获取上的难点,生师比计算的结果虽然有一定程度上的参考价值,但与真实情况会存在较大出入,而且不同高校之间也会存在差异。2016年4月,教育部学位与研究生教育发展中心启动了第四轮学科评估,评估指标体系的调整中,在三级指标方面减少了"生师比""专家团队""重点学科数"等指标。这说明生师比作为教育主管部门考核高校办学条件的重要性在降低。目前,判断一所高校科研实力和教学水平的方式更加侧重于师资队伍质量、在校生及毕业生培养质量等方面,而不再片面追求数量。作为服务于地方社会经济发展的教学研究型高校,其办学定位和目标需要结合地方发展需要和自身办学基础状况，有针对性地发展部分优势学科和专业，而不是一味地求大求全。某些优势学科和学院的生师比较高，而部分需要承担全校大量公共课程教学任务的学院及部分理工科专业由于学科特点等因素，导致所在学院生师比相对较低。因此，在学院和学科层次评价生师比不具备有效性。而在专业层次，生师比能反映出该专业在师资力量配备和教学质量方面的问题。

五、地方性高校改善高生师比现状的建议

（一）综合调整不同学科专业的招生数量

各个不同的学院构成了一个高校的整体，各学科协调发展的意义不仅仅在于有齐全的学科门类，还在于不同学科的教学和科研工作协调发展。当不同学科的生师比差距过大时，对于高校各学科的均衡发展和提高高校的整体竞争力极为不利，对于较高生师比学科的学生来说是不公平的。每年高考招生时，如经济、金融、会计等热门专业的报考人数众多，不同专业和学科的报考情况不平衡。地方性高校应当在重点发展部分优势学科的基础上，根据各院系配备的教师数量的实际和不同学科专业的特点，合理确定各专业的招生规模，使生师比控制在一个合理的范围内，保证教学水平和人才培养质量，不能盲目扩大优势学科和热门专业的招生规模。对于大学二年级的转专业调整，特别是对于热门专业，应严格控制转专业的名额，防止转专业带来的个别专业人数暴涨。这不只是对学生教育负责，也是为任课教师减轻负担，有利于学科的长久发展。

（二）缓解专任教师数量的不足

一是鼓励高校积极开展对外交流合作，与国内外高校进行联合培养。高校应加大对学生的资助力度，鼓励学生去国外高校交流学习，通过学分互认、攻读双学位等方式，充分利用国外高校充足和优质的教师资源，缓解国内高校教师"人手不足"的问题，同时也能使学生接触国外先进的教育资源与教学理念，提高学生的综合素质与能力。国内重点高校师资力量较为雄厚，地方高校可以与重点高校展开合作，充分依托和利用重点高校的师资资源，具体可以采取聘请重点高校教师进行兼职授课、为地方高校开放实验室和教学中心、地方高校学生修读重点高校课程学分等。

二是在充分遵照教育部相关规定（兼职教师数不超过专任教师数1/4）的前提下，扩大兼职教师的聘用规模。高校可以聘用大型企业、科研院所、政府机关单位中的在相关专业领域比较突出的人员为"客座讲师"，发挥这类人员在各自领域的实践优势，使其在基础课程和实践课程中承担部分教学任务，为学生讲授相关的实践知识，缓解教师的教学压力，使专任教师有更多时间和精力创设更好的条件，同时也有利于拓展学生知识来源。我国高校教师的法定退休年龄为60岁，但通常来说，60岁对于一名高校教师来说，其在健康、精力等条件允许的情况下，还有较大的学术作为空间。高校通过返聘退休教师，可以有效充实现有教师队伍；同时，老教师的学术造诣和行为涵养对于学生来说也是一笔可以充分利用的宝贵财富。总之，适度增加兼职教师数量可以有效节约教育成本，提高办学效率。

（三）加大对地方性高校的支持力度

地方性高校虽然办学层次较低，但是作为服务于地方社会经济建设的主要力量，政府应当加大支持力度，特别是加大财政支持力度。一方面，政府需要改善地方性高校硬件设施不足和科研实验条件缺乏的问题，对高校完善教学设施和新购实验教学设备提供充足的财政支持；另一方面，政府应向高校提供更充足的资金支持，助力高校进行人才引进，提高教师的薪酬水平。此外，对于高校基建的土地需求、高水平人才引进等相关要求方面，政府也应在政策上适当倾斜，良好的科研环境和优厚的物质条件是高校吸引高层次人才的重要方式。

六、结语

师资队伍是大学的第一要素，是学科建设的依托，更是保障人才培养质量和提升学术水平的先决条件。师资队伍在一定程度上体现了我国高等教育的规模、人力资源利用的效率，反映了高校的办学质量。我国高等教育的规模巨大，地区间发展不平衡的问题由来已久，高校生师比不合理也是制约地方性高校教育质量进一步提高的重要因素，是地方性高校发展过程中亟待解决的问题。国家应继续加大对地方高校发展的投入力度，地方性高校也应从办学定位、办学条件、专业设置等多方面因素综合考虑，优化人力资源的配置，从而确定合理的生师比，提高教学质量和办学效益。

参考文献

[1] 施亚, 陈琳, 夏雪娇, 等. 全国第四轮学科评估对地方高校师资队伍建设的启示 [J]. 西部经济管理论坛, 2016, 27 (4): 93-96.

[2] 吴王平, 华同曙. 浅析高校生师比失衡及对策 [J]. 教育现代化, 2016 (21): 195-199.

[3] 陈泽, 胡弼成. 生师比: 人才培养质量的重要指示器 [J]. 大学教育科学, 2013 (3): 118-124.

[4] 郝燕萍, 周英, 罗艳华. 高校生师比现状及其合理性思考 [J]. 中国高等医学教育, 2011 (10): 33-34.

[5] 范晔. 大众化进程中的生师比与大学质量关系——世界一流大学生师比研究的启示 [J]. 教育发展研究, 2012 (23): 8-15.

[6] 关于印发《关于新时期加强高等学校教师队伍建设的意见》的通知 [EB/OL]. (1999-08-16). http://www.moe.edu.cn/s78/A04/s7051/201410/t20141021_177417.html.

[7] 教育部关于印发《普通高等学校基本办学条件指标(试行)》的通知 [EB/OL]. (2004-02-06). http://www.moe.edu.cn/publicfiles/business/htmlfiles/moe/s7050/201412/xxgk_180515.html.

[8] 教育部关于印发《普通本科学校设置暂行规定》的通知 [EB/OL]. (2006-09-28). http://www.moe.edu.cn/publicfiles/business/htmlfiles/moe/s181/201006/88612.html.

[9] 李智, 饶武元, 华磊. 基于科研产出效率视角的普通高校最优生师比研究 [J]. 教育学术月刊, 2016 (4): 61-66.

[10] 黑建敏. 高校人力资源管理效益提升空间探析——从评估方案生师比指标看高校编制功能开发 [J]. 中国高教研究, 2009 (1): 56-59.

[11] 全日制在校本科生总数的比例、教师数量及结构 [EB/OL]. (2014-10-31). http://xxgk.ctbu.edu.cn/info/1124/1089.htm.

[12] 许晓川, 李莉莉. 小班化教育——推动研究性学习开展的有效形式 [J]. 教育理论与实践, 2002, 22 (5): 50-52.

[13] 王硕, 魏巍, 孟凡英, 等. 教育部第四轮学科评估指标体系变化分析 [J]. 创新科技, 2016 (8): 54-56.

以创新创业为导向的重庆工商大学电子商务人才培养模式探索与实践①

詹 川

[摘要] 本文总结和分析了重庆工商大学电子商务专业人才培养过程中创新创业教育实践的探索和做法。本文首先分析了美、英、法、日等发达国家创新创业教育的现状，然后回顾了当前我国创新创业教育的现状和存在的问题，接着阐述了重庆工商大学电子商务专业开展创新创业教育的原因，最后分享了重庆工商大学电子商务专业创新创业教育的成功经验。

[关键词] 创新创业　电子商务　人才培养

一、前言

随着国家制定创新型国家战略，提出"大众创新、万众创业"的愿景，各级政府高度重视高校创新创业教育活动的开展，打造良好的创新创业教育环境，优化创新创业的制度和服务环境，营造鼓励创新创业的校园文化环境，着力构建全覆盖、分层次、有体系的高校创新创业教育体系。

教育部下发了《普通本科学校创业教育教学基本要求（试行）》的通知，指出在普通高等学校开展创新创业教育，是服务国家加快转变经济发展方式、建设创新型国家和人力资源强国的战略举措，是深化高等教育教学改革、提高人才培养质量、促进大学生全面发展的重要途径，是落实以创业带动就业、促进高校毕业生充分就业的重要措施。

二、国外创新创业教育现状

美国是较早在高校进行创业教育的国家。总体来说，美国创业教育具

---

① 本文为重庆工商大学高等教育教学改革研究项目"以创新创业为导向的电子商务专业人才培养模式研究及实践"（重点项目，项目编号2015105）研究成果之一。

有以下特点：一是创业课程覆盖面广、体系完备。美国高校中的商学院或管理学院大都对学生进行创新创业教育。哈佛商学院创立了"创业精神管理学"，加州大学的创新创业相关课程高达24门。在美国，创业教育课程已成为初中、高中、大学本科直到研究生教育的内容。有些高校还成立了创业学系，培养创业学方向的工商管理博士。二是改革了教学方法，形成了合作模式。美国高校用创业过程为主线的教学方法，取代传统的以职能管理为主线的教学方法，邀请处理各种创业问题（如法律、税收、知识产权、企业评估以及合同管理等方面）的专家加入课堂教学。美国建立了多个创业研究中心，设立了若干项创业研究基金。美国高校中的创业教育在个人、团队、行业、企业和社会几个领域内迅速扩展，形成了高校出人、企业出项目、基金会出钱、研究中心提供指导的合作模式。

英国通过政府计划推动创业教育，支持新兴产业和中小企业的发展。英国自1981年起实施了"企业创办计划""小工厂计划""小工程公司"等一系列推动创业的措施，帮助创业者积累资金，提高创业成功率。2000年，英国财政部成立国家大学生创业委员会，拨款几十亿欧元给剑桥大学等高校，推进创新创业教育。2005年，英国政府发起了一项中学生创业计划，要求所有12~18岁的中学生必须参加为期两周的暑期商业培训课程，以培养其创业意识和能力。

法国重点鼓励农村青年创业。德国支持创业的突出特点是就业开发策略，开展职业教育。实施双轨制教育是二战后联邦德国经济快速发展的秘密武器之一。德国以积极的创业政策取代了消极的失业福利政策。

在亚洲，日本于1982年提出"创造力是通向21世纪的保证""要培养全球性的、进攻型的创造性人才"。在日本，国家层次的各种创业竞赛方兴未艾，高校把创业竞赛和课程体系建设较好地结合了起来。新加坡在20世纪70年代将年轻的新加坡人送往德国、法国和美国开展"学徒式"培训计划；在海外建立工业园区，从外部创造经济空间；把建立亲商环境、培育创意和创新文化、繁荣创业精神、塑造更具弹性和多元化经济体作为新加坡的长期国策，使新加坡经济发展由劳动密集型工业逐步过渡到具有高附加价值的资本、技术密集型工业和高科技产业。韩国政府通过大学的"创业同友会"和"创业支援中心"支持创办风险企业。

三、国内创新创业教育现状

国内高校创新创业教育的实施始于20世纪末。1998年，清华大学举办首届清华大学创业计划大赛。2002年，高校创业教育在我国正式启动，教育部将清华大学、中国人民大学、北京航空航天大学等9所院校确定为开展创业教育的试点院校。十多年来，创新创业教育逐步引起了各高校的重视，一些高校在国家有关部门和地方政府的积极引导下，进行了有益的探索与实践。

但国内创新创业教育开办较晚，普遍存在以下问题：

第一，创新创业文化欠缺，创新创业观念落后。由于中国传统教育思想的影响，使得教学精力集中于理论学习而忽视实践创新环节。同时，一些高校没有认识到创新创业教育的重要性。

第二，创新创业学科建设不健全，导致创新创业教育课程设置缺乏科学性。我国的创业学研究才刚刚起步，创业学方面的课程和教材往往是相关内容的简单移植、拼凑和综合，内容零碎，缺乏作为一门学科应有的系统性和严谨性，指导意义缺乏实效性、系统性和针对性。

第三，创新创业教育理论研究不够深入、系统，导致师资力量薄弱，教师教学实践缺乏理论指导，往往依靠自学或者经验进行教学。大部分教师缺乏创业实践经验，依赖书本教学，创新创业教学效果较差。

第四，创新创业教育的投入不足。由于创业存在大量的风险及诸多不确定性因素，致使各高校的创业教育仅仅停留在一般的竞赛指导上，高校投入的精力、师资力量、资金往往无法满足学生对创业的需求。

四、重庆工商大学开展创新创业教育的原因

电子商务专业具有以下五个显著的特点：

第一，学科紧密交叉复合，经济、管理、信息技术、法律等贯穿全部知识内容。

第二，专业知识应用领域十分广泛，能够面向制造业、服务业、公共事业等多个不同跨度的行业和领域。

第三，专业涉及内容快速变化，特别是信息技术的一些最新成果往往首先在电子商务领域进行推广，电子商务领域成了新技术的试验场和管理模式的创新地。

第四，专业毕业生就业面广而新，既适合企事业单位，又适合个体创业。

第五，电子商务领域网络服务的任何一个微小需求或相关业务都可能产生出新兴服务领域，从而使电子商务为核心的电子服务正在成为个性化、专业化的创新源泉。

因此，我们认为电子商务专业是最适合开展创新创业教育的知识密集型和实用型专业之一，同时也是最需要将基础知识与社会实践紧密结合起来开展教育教学活动的专业之一。

五、重庆工商大学采取的措施

(一) 以创新创业为导向，重新设定电子商务专业的培养目标

专业培养方案是高校专业人才培养的纲领，因此是专业建设的重中之重。重庆工商大学电子商务专业创建于2003年，重庆工商大学是重庆高校中第一批开设电子商务专业的高校，毕业的学生已有10届。电子商务专业培养方案自从2003年制订以后，虽然每年都在适当修订，但是逐渐暴露出专业人才培养定位不准、开设课程泛而不精、部分课程内容严重滞后于社会的发展需求、部分课程内容缺乏实际应用性、学生动手实践能力差、缺乏电子商务项目整体经验等诸多问题。在教学改革实践中，电子商务系教师统一了思想，认识到原有的电子商务专业培养方案已经不能符合现在对创新创业人才培养的需求。为了能制订出优秀的培养方案，电子商务教师先后走访浙江工商大学、杭州师范大学、浙江财经大学、江苏大学、南京财经大学、重庆邮电大学和长江师范学院等多所高校，调研其电子商务培养方案、教学经验以及创新创业实践活动，获取了很大的启迪。例如，杭州师范大学是马云的母校，该校与阿里巴巴集团联合建立了阿里巴巴商学院，特别重视创新创业教育和培养。杭州师范大学专门开辟出5 000多平方米的空间给予学生开展创新创业活动。学生可以携带项目免费入驻创新空间，学校免费提供办公场地、水、电和网络等，并且有专门的教师提供指导培训以及创新孵化基金。对于具有较好成长空间的项目，杭州师范大学还提供项目扶持资金，使其入驻学校创业工厂，给予更大的帮助，推动学生创业。重庆邮电大学作为以通信、计算机技术见长的高校，在其电子商务人才培养定位上强调电子商务和移动商务技术的掌握与应用，突出电子商务创新能力培养。

同时，电子商务系教师又深入企业，了解企业对电子商务人才的真实需求，走进重庆医流巴巴、江小白酒业、重庆医药交易所、京东重庆公司、铺路石跨境电商等电子商务企业，与企业负责人及人力资源领导交流，认真听取企业的诉求。

此外，电子商务系教师创新人才需求调研方法，使用独有的大数据分析技术分析全国电子商务行业招聘信息共222 458条，大数据分析让我们深刻清晰地看到市场对电子商务人才的真实需求。例如，在电子商务人才岗位需求方面，29%是招聘市场与营销人员，这是电子商务行业需求量最大的

岗位，其次是运营岗位，占比为 26%，排在第三的是开发岗位，占比为 22%。

经过前期调研论证，结合重庆工商大学的财经特色，我们在新的电子商务人才培养方案中制定的培养目标定位于重点培养电子商务运营人才和跨境电子商务人才。选择此培养方向的原因在于：一是我们从大数据分析中可以看到电子商务运营人才是电子商务企业当前十分紧缺的人才，而对此类人才的培养往往被高校忽略。二是重庆工商大学是一所以经管为特色的高校，在经营管理这方面具有优势。三是重庆工商大学是一所地方性高校，主要服务于重庆本地经济。当前，随着保税区、互联互通、自贸区项目的实施，重庆正在大力发展跨境电子商务。我们在新的培养方案中强调了本科学生对互联网商业模式、信息技术、运营管理、网络营销知识和技能的熟练掌握以及应用互联网思维进行创新创业的能力。培养目标制定以后，我们专门邀请高校和电子商务企业专家对我们的定位方向进行了论证，专家认可了我们的定位方向，认为定位明确，同时具有鲜明的工商特色，贴合社会对电子商务人才的需求。

（二）设计以创新创业为导向的电子商务专业课程体系

在培养目标确定后，如何围绕目标确定与之匹配的专业课程体系，这是培养方案制订工作的难点和重点。电子商务人才是当前社会最紧缺的人才之一，但同时国内很多电子商务专业学生很难就业，造成这种两难问题的根源是国内很多高校一哄而上，争相开设电子商务专业，然而对电子商务专业人才需求认识不深，专业定向模糊，开设课程宽泛，但是广而不精，导致电子商务专业学生从事电子商务技术开发没有计算机专业学生好用，从事运营营销没有工商管理专业学生好使的困局。其原因主要是高校电子商务专业建设者对电子商务各种岗位所需技能缺乏足够的了解，设计的课程体系不符合企业实际需求，缺乏针对性。在课程体系设计上，达内、北大青鸟等社会电子商务培训机构制定的培训课程，系统、全面、实用、针对性强，深受学生喜爱，值得高校借鉴。我们认真研究了这些培训机构针对网络营销和电子商务运营岗位的培训课程体系。为了更深入地了解企业不同电子商务岗位到底需要哪些核心技能，我们采用大数据关联分析技术，分析了不同电子商务岗位最需要的核心知识和技能。

表1列出了每个电子商务具体岗位最关注的三项技能。例如，运营岗位最需要的是微博、推广和数据分析能力，数据岗位最需要的是数据分析、SQL和逻辑能力。通过大数据分析，我们清晰明确知道了各个岗位最需要的知识和技能，这为我们课程体系设计提供了指导。因此，我们在设计面向

电子商务运营岗位的课程体系时,针对微博和推广能力,我们新开设社会化媒体营销课程;针对数据分析能力,我们新增了电子商务数据运营和电子商务决策分析等课程,来提升学生的创新能力。

表1　　　　　　　具体岗位与技能关键词相关分析

具体岗位	高关联度技能关键词		
产品	逻辑 1 028, 3.0	数据分析 510, 2.8	创新 638, 2.4
开发	JavaScript 2 069, 4.2	Java 3 761, 4.1	PHP 2 073, 4.1
测试	Android 221, 3.9	Linux 295, 3.1	SQL 187, 2.6
运维	Linux 581, 7.2	SQL 140, 2.1	PHP 82, 1.4
优化	数据分析 73, 4.6	推广 81, 2.6	HTML 22, 1.4
网页	美术 1 314, 9.6	Photoshop 1 302, 7.6	创意 1 000, 5.2
视觉	美术 1 454, 12.6	Photoshop 1 531, 10.6	创意 953, 5.8
营销	挑战 2 103, 2.7	谈判 1 322, 2.5	勤奋 766, 2.0
市场	谈判 505, 3.5	合作 367, 1.9	语言表达 299, 1.5
运营	微博 743, 3.0	推广 2 493, 2.7	数据分析 1 242, 2.7
客服	淘宝 814, 3.4	语言表达 870, 2.4	Office 458, 2.3
编辑	文字 2 219, 5.3	写作 589, 4.1	创意 1 012, 3.3
推广	微博 356, 4.3	微信 424, 2.9	数据分析 396, 2.5
数据	数据分析 384, 6.4	SQL 188, 4.2	逻辑 270, 2.3

注:例如,开发岗位的JavaScript(2 069,4.2)代表"JavaScript"技能关键词在开发岗位招聘中有2 069条招聘信息含有该词,"JavaScript"与开发岗位的相关程度为4.2。其他同理。

为了扩展学生的电子商务创新创业知识，我们增设电子商务风险投资与创业课程，开设了创新创业实训。学生可以选修创业学院开设的创新创业培训课程。同时，为了夯实学生的创新创业能力，我们减少了课程门数，加大了核心技能课程的课时量；减少了偏理论、应用性不强、内容空泛的课程以及知识偏旧、未来逐渐会被淘汰的知识技能课程。例如，电子商务安全技术课程的大部分内容是计算机加密技术，对于电子商务专业学生来说偏难，而且电子商务专业学生也很少从事数据安全的工作；又如，EDI 技术课程，未来该技术将逐渐被 XML 规范所替代，应用范围越来越少，因此我们取消了该类课程。然而对于专业核心能力课程，由于课时量不够造成讲得不够细、不够深入的，我们加大课时量，争取给予充足的时间尽量把知识讲深入、讲到位，夯实关键核心技能。例如，以前的 Web 程序设计课程只是给学生讲基础知识，距离企业级应用还有差距，为了让学生真正掌握该技能，并且一到企业就能上手，我们把这门课拆分成 Web 程序设计、Java Web 框架技术和 JavaScript 程序设计三门课程，并且均设置为 64 课时，让教师有充足的时间讲透知识点，学生有足够的时间学习核心技能。

（三）以虚拟项目为带动，构建电子商务人才创新创业实践平台

为了改变高校传统课堂讲授知识技能的单一模式，我们从 2010 年就开始积极策划构建学生课外创新创业实践平台。我们于 2010 年开始着手组建了"金牛工作室"，后来获得电子商务及供应链系统重庆市重点实验室的大力支持，资助工作室 50 万元。我们装修了办公场地，购置了办公设施，并且采购 4 台苹果电脑、10 台联想商用电脑、2 台服务器，初步形成了具有开发、运营能力的电子商务"小公司"。工作室模仿公司项目开发的思路来运作，根据项目所需核心职能岗位和学生需要培养的核心技能，设置了技术组、美工组和市场运营组。工作室的成员都是通过学生自愿报名加入的，每个学生根据自己的兴趣爱好进入各个工作组，目前工作室学生主要来自电子商务专业。学生加入工作室后，我们会根据每名学生的知识技能情况，制定个人技能学习任务，让其自学达到电子商务创新创业基本能力水平；同时，教师常常牺牲业余时间针对核心关键技能和前沿理论给学生进行课外讲授；此外，我们采用以老带新的办法，由高年级学生带领低年级学生开展创新创业活动，实现知识技能的传帮带。我们在工作室里不光建立了创新创业技能学习机制，同时还虚拟商业项目，通过项目来锻炼学生的创新创业能力，实现理论融会贯通、技能熟练应用。我们先后设定了基于校园云的打印平台、服务于失物招领的众里寻他网、面向高校的 51 日租房以及淘宝上高品质网络品牌水果渝橙的推广运营等项目。目前有两个项目已

实现商业运作，初见成效。通过这些项目我们不仅锻炼了学生把课堂理论融会贯通的能力，同时大大提高了学生创新创业技术水平，学生在项目实施中受益匪浅。另外，我们积极组织工作室成员参与重庆工商大学"六大赛事"，全国电子商务创新、创意及创业挑战赛，全国创青春创业大赛，全国大学生挑战杯科技大赛以及全国互联网+大赛等各项创新创业大赛。我们给予参赛学生全程指导，包括选题把关、内容指导、技术支持、创业建议等，让学生把创新创业项目做透做实。因此，近五年来，金牛工作室的学生在创新创业大赛获奖众多，获得2016年全国互联网+大赛铜奖、2015年全国"三创"大赛二等奖、重庆市赛区特等奖等，并获得全国及重庆市的多项创新创业项目。

六、结语

在电子商务人才培养过程中，我们以创新创业为导向，在培养定位、课程体系以及创新创业实践平台方面进行了探索和实践，使我们明确了培养方向，夯实了课程体系，构建了创新创业实践平台。在不到两年的时间内，成果初现，坚定了我们坚持创新创业为导向的办学理念，在未来的人才培养中进一步拓展。

参考文献

[1] 耿兵，段玲. 发达国家创新创业教育发展的启示 [J]. 创新与创业教育，2010（3）：19-23.

[2] 张志超. 对高校创新创业教育发展的几点思考 [J]. 创新与创业教育，2010（4）：21-24.

[3] 陈德人. 创新创业型交叉学科专业的知识化探索与社会化实践 [J]. 中国大学教学，2010（1）：43-45.

[4] 朱闻亚. 基于"专业-就业-创业"的电子商务专业实践教学体系研究 [J]. 中国高教研究，2012（2）：107-110.

[5] 应森林. 校企合作下电子商务实训创业教育的研究 [J]. 中国电子商务，2011（12）：2-3.

重庆工商大学商务策划学院
产教融合人才培养的探索与实践[①]

王 燕

[摘要] 产教融合人才培养已成为我国高等教育、内涵发展、转型发展、合作发展的重要方式。本文以重庆工商大学商务策划学院为例,探讨了多层次、多领域的产教融合人才培养的实践。

[关键词] 产教融合 人才培养 实践

"大众创新、万众创业"已成为中国经济提质增效的国家战略,因此创新创业人才的有效供给不仅是解放生产力、优化"供给侧"环境机制过程中重要的创新供给要素,也是高等教育人才培养的重要目标和任务。产教融合人才培养已成为我国高等教育、内涵发展、转型发展、合作发展的重要方式,尤其对于教育资源稀缺的西部地区来说,更是意义重大。

重庆工商大学商务策划学院作为得到社会广泛关注和肯定的市场营销、物流管理、电子商务、国际商务为主的商科应用型高级专门人才培养基地,长期以来,本着"务实、创新、发展"的院训,加强学科建设,推进教学改革,形成了适应社会经济发展需要,符合教育教学规律,产、学、研紧密结合的办学格局,并立足区域经济发展,系统思考,顶层设计,依据创新创业人才培养的目标,教学与学团双轮驱动,面向产业、行业,与企业、政府建立联动机制,从价值目标、文化构建、制度保障、实施体系、师资团队建设、课程体系与内容、培养方式、运行模式等层面进行了多层次、多领域的产教融合人才培养的实践。

---

① 本文为重庆工商大学高等教育教学改革研究项目"基于柔性定制的财经类院校卓越人才培养模式的探索与实践"和重庆市高等教育教学改革研究项目"基于供给侧改革的工商管理类专业产教融合本科人才培养模式的探索与实践"(163078)研究成果。

一、开展定制人才项目，培养创新创业的"好苗子"

商务策划学院拥有中国市场学会商务策划专业委员会主任单位、重庆市市场营销与策划学会、重庆市商务策划行业协会、重庆市创意产业发展研究中心、重庆市商贸物流协同创新中心等机构。商务策划学院积极与企业和行业对接，开展定制人才培养。商务策划学院于2000年与重庆地维有限责任公司合作举办高级营销人才项目班，在同类兄弟学院中较早地开启了面向行业、校企协同、开放办学、产教融合开展人才培养的先河，并于2007年开展"阿里巴巴培训班"，于2012年与太极集团合作举办"太极营销班"，于2016年与重庆加加林医疗器械有限公司举办"医流巴巴电子商务卓越人才培养实验班"，重点培养创新创业的"好苗子"。

二、以实习实践基地、研究机构和实验室为抓手，构建创新创业合作渠道

商务策划学院立足商贸流通领域，与太极集团、西南合成制药、长安集团、诗仙太白集团、顺丰物流、民生物流、五斗米餐饮有限公司、比佛利管理咨询有限公司、百事达汽车有限公司、重庆共好管理咨询有限公司、小天鹅集团等近百家大中型企业建立实习实践基地，开展项目研究、人才培训、战略制定、教师和学生实习实践、经营发展咨询等合作，2011年获批市场营销人才培养模式创新试验区，2013年获批市级重庆工商大学-太极集团有限公司校外实践教育基地。此外，商务策划学院通过实验室建设与资源共享，与各软件供应商、相关物流企业开展联合研究和人才培养模式改革研究。商务策划学院全方位地以实习实践基地、研究机构和实验室为抓手，构建创新创业合作渠道。

三、服务企业和地方政府，提升教师创新创业指导能力

商务策划学院教师积极担任了中国市场学会商务策划专业委员会主要负责人、中国市场学会常务理事、中国商业经济学会理事及特邀研究员、中国高校市场学研究会常务理事、中国商业企业管理学会理事、中国企业联合会咨询委员、重庆商业经济学会理事以及多家大中型企业高级营销与策划顾问等职务，服务地方政府和企业，提供管理咨询，先后与重庆市信息产业局、重庆市商业委员会、重庆市发改委、重庆市经信委、重庆市文广局以及重庆市南岸区、重庆市合川区等政府部门开展项目合作、教师实践、发展战略咨询，完成地方政府、企业委托咨询项目200余项，极大地提

升了教师创新创业指导能力。

四、选聘创业导师和兼职教授，构建创新创业"实战型"师资团队

商务策划学院选聘了重庆百事达汽车有限公司总经理林绍军、重庆东银集团副总裁袁军、重庆华汉集团董事长刘巍、五斗米餐饮文化有限公司董事长王顺海、香港比佛利管理咨询有限公司董事长冉翎君、台湾共好管理咨询有限公司董事长吴正兴、贵州工业投资集团董事长陈军、茂田控股集团董事长游兴茂、加加林医疗器械有限公司董事长任志鸿等一批企业家和实务人士，担任校外兼职教授和创业导师，构建了创新创业"实战型"师资团队。

五、打造特色优势专业，夯实创新创业专业基石

商务策划学院立足区域实际，密切关注经济发展，强调市场营销、商务策划管理、物流管理、电子商务、国际商务等专业的优势与特色。其中，市场营销专业是国家级特色专业、重庆市市级特色专业、第一批校级重点学科、校级品牌专业，是重庆工商大学唯一一个 A 类专业。该专业的专业基础课市场营销学为重庆市精品课程，市场营销学教学团队为重庆市市级教学团队。2004 年和 2010 年，企业管理硕士点和管理科学与工程硕士点设立"市场营销管理与策划"和"营销工程"硕士培养方向。2013 年，市场营销专业获批"重庆市三特行动计划之特色专业"。2014 年，市场营销专业获批"重庆市三特行动计划之工商管理特色学科专业群"。

六、开展企业移动课堂，变革创新创业人才培养方式

商务策划学院按照国内外最新的教育思想、观念，创新性地设计了全新的人才培养方案、科学合理的教学计划和课程体系，全程导入创新意识与策划思维，实践教学贯穿于培养过程始终，理论与实践有机结合，并积极进行教学方式和方法的变革，将课堂搬进企业，请企业负责人来上课。同时，商务策划原理与实务、物流经济地理等课程走进企业，开展移动课堂，让学生以鲜活的企业实际案例提升自己的理论学习能力，提高创新创业实践能力。

商务策划学院分别与重庆百事达企业有限公司、五斗米餐饮文化有限公司举办商务策划学院"百事达"营销策划方案大赛、商务策划学院"五斗米杯"营销策划方案大赛，通过走进企业开展实地调研、邀请企业战略顾问培训、与企业负责人面对面现场答辩，为五斗米公司"山顶美食公园"

和百事达汽车 8 个 4S 店，进行营销策划，获奖作品得到了企业的认可和采纳。

七、举办科创沙龙和策划讲坛，营造创新创业文化

商务策划学院通过邀请专家、名师、企业家、优秀校友举办科创沙龙和商务策划讲坛，连续 13 年举办物流方案大赛培训讲座、营销与策划方案大赛培训讲座、市场调研报告大赛培训讲座、创业计划大赛培训讲座、电子商务"三创"大赛培训讲座、营销与策划征文大赛培训讲座，仅 2015 年学生参与人数达 618 人，参与团队达 447 个。这些沙龙和讲坛，极大地提高了学生创新创业的水平，有效地营造了创新创业文化。

商务策划学院连续举办 13 届学生科研"六大赛事"，并升级为学校的品牌赛事，并且连续 2 年获得了学校"学科竞赛集体奖"。其中，2015 年"六大赛事"共吸引全校来自国际商学院、会计学院等 19 个学院总计 1 438 名学生报名参赛，参赛队伍有 400 余支。近三年，国家级学科竞赛类获奖分别是 32 人次、58 人次、30 人次，省部级学科竞赛类获奖分别是 257 人次、169 人次、83 人次。2015 年，商务策划学院学生获得第五届全国大学生电子商务"三创"大赛国家级一等奖、二等奖、三等奖；重庆市科技创新训练项目立项数居全校首位，国家级科技创新训练项目立项数在全校名列前茅。

商务策划学院坚持对学生创新创业的引导和支持，创业人数比例从 2010 届的 0.24%，提升至 2015 届的 13%，涌现了重庆辉尚金融控股集团总裁孙灿林、重庆格桑家餐饮文化管理公司创始人何庆功、重庆岸境文化传播有限公司的董事长王怀宇、点将猎人公司董事长赵志强、重庆誉美智业策划有限公司董事长孙宝君等一批创业典范。其中，优秀校友孙灿林于 2012 年重庆工商大学 60 周年校庆捐赠 150 万元在商务策划学院设立重庆徽商创新创业奖学金、奖教金。

参考文献

[1] 李克强. 共绘世界经济增长新蓝图——在第九届夏季达沃斯论坛上的特别致辞 [EB/OL]. (2015-09-14) [2017-09-11]. http://china.org.cn/chinese/2015-09/14/content_36580496.htm.

[2] 阚阅，周谷平. "一带一路"背景下的结构改革与创新创业人才培养 [J]. 教育研究，2016 (10)：19-24.

[3] 张旭，郭菊娥，郝凯冰. 高等教育"供给侧"综合改革推动创新创业发展 [J]. 西安交通大学学报（社会科学版），2016 (1)：26-35.

重庆工商大学商务策划学院开放办学人才培养的探索与实践[①]

王 燕

[摘要] 开放办学、集聚资源开展创新创业人才培养已成为我国高等教育、内涵发展、转型发展、合作发展的重要方式。本文以重庆工商大学商务策划学院为例,探讨了开放办学、集聚资源开展人才培养的实践。

[关键词] 开放办学 人才培养 实践

"大众创新、万众创业"已成为中国经济提质增效的国家战略。长期以来,高校创新创业人才培养存在脱离社会需求和企业主体以及产与教信息不对称;创新创业人才培养优质生源、资金、项目、创新创业平台、"实战型"师资团队等教育资源匮乏,工作机制不畅,创新创业文化不足;创新创业人才培养知识体系不完备,教学方式陈旧以及创新创业路径窄、方法少、手段差等问题。因此,开放办学、集聚资源开展人才培养已成为我国高等教育合作发展、内涵发展的重要方式,尤其对于教育资源稀缺的西部地区来说,更是意义重大。

重庆工商大学商务策划学院作为得到社会广泛关注和肯定的市场营销、物流管理、电子商务、国际商务为主的商科应用型高级专门人才培养基地,长期以来,本着"务实、创新、发展"的院训,加强学科建设,推进教学改革,形成了适应社会经济发展需要,符合教育教学规律,产、学、研紧密结合的办学格局,并立足区域经济发展,面向产业、行业,与企业、政府建立联动机制,进行了开放办学、集聚资源,推动创新创业人才培养的实践。

---

① 本文为重庆工商大学高等教育教学改革研究项目"基于柔性定制的财经类院校卓越人才培养模式的探索与实践"和重庆市高等教育教学改革研究项目"基于供给侧改革的工商管理类专业产教融合本科人才培养模式的探索与实践"(163078)研究成果。

一、打造国际共享课程，丰富学生创新创业知识体系

商务策划学院与美国西卡罗莱纳大学合作开发了远程视频课程"World Understanding: Social Network Marketing"（课程中文名为"了解世界：社会网络营销"）。该课程可以让学生直接聆听美国教授的讲解及与美国同龄大学生进行交流，让学生直接接触美国的学习方式，了解美国文化，产生了完全不同于以往学习方式的独特体验，增强了深化学习的动力和兴趣。同时，全英文沟通的学习方式极大地促进了学生使用英语这一国际语言来进行专业学习。与美国大学的课堂连线学习和课后互动交流激发了参课学生以国际化视野来学习的兴趣，拓展了学生的知识面，增强了学生的跨文化沟通能力，丰富了学生的国际创新创业知识体系。

二、走进企业，走进兄弟院校，开展本科教育教学改革思想大讨论

为加快教学范式改革，推进创新创业人才培养，商务策划学院从学院层面、系科层面、学工层面，组织专任教师和辅导员以及优秀学生代表，走进百事达汽车有限公司、茂田控股集团、光彩国际电子商务有限公司、五斗米餐饮文化有限公司、加加林医疗器械有限公司等企业，重庆邮电大学经济管理学院、西南政法大学经济学院、长江师范学院管理学院等兄弟高校开展本科教育教学改革思想大讨论，发现了问题，明确了方向，激活了教学思想，为创新创业人才培养指明了方向。

三、开展国际商业调研项目，提升学生国际商业创新创业能力

商务策划学院长期与加拿大劳里埃大学、韩国又松大学等大学开展合作。其中，商务策划学院与荷兰文德斯汉姆大学商学院自2007年起开始，连续9年进行"Doing Business in China"国际商业调研项目，并实现了双方互访。该项目通过参观企业、调研企业项目、走进课堂、体验中荷文化和家庭生活以及体验全球供应链金融比赛等活动，拓宽了学生的国际视野，激发了学生学习的兴趣，提升了学生国际商业创新创业能力。

四、设立创业基金，激发学生创新创业激情

为激发学习热情、鼓励先进，商务策划学院集聚校友资源，多渠道设立奖学金、奖教金。其中，2007年毕业于市场营销专业的重庆徽商融资担保有限公司董事长、重庆市安徽商会副会长孙灿林，于2012年重庆工商大学60周年校庆之际捐赠150万元设立重庆徽商创新创业奖学金、奖教金。

其中，奖学金主要用于奖励商务策划学院在校本科生、研究生在省（市）级以上各类专业竞赛中获奖的学生，资助其在校期间开展的创业项目。

五、走进企业开展移动课堂，变革创新创业人才培养方式

商务策划学院按照国内外最新的教育思想、观念，创新性地设计了全新的人才培养方案、科学合理的教学计划和课程体系，全程导入创新意识与策划思维，实践教学贯穿于培养过程始终，理论与实践有机结合，并积极进行教学方式和方法的变革，将课堂搬进企业，请企业负责人来上课。同时，商务策划原理与实务、物流经济地理等课程走进企业，开展移动课堂，让学生以鲜活的企业实际案例提升自己的理论学习能力，提高创新创业实践能力。

商务策划学院分别与重庆百事达企业有限公司、五斗米餐饮文化有限公司举办商务策划学院"百事达"营销策划方案大赛、商务策划学院"五斗米杯"营销策划方案大赛，通过走进企业开展实地调研、邀请企业战略顾问培训、与企业负责人面对面现场答辩，为五斗米公司"山顶美食公园"和百事达汽车8个4S店，进行营销策划，获奖作品得到了企业的认可和采纳。

六、以"六大赛事"为抓手，扩大创新创业影响力

商务策划学院秉承"以赛育人、以赛促教、以赛促学、以赛促训、以赛促建"的优良传统，举办连续13届学生科研"六大赛事"，现已升级为学校的品牌赛事，并且连续2年获得了学校"学科竞赛集体奖"。其中，2015年"六大赛事"共吸引全校来自商务策划学院、艺术学院、国际商学院、社会学院、会计学院等19个学院总计1 438名学生报名参赛，参赛队伍有400余支。近三年，国家级学科竞赛类获奖分别是32人次、58人次、30人次，省部级学科竞赛类获奖分别是257人次、169人次、83人次。2015年，商务策划学院学生获得第五届全国大学生电子商务"三创"大赛国家级一等奖、二等奖、三等奖；重庆市科技创新训练项目立项数居全校首位，国家级科技创新训练项目立项数在全校名列前茅。商务策划学院制定了《学生科研管理条例》和《学生科研奖励条例》以及《关于集中性实践教学环节专业设计考核方式的实施细则》，对参加学科竞赛获得校级以上奖励的学生，给予奖励，并根据其参赛项目申请免修专业设计的对应项目。此外，商务策划学院还建立健全了《重庆工商大学商务策划学院学生科研"六大赛事"规程》《重庆工商大学商务策划学院"重庆徽商"大学生科技创新奖学金管理办法》《重庆工商大学商务策划学院"重庆徽商"大学生创业基金使用与管理办法》等制度，保障以赛促学，推动创新创业人才培养。

七、设立众创空间，孵化创新创业好项目

为顺应网络时代创新创业特点和需求，商务策划学院通过市场化机制、专业化服务和资本化途径构建低成本、便利化、全要素、开放式的新型创新创业服务平台，获得"工商之星微电商创业训练营"和"重庆海基众智商务大数据众创空间"2个重庆市众创空间。商务策划学院为创新创业学生提供了工作空间、网络空间、社交空间和资源共享空间，孵化创新创业人才项目。

参考文献

［1］国务院办公厅. 国务院办公厅关于深化高等学校创新创业教育改革的实施意见［EB/OL］.（2015-05-13）［2016-07-15］. http://www.gov.cn/xinwen.

［2］李奕. 教育改革，"供给侧"是关键［N］. 人民日报，2016-01-14（18）.

［3］卓泽林，赵中建. 高水平大学创新创业教育生态系统建设及启示［J］. 教育发展研究，2016（3）：64-71.

重庆工商大学基于知识、能力、素质三位一体的 MBA 人才培养模式的探索与实践①

王 燕

[摘要] 我国研究生教育逐渐从研究型人才向应用型人才转变，财经类院校作为 MBA 专业学位教育的主战场，造就一批既具有国际视野，又具有中国传统文化素养、工商理论知识以及丰富实践经验的知识、能力、素质三位一体的 MBA 专业学位人才，已成为推动经济发展的重要支撑。本文以重庆工商大学 MBA 专业学位为例，探讨了基于知识、能力、素质三位一体的 MBA 人才培养模式的实践。

[关键词] MBA 专业学位　知识能力素质　人才培养

MBA 教育起源于欧美，在国外已有上百年的历史，是客观经济发展规律的产物，也是出现最早的专业学位。我国研究生教育逐渐从培养研究型人才向培养应用型人才转变，因此财经类院校作为 MBA 专业学位教育的主战场，能否与时俱进，创新 MBA 人才培养模式与管理体制，造就一批既具有国际视野，又具有中国传统文化素养、工商理论知识以及丰富实践经验的知识、能力、素质三位一体的 MBA 专业学位人才，已成为推动经济发展的重要支撑。

一、知识、能力、素质三位一体的 MBA 教育理念解析

中国的 MBA 教育在 30 余年的发展中，从探索到模仿、从模仿到本土化的转变，取得诸多成就。知识、能力、素质三位一体的 MBA 人才培养模式

---

① 本文为重庆研究生教育教学改革研究项目"基于供给侧改革的 MBA 专业学位人才培养模式的研究与实践"（YJG20162015）研究成果。

的基本价值取向是培养学生的应用型创新精神与创新能力，提高 MBA 学生处理实际问题的应变能力，通过构建多样化课程体系以促进学生个性自由发展和创新能力的提高。其基本教育理念主要强调以下几个方面：

（一）以知识传递为基础

知识是能力的基础，虽然 MBA 教育着重培养学生驾驭市场的能力、配置资源的能力和人力资源激励的能力，但这与基础理论教育及知识的传授并不是互斥的。目前，MBA 教育中出现了一些问题，很多人认为都是"理论教育惹的祸"，此观点值得商榷，问题的关键是没有处理好理论知识的讲授与实际问题解决能力之间的关系。第一，理论知识种类繁多、体系复杂，因此教师在讲授理论知识时要有选择性和针对性，要体现出时代发展特点以及各国经济发展的特色，要适应企业发展的需求，但是目前我国 MBA 教育课程雷同现象严重。第二，对于知识传授与实践能力培养、训练之间的配比问题，还没有把握好其中的"度"。因此，为了培养 MBA 学生的管理能力和创造能力，必须掌握坚实的基础理论和系统深入的专业知识。与国外水平相比，我国培养的 MBA 学生的创新能力和解决实际问题解决能力比较弱，这已引起国内教育界的普遍关注和重视。然而，人们普遍认为是东西方文化的差异、科学技术水平的差距以及实践训练的缺乏等因素导致相关问题的产生。虽然这些是造成 MBA 学生实际问题解决能力、创新能力薄弱的原因，但是 MBA 学生知识面窄、基础理论不扎实也是一个重要原因。

知识、能力、素质三位一体的 MBA 教育强调理论知识的传授，认为基础理论对于现代科学技术的发展具有重要作用。首先，学习基础理论知识是人类进行思维训练、技能训练的有效手段，对于培养研究生的创造性思维、创新能力具有重要意义。其次，现代管理技术的发展越来越依赖于基础理论知识，许多管理技术的发展和成熟直接得益于基础理论的发展。因此，为了提高 MBA 教育质量，需要对基础理论课程进行了全面的优化、整合，淘汰一些陈旧的课程，推出一批内容与现代职业经理人发展紧密结合的、层次较高的课程。新的基础理论课程体系从思维训练、技能训练、应用工具、前沿发展等角度出发，增加了一些能够适应未来管理发展方向的新课程；同时，调整好理论知识讲授与实践能力训练课程之间的比例，协调好两者之间的关系。

（二）以企业需求为导向

知识、能力、素质三位一体的 MBA 教育要求必须以企业需求为导向来培养人才。首先，所谓的以企业需求为导向，就是在市场经济条件下依据企业运行的机制和规律，重构 MBA 教育的管理体制、运行机制和控制体系等教学管理系统,以企业需求为航标,调整和修正 MBA 教学机构与其他社会组织的关系。这要求 MBA 教育机构要认清自身的角色并尽快完成角色转变。MBA 教育要按照企业的实际需求,积极为企业提供高职业素质和高行为能力的 MBA 人才。其次,由于企业需要的是实用型人才,用人单位特别注重学生解决实际问题的能力,用人单位不希望其聘用的 MBA 学生是只懂理论知识、不懂企业运作实务、没有市场应变能力的"书呆子"。由于实际动手能力、创新创业能力、人际关系协调能力、融入社会和服务社会的能力是用人单位考察 MBA 学生质量的最主要指标,因此那种重知识灌输、轻能力培养的培养模式显然无法适应企业对人才的现实需求。自 1991 年我国开办 MBA 以来,目前我国每年取得 MBA 学位的人数已超过 3 万人。如此庞大的毕业生队伍,如果想达到企业所希望的管理人才,需要在招生和教育过程中,必须紧紧围绕企业的实际需要来精心组织和培养 MBA。

(三) 以提高综合素质为目标

从人力资本的角度来分析,现如今,企业的人力资本的重要性越来越凸显出来。人力资本成为企业重要的战略资产之一,也成为企业核心竞争力的一个重要组成部分。人力资本对企业价值有着很大的促进作用,同时也是企业绩效的最终决定因素。MBA 培养的是企业未来的高管团队。高管团队作为企业的最高层次的人力资本,涵盖了智力资本的大多数内容,其重要性更是不言而喻。从高管团队的工作内容来看,高管在企业中扮演着核心角色,负责统筹企业的日常经营活动,掌握着企业的重要信息,制定企业的战略决策,并直接对企业的经营成果负责。因此,高管素质的高低直接影响了企业的发展情况,甚至关系到企业的生死存亡。从理论上说,高管的人口特征影响着高管的认知能力、价值观等,进而影响着高管的决策过程,最终影响了企业绩效。因此,MBA 培养需要以提高学生综合素质为目标。

二、重庆工商大学基于知识、能力、素质三位一体的 MBA 人才培养模式的实践

(一) 重庆工商大学 MBA 教育项目简介

重庆工商大学是一所以经济学、管理学学科为主,经、管、文、工、法、理等多学科协调发展,拥有硕士学位授予权,由中央和地方共建,以重庆市政府管理为主的国家西部"一省一校"重点支持的高校,是国务院学位办和国家教育部批准的工商管理硕士专业学位研究生培养单位。2006 年,重庆工商大学在教育部本科教学工作水平评估中被评为优秀。2007 年 7

月，重庆工商大学被重庆市教委、重庆市财政局和物价局批准为"率先实施学分制改革试点"的4所院校之一。重庆工商大学确立了以科学发展观为指导，以社会需求为导向，以重点学科为依托，打造品牌专业，改造传统专业，建设特色专业，优化专业结构与布局，构建以经、管、文为主，经、管、文、工、法、理协调发展的专业建设总体思路。

重庆工商大学是教育部和国务院学位办批准的工商管理硕士专业学位授权培养单位，成立了重庆工商大学专业学位领导小组和重庆工商大学MBA教学指导委员会，设置了MBA教育中心。2010年秋季，重庆工商大学MBA网上报名人数达460多人，现场确认325人，居2009年新增56所MBA招生院校中的第三位。2010年秋季班第一志愿上线人数超过重庆工商大学招生计划指标，录取人数近100人。2011年，重庆工商大学工商管理硕士成为重庆市专业学位研究生教育综合改革试点项目。

（二）重庆工商大学MBA教育的培养目标

重庆工商大学MBA培养目标是根据中央把重庆建成长江上游地区经济中心、西部地区重要增长极、城乡统筹直辖市的战略定位，以重庆坚实的产业基础为依托，以现代服务业迅猛发展为契机，发挥学校专业的财经特色学科优势，立足重庆、面向西部、着眼全国，培养满足商贸、金融、物流、旅游、房地产等现代服务业和装备制造、新材料等现代制造业需要的工商管理中高级职业经理人才。

（三）重庆工商大学MBA教育发展环境

（1）国家实施西部大开发战略对工商管理中高级人才产生了内在要求。

（2）《国务院关于推进重庆市统筹城乡改革和发展的若干意见》（国发〔2009〕3号文件）对重庆经济社会快速发展急需的工商管理中高级人才培养提出了迫切需要。

（3）重庆正在建设长江上游现代制造业中心、创新研发中心、金融中心、物流中心和商贸中心。

（4）经过多年发展，重庆工商大学已经形成了与社会和企业紧密联系的、有利于MBA教育的人脉资源和产学研结合的实践环境。

（5）重庆工商大学办学环境优美，教学设施完备，具备培养MBA人才的良好实验条件、图书资料和图情系统，占地2 030亩（约135.33公顷），是重庆市"十佳园林式单位"；资产总值20亿元，教科仪器设备总值1.19亿元，图书馆藏书244万册，中外文期刊3 488种，其中经管类图书近70万册，经管类中外文期刊941种，数据库20个；拥有世界银行赠建的"全球发展学习网络重庆远程学习中心"和"教育数据中心"，已成为重庆市市属高校中包含精品课程建设网、中经网视频资源库、世界银行培训课程视频资源等在内的最大的数字化教学资源体系；拥有一个国家级经济管理实验教学示范中心和8个校级实验教学中心。

（四）重庆工商大学MBA教育发展思路

（1）根植本土、放眼国际、博采众长、中西结合，打造MBA教育特色。

（2）立足重庆，服务西部，培育优秀的职业经理人。

（3）依托重庆工商大学经管优势学科和实践实习基地，打造理论教育和实践教育相结合的MBA人才培养模式。

（4）发挥学校多学科交融的复合优势，设计具有本校特色的课程模块，创新MBA课程体系。

（5）依托学校多年案例教学积累，开发重庆及西部特色案例库，突出案例教学方法。

（6）送出去、请进来，精心培育既有扎实理论功底，又有丰富实践经验的师资队伍。

（7）利用学校多年开放办学形成的优势教育资源，大力加强国际合作，打造开放的MBA教育平台。

（8）充分挖掘校友资源，搭建校友平台，深化同企业之间的战略合作，为学员的职业选择和职业发展服务。

（五）重庆工商大学MBA教育的特色

1. 订单式培养

重庆工商大学提倡同商贸、金融、物流、旅游、房地产等企业、行业以及政府机构等联合，实现订单式培养。培养方式灵活多样，在保证质量的前提下，可以在职培养，也可以在某段时间以脱产培养为主、其他时间以在职培养为主；可以安排部分时间在校培养，部分时间在企业培养。

2. 互动式培养

重庆工商大学通过开展"MBA商智论坛"将国际、国内知名企业家、政府官员以及学者请进MBA课堂分享MBA管理前沿理论与经典案例，开拓MBA学生视野与思维；通过开展"MBA移动课堂"，让学生走出去，实际感受MBA理论在实践中的运用，提高MBA学生实践能力。

3. 复合式培养

MBA的培养以课堂教学为基础，通过设置思维拓展、素质培养、能力提升等特色课程模块，辅以突出案例分析、专题讲座、参观实习、模拟演练、体验式和讨论式等多种形式的创新教学方式进行复合式培养。

4. 网络式培养

重庆工商大学充分利用"全球发展学习网络重庆远程学习中心"的网络教学综合平台、讲座网、世界银行培训课程视频等资源,为 MBA 学生参与国际学术交流和学术论坛提供国际平台,并且同 MBA 教师联合开发制作 MBA 课件、案例视频,开展网络式培养。

5. 孵化式培养

重庆工商大学充分利用 MBA 教育平台和 MBA 联合会的作用,开发校企、校政开放合作资源,构建系统的社会实践基地,在人才培养、科研项目、技术攻关、区域经济等方面开展深度合作,以培养 MBA 学生的软实力、实践能力和综合素质。

6. 双导师制培养

MBA 学生培养实行双导师制,导师组应以具有指导硕士研究生资格的正、副教授为主,并吸收各经济产业部门与企业中具有高级专业技术职务的管理人员参加。事业导师指导企业调研及实践报告,学业导师指导学位论文。

7. 拓展+职业引导式培养

重庆工商大学重视 MBA 学生实践环节的培养和训练。MBA 学生入学要参加由 MBA 中心组织的拓展训练,完成拓展报告,并按学分记入毕业成绩。同时,所有课程尽可能同企业和社会实践相结合,通过设定特色培养方向和开展特色职业论坛及讲座,强化 MBA 学生职业规划。

8. 活动式培养

重庆工商大学根据 MBA 教育的本质,立足 MBA 在职人员学习的特点,按照知识、能力、素质的 MBA 培养理念,将业余活动与课程学习和实践能力相结合,寓教于乐,全面提升 MBA 学生的素质。

(六) 重庆工商大学知识、能力、素质三位一体的 MBA 人才培养模式

1. 依据 MBA 教育本质选拔优质生源,把控 MBA 教育生命线

当前,我国现有 MBA 入学联考基本上仍属于选拔性考试,应试色彩较强,强调知识记忆性测试,能够拓展考生创造性发挥的题目偏少,尤其是涉及管理知识及经验判断、分析问题等方面的内容比重偏低。能否达到分数线是考生被录取的依据,而此做法产生的后果,一是让一些具有管理经验的企业界优秀人才,因工作任务重、时间紧而无暇准备考试,达不到录取分数线而被拒绝;二是让一些大学毕业不久甚至没有真正工作过、缺乏对企业真实了解和实际运作经验,但善于考试的人,进入 MBA 学生队伍,得到了自己理想的教学资源。这就造成优势的教学资源难以配置到优质的

学生身上，造成资源的浪费。

优质生源是MBA教育的生命线，因此录取学生的指标体系要依据MBA教育的本质，兼顾智商和情商双重指标，赋予科学的权重，使更多的优秀人才能够接受MBA教育，获得优质的MBA教育资源。只有拥有优秀的MBA生源才会有可能在未来培养出优秀的MBA人才。重庆工商大学积极开拓集团生源，开展定制课程，先后与国资委、质检局、新华保险、重庆银行、重庆广电集团进行战略合作，以此保证MBA招生的数量和质量。此外，重庆工商大学还通过提前面试，结合培养目标和特色，明确选人的标准，着重考察学生的工作经历和阅历，强调学生的能力水平。

2. 强化企业满意的办学宗旨，设置以企业实践为导向的课程体系

自20世纪90年代以来，世界经济经历巨大变动，技术的创新、全球化的运营、人口结构的变动、经济的衰退与危机等，许多新问题、新挑战的出现需要未来的企业领导者要有能力来面对，而MBA教育能否满足企业的需求，并对企业的需求做出及时的反映是MBA培养单位的重要工作。如果培养出来的MBA学生不能满足企业需求，学生就不能就业，不能就业则意味着我们的MBA教育是没有实际价值的。因此，我们需要强化和强调企业满意的办学宗旨，同时还要设置以企业实践为导向的课程体系，将原来的市场营销、战略管理、运营管理、人力资源管理等单个MBA核心课程，设置成侧重解决实际问题的、内容跨学科的综合整合性课程，以真实生活情境中的问题为中心，引导学生参与案例的分析和讨论，指导学生直接到实际商业活动中去收集、整理案例，以此强化学生综合分析问题、解决问题的能力，并通过结合具体实际，增强学习的实践性。课程结束后，教师依据学生提交的案例学习和分析报告的质量评定成绩，以此保证学生所学知识的鲜活性和实践性。因此，重庆工商大学MBA教育依据MBA学生的特点和培养目标的要求，依靠自身背景优势、行业优势和办学定位，凝练出金融投资与管理、企业发展与治理、财务管理与资本运营、营销管理与商务策划等特色，并强调课程的实践性和应用性，科学设置课程。

3. 为保证MBA教学质量，遴选具有实践经验的MBA兼职教授及任课教师

为进一步探索和创新MBA教育培养模式，培养高素质人才，丰富MBA教学内容，提升教学质量，构建强大的师资团队，重庆工商大学广泛评聘校外MBA兼职教授（教师）。自举办MBA教育以来，重庆工商大学先后聘请了重庆市发改委主任杨庆育博士等100余位热爱MBA教育事业，愿意为MBA教育的发展做出努力和贡献的兼职教授，同时从校内遴选出一批具有

博士学历、副教授以上职称且具有企业工作经验的教师为任课教师,以保证教学内容的实践性和鲜活性。

4. 为指导 MBA 学员职业发展,选聘学业事业导师、校外班主任及顾问委员

重庆工商大学遵循 MBA 教育本质,实现 MBA 教育理论与实践的结合,先后从校内、校外硕士生导师及兼职教授中,选聘了梅洪常等 80 余位教师为 MBA 学业导师,选聘了品牌中国产业联盟秘书长王永等 50 余位校内外教授为学业导师和事业导师,并从校外兼职教授中聘请了具有 MBA 和 EMBA 教育背景的重庆百事达汽车有限公司总经理林绍军、东银集团执行总裁袁军、东源有限公司总经理傅孝文为校外班主任,以实现对 MBA 学生事业与人生的指导和帮助,同时选聘重庆财经学院院长陈兴述教授等 8 位同志为 MBA 教育顾问委员会成员,指导 MBA 教育及各项活动的发展。

5. 按照知识+能力+素质的培养理念,打造商智论坛与移动课堂

重庆工商大学针对 MBA 学生具有实践性、人生阅历丰富、学习能力强、自信心强、工学矛盾突出、强调个性和创造性等特点,按照 MBA 学生知识+能力+素质的培养目标,在案例教学的基础上,广泛开展以案例教学的理论授课+移动课堂+商智论坛的教学模块课程,通过学生走出去或把专家和业内人士请进来的方法,不断丰富 MBA 课堂,先后开展移动课堂共计 30 余次、重庆工商大学 MBA 商智论坛 12 次,累计参会学生达 1 839 人次。重庆工商大学移动课堂先后三次走进 MBA 学生的企业,切实从学生的需求出发,开展高质量的移动课堂活动,有效实现了对外宣传,对内完成提高教学质量的基本目标。

6. 凝练特色 MBA 培养方向,开展 MBA 选修课程丰富课堂教学

重庆工商大学根据 MBA 教育本质,为打造重庆工商大学特色 MBA 培养方向,面向全校经管类学院遴选特色 MBA 培养方向,并举办"重庆工商大学 MBA 培养方向宣讲会",坚持自愿原则,学生通过填写志愿表的方式,结合自身情况,选择自己喜欢的培养方向,遴选出企业发展与治理、财务管理与资本运作、金融投资与管理 3 个方向。同时,为了选拔优秀师资进入 MBA 课堂,丰富 MBA 课堂内容,提升 MBA 教育质量,树立 MBA 教育品牌,重庆工商大学根据学生关于课程需求的问卷调查,MBA 中心面向校内外教师、MBA 兼职教授以及社会各界有识之士,征集 MBA 选修课程,使网络下的财富与梦想、危机管理与应对、企业伦理与领导学、项目管理——提升你的职业生涯等一批优质课程得以与学生分享。

7. 广泛开展 MBA 案例教学，建设 MBA 实习实践基地

为保证教学的实践性，MBA 中心高度重视教师案例教学的培训，严格执行国家 MBA 教育指导委员会关于核心课程案例教学的要求，同时出台了《重庆工商大学关于工商管理硕士（MBA）案例教学的有关规定》，并且多次举行包括案例教学采编培训会在内的师资培训工作会近 20 次。在 2011 年 9 月 29 日北京会议中心举行的中国工商管理硕士（MBA）教育 20 周年纪念大会上，重庆工商大学 MBA 任课教师黄钟仪教授撰写的《重庆小天鹅火锅连锁经营之路》入选百篇优秀管理案例，此项奖励的获得代表重庆工商大学 MBA 案例教学的规范化与标准化进入全国 MBA 教育先进行列。在高度重视案例教学的同时，重庆工商大学通过遴选高质量的优质企业为实习实践基地，为 MBA 学生提供开阔视野、锻炼能力的平台。

8. 重视入学导向教育，开展素质拓展训练熔炼团队

MBA 作为在职人员教育项目，不仅大部分学生已经离开学校多年，而且学生来自不同的工作单位和团队，此外学生对于 MBA 教育的理解与认识也存在差异。因此，这对这种情况，MBA 中心高度重视入学导向教育，在开学之初聘请大连理工大学管理学部副部长、博士生导师朱方伟博士等 MBA 教育领域知名专家进行 MBA 学生职业生涯规划和入学导向教育，开展素质拓展训练，熔炼团队，让学生了解 MBA 教育及重庆工商大学 MBA 教育的培养理念，培养团队精神，沉淀重庆工商大学 MBA 教育文化。

9. 学习与活动协调统筹，鼓励学生参加全国竞赛

MBA 学生工学矛盾突出，在有限的时间里，如何在完成好既定的教学课程任务之外，如何实现学习与学生活动的协调统筹，寓教于乐，通过活动深化知识的学习，成为 MBA 教育的重要方面。针对这一情况，通过认真设计、精心准备，按照知识、能力、素质的理念，重庆工商大学开展了 MBA 职业风采晚会活动，通过活动前期讲授形体礼仪、色彩搭配等理论知识，让学生在活动中将所学知识，以自己的风采展示出来。同时，重庆工商大学积极鼓励学生参加全国性 MBA 竞赛活动，通过遴选指导教师和参赛学员，精心组织比赛培训，MBA 学生荣获了第十届（2011）全国 MBA 培养院校企业竞争模拟大赛优胜奖。此项赛事为 MBA 教学改革和创造性人才培养提供了理论与实践的环境，使重庆工商大学获得了首个全国性 MBA 学生活动奖项。

10. 成立 MBA 联合会，开展丰富多彩的文体及公益活动

MBA 联合会是 MBA 学生活动的重要组织，是凝聚 MBA 学生团队精神、推广 MBA 教育品牌的重要载体。重庆工商大学于 2011 年 9 月 25 日隆重召

开了 MBA 联合会成立大会，并举行了 MBA 联合会顾问团和主席团的聘任仪式，制定和完善了 MBA 联合会章程，组建了 MBA 联合会组织架构，并以 MBA 联合会为载体，开展了我身边的阳光少年——2011 重庆"阳光少年"评选活动、寻找童真之旅、重庆工商大学 MBA 联合会首届精英羽毛球比赛、复地集团和大益集团渤海茶业公司高端人才招聘会、MBA 嘉年华晚会等社会公益及文体活动，按照 MBA 教育本质，突显 MBA 社会公益及积极向上的团队精神。

11. 搭建合作交流平台，培养国际化 MBA 人才

为培养立足重庆、面向西部、着眼全国、放眼世界，满足商贸、金融、物流、旅游、房地产等现代服务业和装备制造、新材料等现代制造业需要的工商管理中高级职业经理人才，重庆工商大学 MBA 教育中心积极拓宽国际交流视野，加大与国外合作办学的力度，充分利用各种国际交流合作平台，加强同境外高校的全方位、多层次合作。重庆工商大学 MBA 教育中心充分挖掘国际合作办学资源，促进 MBA 教育信息互联互通、资源共享，以学习国外先进的管理理念，尤其是国外 MBA 的培养经验，进一步培养学生的国际竞争能力。重庆工商大学先后与美国密苏里大学、加拿大蒙特利尔高等商业学校签订了战略合作协议，为培养国际化 MBA 人才搭建合作交流平台。

12. 加强任课教师及班主任的培训，以规范的师资队伍引领学生发展

培养高质量的 MBA 人才，教师是关键。为了规范 MBA 教学及相关工作流程，明确教师在 MBA 各个教学环节中的职责，稳定正常的教学秩序，确保教学任务的完成和教学质量，使教学与教学管理工作更加科学化、规范化、系统化和制度化，不断提高 MBA 人才培养质量，重庆工商大学 MBA 教育中心特制定了包括《重庆工商大学 MBA 教师教学工作规范（试行）》《重庆工商大学 MBA 教育中心课程组组长工作职责办法（试行）》《重庆工商大学关于工商管理硕士（MBA）案例教学的有关规定（试行）》等 30 余项制度及工作表格在内的教师手册，并定期开展 MBA 任课教师培训会，以实现以规范高水平的师资队伍引领学生学习和发展。

13. 加强学风制度建设，定期举行学生工作会

学风建设是学生工作的一个重要方面，要从教与学两方面入手：一方面，从平时考勤抓起，严肃学风学纪、考风考纪。加强学生学习和工作的自觉性、主动性和创新性，考勤工作不仅做到班级考勤，还做到课程考勤和个人单次上课考勤。另一方面，通过定期举行学生工作会、学生干部工作会以及班级班会等形式，及时了解学生学习情况和思想动态，并向学生

及时通报每一学期学生及教学情况。此外，充分发挥班干部和班主任的核心作用，班主任重点对每个班进行深入调查了解，确定每个班的重点关注、帮助对象，并积极和任课教师取得联系，尽可能掌握学生的出勤情况、作业情况第一手资料，以便尽早地发现存在的问题，并及时解决问题，以保证良好的学风建设。

14. 开展评优创先活动，激励学生更好更快地学习

为规范MBA学生行为规范，重庆工商大学MBA教育中心特制定了包括《重庆工商大学工商管理硕士（MBA）学员行为规范》《重庆工商大学工商管理硕士（MBA）学籍管理规定》《重庆工商大学MBA课程教学管理规定》《重庆工商大学MBA班级管理规定》《重庆工商大学MBA教育中心考试管理规定》等近20项制度及表格在内的学生手册，并制定了MBA研究生优秀奖学金及优秀学生干部评选办法，开展评优创先活动，通过各班推选、中心审定、评选出综合奖学金奖和优秀学生干部奖等奖项，有效激励学生更好、更快的学习。

参考文献

[1] 杨叔子，姚启和. 对知识、能力、素质三者关系的探讨 [J]. 煤炭高等教育，1998（3）：1-4.

[2] 毛维. 基于职业导向的MBA研究生培养模式研究 [D]. 石家庄：河北工业大学，2008：30-44.

[3] 崔红伟. 关于我国MBA教育发展的趋势与改革方向的探讨 [J]. 教育研究，2012（1）：160.

以能力培养为导向的物流管理人才培养模式改革研究[①]

张 军 周继祥

[摘要] 本文分析了物流人才能力培养与改革背景以及物流管理人才培养的典型问题，提出了以能力培养为导向物流管理人才培养模式改革目标和主要举措，旨在为物流管理人才培养模式改革提供参考。

[关键词] 物流管理 人才培养 改革

一、物流人才能力培养与改革背景分析

《国家中长期教育改革和发展规划纲要（2010—2020年）》指出：我国教育还不完全适应国家经济社会发展和人民群众接受良好教育的要求，教育观念相对落后，内容方法比较陈旧，素质教育推进困难，学生适应社会和就业创业能力不强，创新型、实用型、复合型人才紧缺，教育体制机制不完善，学校办学活力不足。因此，要把改革创新作为教育发展的强大动力，教育要发展，根本靠改革；创新人才培养体制、办学体制、教育管理体制，改革质量评价和考试招生制度，改革教学内容、方法、手段，建设现代学校制度，加快解决经济社会发展对高质量多样化人才需要与教育培养能力不足的矛盾。同时，高等教育要坚持能力为重，优化知识结构，丰富社会实践，强化能力培养，着力提高学生的学习能力、实践能力、创新能力，教育学生学会知识技能，学会动手动脑，学会生存生活，学会做人做事，促进学生主动适应社会。提高人才培养质量，牢固确立人才培养在高校工作中的中心地位，着力培养信念执著、品德优良、知识丰富、本领过硬的高素质专门人才和拔尖创新人才。支持大学生参与科学研究，强化实践教学环节，加强就业创业教育和就业指导服务，创立高校与科研院所、

---

① 本文受重庆工商大学教育教学改革研究重点项目（2017104）资助。

行业、企业联合培养人才的新机制。因此，以能力培养为导向的人才培养模式改革与实践是我国当前高等教育教学改革的重点。

随着我国经济技术的全面发展和经济全球化规模的日益扩大，物流已经成为世界经济发展的核心支持要素，而且人们已经达成共识：只有广泛开展物流合作，才能促进世界经济共同繁荣，物流无国界。近年来，国家先后提出成渝经济区、长江经济带发展战略和"一带一路"倡议，重庆作为成渝经济区发展的核心城市和三大国家发展计划的交汇点，"渝新欧"国际铁路物流大通道、中新（重庆）战略性互联互通示范项目、中国（重庆）自由贸易试验区等也在重庆相继落地发展，重庆打造"三中心两集群一高地"城市发展战略及重庆"6+1"支柱产业、十大战略性新兴制造业、十大战略性服务业、农业七大特色产业等产业的发展等都必然要求一方面，重庆要构建一个完善的、高效的、低成本的现代物流体系；另一方面，现代物流业已经成为重庆现代服务业中最重要的行业之一，能强力对接并有效服务于重庆社会经济发展。

因此，现代物流专门人才也必然成为当前重庆中高端人才战略和人才需求中最急需的人才类别之一。同时，重庆目前虽然有7所高等院校开设了物流管理及物流工程本科专业，有重庆工商大学、重庆交通大学2所物流管理本科重庆市级特色专业，并且分别在国际物流、采购与供应链、电商物流、物流运输和第三方物流等方向初步形成特色人才培养模式，但是就重庆各高校总体上对物流专业人才的培养而言，其缺乏专门以能力培养为导向的物流本科人才培养改革和实践。

二、物流管理人才培养中的典型问题分析

在重庆各高校的物流管理专业人才培养中特别是物流人才的能力塑造中，目前仍主要存在以下几个方面的典型问题：

第一，缺乏对物流本科人才专业能力的系统界定与能力需求定位。
第二，物流管理本科人才专业能力培养目标模糊、培养途径不明确。
第三，物流管理本科人才培养中能力培养核心目标体现不足。
第四，缺乏较为系统的、专门的能力培养途径与载体。
第五，已有的课程体系与课程设置对能力培养缺乏有效支持。

三、以能力培养为导向物流管理人才培养模式改革目标

第一，系统分析当前重庆及全国相关用人单位以及在学生考研中，物流本科人才在就业能力、创业能力和考研能力等专业能力的梳理和界定。

同时，结合重庆工商大学物流本科生在当前的就业、创业和考研过程中的实际需求，对重庆工商大学物流本科人才专业能力培养目标进行准确定位。

第二，找寻当前重庆工商大学在培养适合新型经济社会发展需求的物流本科人才专业能力培养中的主要问题，并以此为基础，改革创新重庆工商大学物流本科人才的培养途径、课程体系与结构、教学方法和教学组织等，以使重庆工商大学培养的物流本科人才更适合新型经济社会发展的实际需求。

第三，找寻重庆工商大学物流本科专业目前的教学师资、教学资源和教学管理中与培养新型物流本科人才中不相适宜的地方，并以此为基础，完善重庆工商大学物流本科人才培养改革创新的保障机制，以便于重庆工商大学打造特色专业、精品课程、特色教学团队和教学名师等。

第四，通过以能力培养为导向的人才培养模式的改革与创新研究，为重庆物流本科人才培养改革进行有效探索，为提升重庆地方高校毕业学生的就业、创业和考研竞争力提供有力支持。

四、以能力培养为导向的物流管理人才培养模式改革的主要举措

（一）物流本科人才专业能力供需调查与分析

一方面，物流管理本科毕业人才的主要去向为就业、创业和考研三类，因此物流本科人才专业能力需求调查与分析主要包括：第一，就业型人才专业能力需求调查与分析；第二，创业型人才专业能力需求调查与分析；第三，考研型人才专业能力需求调查与分析。另一方面，对重庆工商大学物流本科人才的培养方案、课程体系、实践教学环节等供给侧培养现状进行调查，系统梳理和总结当前物流人才相关专业能力培养现状及存在的主要问题。

（二）物流本科人才专业能力界定与培养定位

第一，对德国、美国等国外高校的大学专业能力界定与培养定位进行系统的调查与分析，获取国外值得借鉴的启示。

第二，对浙江大学、南开大学、中山大学、华中科技大学等国内高校物流本科专业能力界定与培养定位进行调研和分析，获取国内值得借鉴的启示。

第三，对重庆工商大学物流本科人才的就业能力、创业能力和考研能力分别进行系统的梳理和界定。同时，结合重庆工商大学物流本科生在当前的实际就业、创业和考研过程中的实际需求，对重庆工商大学物流本科人才专业能力培养目标进行准确定位。

（三）以能力培养为导向的人才培养模式改革

1. 培养途径多维融合改革

在重庆工商大学物流本科人才培养中，以校企合作、学科竞赛、创新创业实训、学生科研项目、专业实习实践、第二素质课堂等为载体和培养途径，进行多维融合与交叉互动改革，重点塑造和培养学生的科研素质、创新能力、创业能力、实践能力和综合素质等。

2. 课程体系模块化改革

重庆工商大学物流本科人才培养方案的课程体系设置和课程结构改革中分别设置通识课程模块、基础课程模块、专业课程模块和实践课程模块，各个模块化的课程重点塑造和培养学生的基础知识、综合素质、专业能力、实践能力等。

3. 教学方法多元化改革

重庆工商大学物流本科理论及实践教学中积极推动启发式、案例式、情景式、研讨式、推演式教学范式与教学方法改革，提升教学质量，重点塑造和培养学生的专业能力、基础知识、学习能力等。

（四）教学组织改革实施与教学管理制度革新

1. 推进校企政的产教融合，逐步完善物流人才培养机制

重庆工商大学多层次、多渠道、多形式与相关企业、政府部门进行深度产教融合与合作，联合建立"订单班""英才班"等物流专门人才培养载体，探索培养特色物流人才之路。例如，重庆工商大学与顺丰速运重庆分公司联合开设"顺丰班"，顺丰速运来校集中培训快件运作流程、快件服务特性、快递包装规范、快递单证规范、顺丰企业文化等企业实际操作与运营知识体系，学校组织老师带领学生分批分组进顺丰速运各个实际运营网点进行顶岗锻炼与实习实践，同时帮助顺丰速运解决一些实际问题。又如，重庆工商大学还与重庆直通物流有限公司、重庆两路寸滩内陆保税港区、重庆市物流办等企业和政府部门形成深度合作的常规机制，每年学校选派教师和学生到企业或政府部门进行挂职锻炼与实习实践，企业和政府部门也选派高管或专家型官员到高校给学生上课、做专题讲座或开设专业论坛以及指导学生进行实习实践等。

2. 推进师生教赛融合，增强学生创新创业能力

重庆工商大学积极引导有纵向或横向科研项目的专业教师，依托科研项目，选拔物流专业学生参与其科研项目的调研与研究，融合开展物流调研、专业设计、专业实习或毕业论文等实践性教学，把科学研究的成果有效融入专业教学的各个环节。同时，学生可以依托参与的教师科研项目为

基础，申报各类大学生科技创新项目或大学生创新创业实践项目，培养学生的专业素养、科学研究、解决理论与实际问题等方面的能力，进而提升学生参与各类各级学科竞赛的能力。依托校企合作，企业提出真实案例，教师提供专业化指导，指导学生在学科竞赛中精准分析企业问题，合理选择研究方法，有效完成竞赛内容，在学科竞赛过程中，师生一体，真题实做，教、学、赛三个环节互相渗透，显著提升学生的创新创业实践能力。

3. 推进教学方法多式组合，改革物流专业教学范式方法

在理论教学改革中，重庆工商大学积极探索和实践"双语+外教+企业高管"的嵌入式理论教学和以"课堂讲授+案例推演+课堂讨论"相结合的教学方法。在实践教学改革中，重庆工商大学采取"高校+企业+政府部门"的形式联合开展"集中性+分散性"相结合的实习实践，实践教学范式主要以"课程实验+模拟仿真+专业设计+课外实践"相结合的形式开展；同时，在创新创业实践教学方面实施"第二课堂+学生科技创新活动+学科竞赛"的多元合一，多种实习实践与创新创业形式互动融合，有机促进。

实践中的典型教学范式和方法改革包括：

（1）在专业课程的理论教学过程中，就某些重点专业知识，嵌入由相关跨国企业高管为讲师的专题讲座或专业论坛，或在课堂教学中嵌入企业"移动课堂"环节。

（2）在案例教学中嵌入该案例对象涉及的实际企业的高管参与该案例问题的研讨、分析和点评。

（3）聘请企业高管结合企业实际全面教授某些应用性强且与企业实际运营结合紧密的专业方向选修课。

实验教学范式上特别强化学生的参与度，趣味性与实践性相结合，比如在"物流运作模拟实验"实践教学中采取"物流运作方案设计+游戏式对抗性仿真模拟"相结合的教学形式；在"物料管理与 ERP 应用实验"实践教学中采取基于桌面游戏的情景模拟与仿真的教学形式。

4. 推进教学管理体制改革，保障教学改革有效落地执行

重庆工商大学在积极推进物流人才培养改革中，逐步修订和完善相关的教学管理制度。其内容主要包括：

（1）各类各级学科竞赛获奖、学生科技创新项目立项结题、学生创业实践项目立项结题、大学生创新创业训练计划项目立项结题与各类专业实习实践、第二课堂之间的学分冲抵和成绩认定以及指导教师的指导工作量的认定等相关管理制度与政策文件。

（2）各类职业资格培训、认证与专业选修课之间关于学分冲抵、成绩

认定等相关管理制度与政策文件。

（3）物流管理专业全部教学课程的教学归属，不同专业课涉及的相关或相同的教学内容的错位教学与教学大纲修订机制。

（4）聘请教学经验丰富、教学效果良好的老教授为新入职教师的导师等，有力支持了教学改革成果的有效落地与执行。

5. 推进教学科研交叉融合，打造多形式模块化教学团队

重庆工商大学积极推进物流管理专业教师教学与科研交叉融合、互相支持。

（1）引导教学型教师积极参与校企（校政）的科研项目合作或直接到企事业单位进行挂职锻炼，把教学中的理论研究成果有效融入解决企业、政府的实际问题之中，同时通过在企业、政府部门的实践，结合区域经济社会的实际需求，挖掘各类纵向或横向科研项目的选题和研究内容，进而帮助教学型教师强化和提升科研能力与水平。

（2）引导科研型教师将其科研成果有效应用并丰富课堂的案例教学。这样既可以丰富课堂教学内容，又可以激发学生学习和科研的兴趣，还可以将科研成果与解决企业、政府的实际问题有效结合，推进校企政的进一步合作与融合。

（3）依托电子商务及供应链系统重庆市重点实验室、长江上游经济研究中心等科研平台，把科研项目向社会服务和教学案例转化、把学术论文向教学理论方法转化、把专著向教材转化、把发明专利向产品设计转化等。通过教学与科研的交叉融合，物流专业的师资团队在教学和科研两个方面形成了互相促进、互相支撑的良好氛围，师资实力与社会影响力逐渐增强，并且初步打造成"专业基础教学模块""专业方向教学模块""专业实践教学模块""学科竞赛指导模块"四个模块的教师团队。

（五）以能力培养为导向的人才培养实践研究

重庆工商大学以重庆工商大学物流管理本科专业为教育教学改革的实践对象，进行实践研究，同时根据实践过程的真实信息反馈进一步修订并优化重庆工商大学的物流本科人才的培养途径、培养模式、课程体系、教学方法和教学管理机制，进而还可以将重庆工商大学形成的成熟经验向重庆及全国的物流本科人才培养高校进行推广与应用。

五、结语

面向新型经济社会发展需求，以能力培养为导向，实现对物流管理人才培养模式的改革与创新，必将为物流本科人才培养的改革与创新提供有

效的探索和尝试，也必将为有效消除高等院校与用人单位间的壁垒提供新的探索途径，还可以为提升高等院校毕业学生的就业、创业竞争力提供有效探索。同时，这一改革与探索将为逐步完善并创新重庆工商大学物流本科人才的培养模式，特别是针对新型物流本科人才专业能力培养为导向的培养途径、课程体系与结构、教学方法、教学组织等方面的改革与创新以及对重庆工商大学物流管理专业的师资结构优化、教学资源整合、教学管理完善提供了契机，对进一步完善并提升重庆工商大学物流管理专业的理论与实践教学能力提供了新的机遇，必将有利于提升重庆工商大学物流管理本科专业的核心竞争力，也必将有利于重庆工商大学培养适应新型经济社会发展需求的物流本科人才。

社会经济发展需求驱动下企业管理研究生实践能力与综合素质培养创新研究①

张 军 骆东奇 王 燕

[摘要] 本文结合时代发展背景,探讨了企业管理硕士研究生培养中存在的主要问题和培养的目标,有针对性地提出了企业管理硕士研究生实践能力与综合素质培养改革创新的主要举措。

[关键词] 企业管理 研究生 人才培养

2014年3月,国家提出"一带一路"倡议和长江经济带发展战略,这必将有利于以重庆为核心的中西部产业升级、东中西平衡协调发展、打造中国经济升级版。长江经济带、以渝新欧铁路为依托的陆上丝绸之路经济带以及以正在建设的郑渝昆铁路为依托的向南开放大通道的地理交汇点恰恰都在重庆,重庆也就成为重要的战略枢纽。2012年6月18日,重庆市第四次代表大会明确提出重庆要建成长江上游金融中心、商贸物流中心和科技教育中心,大力推进科技创新,切实增强科技对经济发展的支撑引领作用,建设创新型城市。同时,重庆要坚持教育优先,切实办好人民满意的教育。重庆要着眼于学有所教、教有所能、能有所用,以素质教育为导向,推动教育改革发展,提高教育质量,努力建设长江上游教育中心。重庆要加强实训基地建设,推动校企合作,大力培养技能型、实用型人才。

2012年2月28日,国务院学位委员会第29次会议中明确提出要深化研究生培养机制改革,创新培养模式,优化培养规模、区域布局和学科结构,扩大和深化国际合作,推进国际联合学位和双学位项目;要促进教育、科研、创新的结合及产学研合作,积极改革课程体系和教学方法,充分发挥行业企业及培养单位的积极性,强化职业素养和实践能力培养;要增强学术学位培养模式改革的针对性,通过动态调整促进分层分类办学,突出

---

① 本文受重庆工商大学研究生教育教学改革研究一般项目(项目编号2014YJG0208)资助。

重点、办出特色，提高研究生教育质量。

一、企业管理硕士研究生培养中存在的主要问题

目前，重庆主城区的大部分地方院校基本上都具备招收企业管理硕士研究生资格，也都先后培养了一批企业管理硕士研究生，在企业管理硕士研究生教育教学方面积累了一定的经验。但是各校的企业管理硕士研究生人才培养中仍存在以下主要问题：

第一，重点大学的本科生和地方院校的优秀本科生绝大多数都倾向于报考"985"工程、"211"工程大学，使得地方院校招收的研究生的理论研究基础和专业基础能力相对较差。重庆地方院校不少研究生都是通过调剂招生，调剂生源一般都存在着一定的数学或英语单科偏科或综合成绩相对较差等情况。

第二，地方院校招收或调剂的研究生中，来自"考研应试教育"院校的生源比例偏高。这类学校的学生的整个大学阶段的主要学习都是围绕考研进行培养和教育，基本忽略了学生的专业知识与综合能力培养，造成这类学生的后续科学研究潜力较差。

第三，地方院校的研究生教学主要是以课程讲授为主，案例研讨、学术专题研讨、课外社会实践、学术沙龙等教学方式或手段相对太少，研究生的课堂参与度不够，学生的创新能力、实践能力等方面的培养也不够。因此，研究生产学研结合培养方面严重不足，科研应用能力、综合能力较为薄弱。

第四，部分硕士导师指导的学生人数过多，导师"雇用"或"放养"现象在一定程度上存在，师生交流特别是深入的学术性研讨及指导环节严重缺失，造成研究生在自主性学习中缺乏有效的引导与深入的指导，研究生的科研能力很难提高。

第五，研究生初次参加导师课题研究的时间过迟、过少，特别是参加纵向课题研究的比例更低。即使部分研究生参与了导师的课题，也大多是做一些基础资料的收集、整理工作，很难参与深度分析与研究工作，研究生的研究功底难以夯实。

第六，对研究生培养的过程监控与管理不力。很多研究生论文开题后绝大多数的时间与精力都放到兼职、"考证"、考博复习或找工作上，没有系统扎实地研究其选定的研究课题或方向，一到中期检查或预答辩的时候，就临时花几天时间昼夜"赶稿子"的现象比较严重，其学习阶段的学术论文和毕业论文质量难以保证。

二、企业管理硕士研究生培养的目标

重庆地方院校企业管理硕士研究生培养目标应为依托成渝城市群及成渝经济区、长江经济带等国家发展战略，有效结合重庆社会经济发展的实际需求，在对重庆及其周边区域社会用人单位的实际人才需求情况进行深入调查和系统分析的基础上，有效探析其对企业管理硕士研究生的需求特性，并以此为市场需求导向，系统剖析重庆地方院校企业管理硕士研究生人才培养中存在的主要问题，进而对重庆地方院校企业管理硕士研究生的人才培养模式进行系统的改革创新，修订并完善重庆地方院校企业管理硕士研究生的人才培养方案、人才培养过程及相关的研究生教学与管理机制，使得重庆地方院校培养的企业管理硕士研究生更适合于重庆社会经济发展需求。同时，这可以有效解决大学研究生人才培养与社会实际需求严重不匹配的矛盾；可以为重庆地方院校各硕士研究生培养单位培养符合重庆实际发展需求的企业管理人才提供参考与建议，有效探索并解决重庆社会经济发展中的人才匮乏问题，促进重庆社会经济在新的历史时期持续快速发展。

三、企业管理硕士研究生实践能力与综合素质培养改革创新的主要举措

（一）企业管理硕士研究生需求特性调研与分析

重庆地方院校企业管理硕士研究生培养应依托重庆既是成渝城市群及成渝经济区的核心区域，又是国家"一带一路"倡议和长江经济带战略接合部这一战略区位优势，紧密结合重庆正积极推进的社会经济发展战略定位以及重庆地方经济社会实际发展的特性需求，对重庆及其周边地区社会用人单位对企业管理硕士研究生在学术研究能力、专业知识理论、创新实践能力、综合素质等方面不同的实际需求特性进行系统的调查、统计、分析与预测研究。

（二）企业管理硕士研究生人才培养现状剖析

重庆地方院校企业管理硕士研究生培养应对国际、国内以及重庆市外、市内重点院校企业管理硕士研究生的人才培养模式、培养经验及其未来的发展趋势等进行系统梳理、剖析与借鉴；对重庆地方院校企业管理硕士研究生培养单位目前实际的人才培养模式、培养过程、培养效果等进行系统梳理、剖析与研究；邀请社会和企业专家、名校专家对重庆地方院校企业管理硕士研究生的人才培养现状进行论证与分析，找寻重庆地方院校的企业管理硕士研究生具备的学术与创新研究能力、实践能力、综合素质等社会用人单位的实际需求之间的差距，并探寻造成此矛盾的本质性原因。

（三）企业管理硕士研究生人才培养模式改革创新

重庆地方院校企业管理硕士研究生培养应对重庆地方院校企业管理硕士研究生人才培养模式中的培养目标、培养方式、课程设置、教学计划、考核方式、学术研究、社会实践、教学评估等进行系统的改革与创新，实现对重庆地方院校企业管理硕士研究生的理论学习、科学研究与社会实践以及课内学习与课外研究等进行细分，对课程体系、教学计划、考核方式等进行优化与完善，把研究生参加学术研究、学术沙龙与参加导师的纵向和横向课题进行集成与融合，积极探索适合于重庆地方院校的企业管理硕士研究生人才培养模式。

（四）企业管理硕士研究生人才培养支持系统与对策研究

重庆地方院校企业管理硕士研究生培养应对重庆地方院校企业管理硕士人才培养中的教学组织、师资队伍、教学资源、产学研平台、实践基地、国际/内合作交流平台等硕士研究生人才培养支持系统进行整合优化和改革创新；同时，结合重庆地方院校企业管理硕士研究生招生、复试、培养方案制订以及导师指导过程监控与管理、研究生学术论文研究能力培养、研究生开题-中期检查-预答辩-毕业答辩等过程控制与质量控制等方面提出有针对性的对策。

（五）企业管理硕士研究生人才培养实践研究与质量评价

重庆工商大学针对企业管理硕士研究生进行教育教学改革实践研究，分别从人才质量测评、社会企业反馈、就业质量管理、社会形象等多渠道、多层次对重庆工商大学企业管理硕士研究生人才培养改革创新与实践的质量进行科学评价，并根据评价结果对相应的人才需求和培养现状剖析、人才培养改革创新等进行反馈与修正。

四、结语

在新的历史时代，结合社会经济发展需求的企业管理硕士研究生人才培养模式的改革与创新必将为重庆企业管理硕士研究生教育高层次人才培养的改革创新提供有效探索与尝试，也必将为有效消除高等院校与人才使用单位间的壁垒提供新的探索途径，还可以为提升高等院校硕士研究生的就业竞争力提供有效探索。同时，这将为全面了解新的历史时代社会经济发展对企业管理硕士研究生人才特性需求研究提供支撑，为政府决策和制定相关人事引导、培养政策提供理论支持；为各人才培养单位明晰重庆社会经济发展对企业管理人才的真实需求提供支持，以帮助其制订更为合理的人才培养方案，有效地调节高校培养的企业管理硕士研究生与用人单位间严重不匹配的矛盾。

供应链管理课程中的情境教学方法应用[①]

龚英　周愉峰

[摘要] 供应链管理是物流管理专业的核心课程，对其灵活掌握，是物流管理专业学生的就业保障之一。随着国家"一带一路"倡议的提出及重庆"国际综合交通枢纽"地位的确立，供应链管理这门课程的重要地位已经越发凸显。为推动物流管理专业学生对核心课程更好地学习、更多地应用，供应链管理这门课程的授课仍然有一些问题需要探讨。本文从教学方法的改革出发，探讨情境教学法在供应链管理这门课程中的应用问题。

[关键词] 供应链管理　情境教学　应用

一、物流管理专业人才培养计划的目标定位分析

重庆工商大学在物流管理专业人才培养计划上，经过多年的摸索，终于形成了最新的物流管理专业人才培养计划。物流管理专业培养适应社会主义市场经济发展需要，坚持立德树人，着力培养信念执着、品德优良、基础扎实、知识面广、富有社会责任感和创新创业精神以及实践能力，掌握现代物流与供应链管理领域的专业知识与技能，特别是在国际物流、采购与供应链、电商物流等行业或企业能够专业地从事现代物流与供应链管理的应用型、复合型、国际化高素质人才。此次人才培养计划特别强调应用型人才的培养，因此在课程体系的构建与修改中，同样注重培养应用型人才相对应的课程体系。供应链管理课程的情境教学法就是对应用型技能的提升。

---

① 本文为重庆市教委研究生教改项目（YJG153057）、重庆市教委应用课程转型课题（渝教计〔2015〕15号）、重庆工商大学2016年度研究生优质课程项目、重庆工商大学本科应急教改项目研究成果。

二、传统教学方法在供应链管理课程中的难题

传统的教学方法重理论、轻实践。传统的教学方法一直属于单向教育，导致学生对于学习的态度一直是被动接受，都是教师在课堂上讲，学生的动脑时间少，学生提出问题、分析问题以及解决问题的能力难以得到提升。在实践中，物流人员要解决的问题都是相当复杂的实践问题，需要物流人员具备坚实的理论基础及出色的物流实践技巧和技术去化解。这就要求高等院校不仅要教授学生理论知识，还要训练学生的实践技能。基于传统的课程设置和考核要求，传统供应链管理教学方法忽略学生供应链技术和技巧的培养，仅有的实践课程因为课时少、所占分数比重低，教师和学生往往重视度不够，而且实验课程无法解决实际问题。

三、情境教学法相对于传统教学法的优势

传统教学法源于信息加工理论。在课堂上，教师填鸭式地灌输知识，学生机械地记忆，而且往往只关注一个学科，缺少各学科之间的联系，学生所学知识的价值也是由教师来决定的，教师占据主导地位，学生只是被动地学习，缺乏学习的动机。整个学习过程由个人完成，对学习效果的评价也是通过考试来完成的，导致学生从学校到工作的过程由学生自己艰难完成，甚至造成很多学生毕业即失业。

情境教学法是典型的意义记忆。在教学过程中，情境教学法注重多学科的融会贯通，而学生有了明确的学习目标和清晰的学习意义，对知识的选择由学生的需要来决定，教师讲课和学生学习都会将知识与先前的经验相联系，教师的身份也从主导者变身为指导者和参与者。除此之外，情境教学法在学习过程中还可以依赖于共同体；对学习效果的评价也不是单纯的考试，而是真实的评价，如解决实际问题的效果等。这样的方式可以使学生在学习过程中除了收获知识，还可以锻炼能力，在学校就完成从学校到工作单位的转变。

除此之外，更重要的是，情境教学法会改变学生的学习态度。在传统的教学中，教师常常抽象地讲授供应链概念、供应链理论，辅之以简单的案例分析，而由于课时的限制和教师自身对实践的匮乏并没有将理论知识与实践应用结合起来，这种结合恰恰是学生的兴趣所在。情境教学法的应用使教师注重理论与实践的联系，引导学生将知识融会贯通，与未来实践的情境结合起来，帮助学生在学习理论的时候认识到理论在实践中的具体作用，在学习中变被动为主动，主动学习，有助于养成学生终身学习的好

习惯。情境教学法更有利于学生技术和技巧的提高，在这种职业情境的熏陶下，更有利于学生对职业的正确认知，对将来成为物流人员感到骄傲和自豪，成为卓越的物流人才。

四、情境教学法在供应链管理课程中的应用

情境教学法在西方已经有很多年的实践经验积累，其中不乏经典案例。随着国外情境学习理论的不断发展，我国也逐渐注意到情境教学法的重要性，先后出现一批研究成果。但在相关文献中，研究情境教学法在物流管理教育中应用的文章较少，另外更是缺乏从培养物流专业学生职业核心能力角度进行的情境教学的全方位分析和设计。如何在物流管理教育中具体地应用情境教学法，笔者结合情境教学法的五大基本模式进行阐述。

（一）关联

关联是指在生活经验的情境下进行教学活动，在教学中努力把教学活动安排在生活经验的情境之下，让学生在熟悉的情境下把学习的新知识与实践联系起来。例如，传统的案例教学法改进为实例教学法。案例教学法是物流管理本科教学中常用的一种情境教学法，但是传统的案例教学的案例来源往往是教师根据答案设置案例，其内容并不真实，甚至脱离实际，但答案却是有统一标准的。这种案例教学只是从形式上为学生创设情境，其内容是虚构的，结果往往只是使学生得到标准的答案，却无法感受实践中一个案例从产生到结束的真实性。实例教学法的案例来源为国家、地区的实践情况或典型案例，具有真实性和典型性，更具有时代性。在实例讲授方式中进行情境创设，具有真实性，可以引导学生在得到答案的同时，对实例有自己的看法和主张。

（二）体验

体验是指在实践的情境中去积极探索、善于发现和勇于创造，这也是情境教学的核心方法。观看视频、讲述理论这种照本宣科式的教学很难培养出学生的积极性和主动性，只有运用更好的教学形式，使用更好的教学材料，才能获得更好的教学效果。除了在课堂上积极探索新的教学形式以外，我们还要认识到有必要在各种情境下进行教学，比如和物流企业进行合作，将物流企业的管理人员请进教室进行授课。情境教学法需要积极地尝试各种和实际相关联的教学方法。

（三）应用

应用是指在实践的情境下灵活运用所学理论。情境教学中的应用往往是以职业活动为基础的，现在较多是通过观看视频、组织学生辩论等活动

进行。这些手段对学生物流技巧的掌握有一定的帮助和提高，但是没有办法获得实践经验。"诊所教学"可谓应用的最佳方式之一，这种模式效仿医院培养医生的方法，由"物流诊所"的指导教师指导学生参与实践，培养学生的职业技能和技巧。作为情境创设的方法，我们应积极创设"物流诊所"，探讨其与物流本科教学的结合。参与"物流诊所"的学生在教师的指导下直接为企业物流提供咨询，参与案例的每个环节有助于学生客观了解物流运行的状况，各种实际困难的出现对培养学生应对实践的能力大有裨益。在课程设置上，我们要突破传统课程设置模式，将"物流诊所"写入教学大纲，配备课时和学分，增强教师和学生的积极性。

（四）合作

在分享、反馈和交流的情境下学习，合作也是情境教学的一个基本教学策略。合作不仅帮助大多数学生学习掌握更多资料，与人合作的过程还能够锻炼学生的沟通能力，与在实践中与实际物流部门沟通的情境类似。在情境教学法的运用过程中，指导教师要鼓励学生互相学习、共同学习。除了学生层面的合作，更为重要的是与物流实务部门的合作。在物流人才培养计划中要创新人才培养的机制，探索"高校-物流企业联合培养"机制，创设双导师制度。专业教师和企业人员共同授课，企业人员的授课更容易使学生进入情境，不仅使学生将课堂和实践有效结合，还为教师的教学提供参照。

（五）迁移

迁移是指学会将已知知识结合新知识去构建自己的知识体系，并运用到实践情境中。在"物流诊所"和与物流企业的合作中最能体现出知识的迁移。我们应将已有知识和新知识融会贯通，结合具体案例解决具体问题，提高学生处理实务的能力，促进学生掌握物流职业技能与技巧。在具体应用情境教学法的同时，我们要加强配套改革的跟进力度，确保教学方法的改革不是流于形式。在构建对学生的评价体系时，我们应以过程性考核和来自社会真实的评价作为主要依据，而不是单纯以作业和考试来判断。在构建对教师的评价体系时，我们要注意提高实践课时的分配，激发教师进行探索改革的积极性。

参考文献

[1] 许春清.论西部基层法律人才专业技能的培养方式——兼论法学本科的"组合式"教学方法[J].兰州文理学院学报（社会科学版），2014(6)：113.

［2］李金玉，金博.论卓越法律人才培养目标的内涵［J］.长春工业大学学报，2013（4）：42.

［3］王晓慧.论地方高校的卓越法律人才教育培养［J］.行政与法，2016（2）：62.

［4］单莹.情境教学与卓越法律人才培养［J］.黑龙江高教研究，2017（2）：137-139.

应用型供应链管理课程转型研究[①]

龚 英　周愉峰

[摘要] 本文探讨了实施应用型供应链管理课程转型的背景与应用，主要介绍了向应用型课程转变的深化人才培养模式改革、向应用型课程转变的课程优化与改革和向应用型课程转变的考核改革。

[关键词] 应用型　供应链管理　课程转型

一、实施应用型供应链管理课程转型的原因

目前，面对国家教育结构调整和综合改革（特别是高等教育分类管理和工程教育向应用型改革的试点战略研究）的新要求，教育部发布了《引导部分地方普通本科高校向应用型转变的指导意见》，确立了应用型的类型定位和培养应用型技术技能型人才的职责使命，突出了以产教融合、校企合作为突破口，强调根据所服务区域、行业的发展需求，找准切入点、创新点、增长点。物流管理专业课程的实践性不足的问题比较明显，包括课程内容滞后、教学过程缺乏学生的主动参与、缺少校企之间的实际合作与沟通、学校内部教学与企业实际需求差距较大，这造成了教学与实践脱轨的严重后果。面对高等工程教育近十年来存在实践教育不足的问题，改革已经从第一阶段的学科专业"面"上的改革进入了更具体、更核心的第二阶段的课程教学"点"上的改革。笔者在对物流管理专业涉及的相关专业核心课程进行充分的梳理和分析研究的基础上，提出对供应链管理课程进行应用型课程的改革实践，以解决在目前的课程教育中，尤其是物流管理专业的专业核心课程教育中还有许多不能满足或难以达到提高教育实践目

---

① 本文为重庆市教委研究生教改项目（YJG153057）、重庆市教委应用课程转型课题（渝教计〔2015〕15号）、重庆工商大学2016年度研究生优质课程项目、重庆工商大学本科应急教改项目研究成果。

的一些深层次的问题。

实施供应链管理应用型课程改革实践的根本目的是：第一，解决课程设置和授课内容与社会需求不够匹配的问题；第二，解决课程在人才培养模式与社会需求脱节的问题；第三，解决教师队伍的结构和能力与培养应用型人才培养目标和要求上存在的较大差距的问题；第四，解决校企合作、产教融合的基础还不牢固、机制还不完善等方面的问题；第五，解决学科专业在内部治理的结构上还不能很好地适应应用型人才培养的问题。

因此，为解决存在的问题，加快建设应用技术型人才培养的步伐，根据教育部的相关精神，我们结合供应链管理课程的实际情况进行了应用型转型。

二、向应用型课程转变的深化人才培养模式改革

我们结合《物流管理应用型卓越工程师教育培养计划》人才培养模式的需求，进一步更新教学理念，牢固确立培养物流管理应用型人才的办学思路，坚定应用型人才的培养理念及人才培养定位，通过将物流管理专业的专业核心课程——供应链管理转型为应用型课程作为继续深化改革的契机，进一步开展人才培养模式的改革实践，从而实现对人才培养模式的深入改革。具体措施如下：

第一，转变人才培养模式，实现由学校单一主体培养人才到校企双主体（多主体）培养人才的转变。

第二，以服务物流领域和地区为主的区域社会经济发展为导向，做到学校人才培养与行业、区域经济发展对接，专业设置与地方主导产业对接，人才培养目标与行业企业需求对接，人才培养规格与工作岗位对接。

第三，坚持引进企业参与制订人才培养方案，强化技术理论，注重技术应用，突出实践教学，在人才的培养过程中，充分体现校企合作、工学交替。

第四，结合建设供应链管理应用型课程的需求，转变教育教学方式，实现由以教师"教"为主到以学生"学"和"做"为主的转变。

第五，转变学生考核方式，实现由单一的、一次性考核学生知识向知识与技能并重的多形式、多阶段、多模式考核方式转变。

三、向应用型课程转变的课程优化与改革

（一）向应用型课程转变的大纲优化与改革

大纲是一门课程的基础和核心，向应用型课程转变，必须首先调整大

纲。应用型供应链管理课程的大纲，可在原有大纲的基础上，每一个板块加入和应用密切相关的内容，并专门开辟体现应用、能力等实践内容的板块。这可以从以下四个方面得以实现：第一，增加社会发展应用；第二，增加企业应用；第三，增加学生实践应用；第四，增加供应链管理课程的国际合作。对大纲的新增要求，后续应进行课程改革，以体现应用型供应链管理课程的特征。

（二）应用型课程的改革

应用型课程的改革应该与社会发展密切相关，如何切入是一个难点，需要教师前期收集大量和供应链管理课程相关的社会发展素材，并和课程的知识点密切对接，这样才能在合适的节点上找出实现课程应用的内容。

第一，学生分成多个学习小组，不同学习小组研究内容各异，教师给出研究方向，由学习小组进行研究，并进行课堂展示。

第二，利用"课中课"的形式，每节课的前10分钟由学生进行讨论内容的展示，并回答教师及同学的提问。

1. 企业应用的课程体现

企业应用的课程体现，主要采取"请进来，走出去"的模式。

第一，将企业老总请进课堂，进行企业授课。我们和5~6家企业的老总及经理保持密切合作，将企业老总请进课堂讲课并布置作业（带有企业烙印的作业）是一种非常直接的和企业快速对接的方法。学生既能从企业家身上学到大量的实践经验，又能为企业进行一定的思考，是一种双赢的方法。我们已经请过民生物流的负责人和精驿行物流咨询公司的负责人到课堂上授课。

第二，进行企业案例收集、整理与分享。请企业负责人站上讲台，这个范围比较小，要是想有更多的案例，需要教师进行企业案例收集和整理，并分享给学生，从而让学生掌握第一手的企业信息。和我们合作的企业比较愿意将企业状况告知我们，并让我们整理成案例。在案例的最后，企业会提出一些困扰他们的实际问题，我们在和学生剖析案例的同时，会把问题的解决方案呈现给企业，这是一种双赢的方法。

第三，带学生进入企业参观。我们通过和行业协会、企业建立广泛的联系，使学生能顺利地参观企业。这种参观分为大、中、小三种形式，针对三种企业。大型参观可以容纳上百位学生，整个年级的学生都可去参观，如医流巴巴、重庆直通、重百等公司；中型参观可以容纳一个自然班的学生；小型参观则是只能带十几名学生进行的精准参观，如我们参观某企业的立体库，由于安全原因，企业一次只允许10人参观，由于机会难得，我们对学生进行了选拔。

第四，带学生走进企业，针对企业某一个具体问题进行研讨，并为企业提出解决方案。这是针对中小企业进行的。部分中小企业本身存在一定的供应链问题，但自身没有能力解决，因此比较希望有专业教师带队的学生团队进行问题诊断，并提出相应的解决方案。

2. 学生进行企业实践的课程体现

这里所说的企业实践，是指学生真正被企业使用，可以采取学徒制、顶岗制等国际上较为流行的做法。

现代学徒制是通过学校、企业的深度合作，教师、师傅的联合传授，对学生进行以技能培养为主的现代人才培养模式。现代学徒制要解决好4个问题，这4个问题都是企业和职业教育要解决的问题，即企业招工难的问题、企业用工稳定的问题、劳动者收入的问题、劳动者自我价值实现的问题。顶岗实习是学校安排在校学生实习的一种方式，学生到专业对口的现场直接参与生产过程，综合运用本专业所学的知识和技能，完成一定的生产任务，并进一步获得感性认识，掌握操作技能，学习企业管理，养成正确劳动态度的一种实践型教学形式。顶岗实习不同于其他方式的地方在于它使学生完全履行实习岗位的所有职责，独当一面，具有很大的挑战性，对学生的能力锻炼起很大的作用。

目前，我们正在和京东公司北京总部、海尔日日顺物流有限公司、德邦物流有限公司、安德物流有限公司等多家公司进行洽谈，以期找出一种全面的、安全的、高效的、持续的合作形式。

3. 供应链管理国际合作的课程体现

国际合作可以从以下几个方面开展：

第一，面向国际合作班的双语教学教材和辅助讲义的建设。在教材方面，教师可以根据国际合作班专业的不同，对原版教材进行相应的删减和补充，体现出所授专业的特点和要求。另外，建立与原版教材配套的讲义，对原版教材进行注释，这样既可以保持英文教材的"原汁原味"，又兼具中英文教材的优点。每章结尾增加中文概要，有利于学生对教学要点的理解和掌握。

第二，采用引导式和项目驱动式方法，探讨课程双语教学模式的实施和效果。在教学方法上，教师可以采用引导式和项目驱动式的教学模式，充分调动学生的学习积极性。教师可以在课前引导学生进行英文文献查阅和总结，在课中构建一种"以学为主、教学结合"的课堂教学模式，在课后建立合作小组，以优势互补、分工合作为原则，采用项目驱动式的教学方法。在教学材料上，教师可以建立丰富而有针对性的教案，实现边授课边互动，并通过网络教学建设，提供电子教案和项目讨论平台。

第三，建立与教学进度紧密结合的多元化考核方法和体系。在考核方式上，教师可以增加项目讨论表现和随堂测验比重，使得对学生的评价更加客观和全面。教师可以建立阶段性的测评流程，并逐渐提高英语作答的比例和规范性，逐步促进学生适应最终的全英文考核和期末论文写作，以适应国际合作班后期国外学习。

我们已经进行了双语教学和外国留学生的纯英语教学。就国际合作而言，前期我们已经和荷兰文德斯汉姆大学、加拿大劳力埃大学有深度的合作。我们将采取项目对接、授课对接、竞赛对接的各种形式，形成真正的国际合作。

4. 创建虚实结合的虚拟仿真课程教学平台

创建虚实结合的虚拟仿真课程教学平台可以扩展和提升供应链管理项目在学习基础上的研发和实践教育的支撑能力，营造使学生成才的实践教育环境。

我们在虚实结合的虚拟仿真课程教学平台上，通过基于问题的学习、项目及案例教学、师生互动主题研讨等教学方式的改变，可以达到着力培养学生自主学习的能力及发现问题、解决问题和创新思维的能力。

我们在虚拟仿真课程教学平台上进行以下实验：通过建立校企合作联盟，探索校企间人才培养、科研开发等多方位的共赢合作模式；吸收企业及行业专家加入物流专业应用型卓越工程师教育教学指导委员会，参与其制定应用型物流管理专业的发展规划、人才培养目标与人才培养方案的指导工作；从企业聘任部分资深专家作为学校师资参与专业技能教学；将企业待解决的实际工程问题（如项目设计、研发等）转化为课程学习的综合学习目标，以实现培养社会急需的应用型人才的目标。

四、向应用型课程转变的考核改革

为配合课程教学内容及教学模式的改变，我们对学生的考核内容、考核方式相应地进行改革。例如，在进行课程内容教学时，对学生学习效果的考核可以通过团队考核的形式，如以小组为单位的形式对学生进行其综合运用所学知识和能力、与人沟通和交流能力、团队协作能力等多方面能力的考核，建立以"学"为基准的学生考核标准，改革以"教"为基准的倾向，突出学生的工程实践能力。

向应用型课程转变改革后的考核分为课程考核、中期考核、期末考核。

课程考核是针对整个课程进行的，具体如下：

第一，理论课堂：考试+案例+作业+考勤。

第二，专题报告：专题报告记录。

第三，移动课堂：移动课堂记录总结。

总成绩为各环节分数汇总，汇总时各项所占比重要根据学生掌握情况和学习整体效果来确定。

中期考核包括课程学习成绩、企业诊断报告、综合案例报告、讲座报告、社会责任实践。

期末考核建议采用开卷形式，包括事前控制、事中控制和事后控制。

事前控制要加强授课教师和学生关于开卷考试的认识与交流，包括授课前对考核方式的确认及说明、授课过程中有意识地配合授课内容设计练习、期中组织模拟考试让学生把握开卷考试的要领等。这些事前控制手段可以提高教师及学生对开卷考试的认识，端正教与学的态度，引导学生掌握学习知识的正确方法。

事中控制包括考试时允许学生携带教材、参考资料，但要保证其独立作答，以反映其真实的学习水平；开卷考试重点考察学生的物流学知识应用能力和分析问题的思路；评分方法和标准也应有所改变，答案标准多样化，但以能结合理论透彻地分析问题，并思路清晰地提出解决问题的可行方案为优，陈述要点明确、条理清晰、表述简明、使用学科专业语言。

除了开卷考试、科学测评外，事后控制要加上结果分析反馈，这样才构成完整的教学系统。试后总结帮助学生更进一步理解供应链知识应用的普遍性，在复习应答过程中无一不见供应链的作用；同时，还可以帮助学生更深刻地认识物流学理论的应用性，达到活学活用物流学理论的目的。

参考文献

[1] 丁磊. 应用型本科课程教学方法初探——基于工业工程专业《供应链与物流管理》实证研究 [J]. 课程教育研究，2016（7）：236.

[2] 龙桂先，王东红. 本科《物流学》课程考核方式改革实践分析 [J]. 中国科教创新导刊，2011（23）：32-33.

[3] 石芳芳，季少军，郭伟奇. 中外合作办学院校实践教学体系改革 [J]. 教育教学论坛，2015（18）：87-88.

基于协同的供应链管理课程实践教学体系的构建[①]

龚 英 周愉峰

[摘要] 本文介绍了协同理论及其对物流专业学生能力培养的启示,提出了供应链管理课程教学体系内部协同,构筑能力培养基础平台,构建了供应链管理课程实践教学体系。

[关键词] 协同理论 供应链管理 教学体系

一、协同理论及其对物流专业学生能力培养的启示

协同理论（Cooperation Statement）也称协同论或协同学,是由德国物理学家哈肯创立的一种系统科学原理。协同理论主要研究远离平衡态的开放系统在与外界有物质或能量交换的情况下,如何通过自己内部协同作用,自发地出现时间、空间和功能上的有序结构,描述了各种系统和现象中从无序到有序转变的共同规律。其中,协同是指系统中各子系统的相互协调、合作或同步的联合作用及集体行为,结果是产生了"1+1>2"的协同效应。该理论强调有序结构出现的关键在于系统内部各子系统（或要素）之间能否协同。这种系统思维、协同效应的思想可以为解决大学生能力培养中遇到的问题提供思路。

目前在大学生能力培养中,普遍存在着培养内容结构松散、缺乏递进等问题,造成大学生能力培养呈现断点。一些学校将能力的培养寄托于课程自身的实验教学,但这类课程大多实践性偏弱、创新性不足,这些必然造成相关能力培养出现断点。创新能力的培养是一项系统工程,需要合理

---

① 本文为重庆市教委研究生教改项目（YJG153057）、重庆市教委应用课程转型课题（渝教计〔2015〕15号）、重庆工商大学2016年度研究生优质课程项目、重庆工商大学本科应急教改项目研究成果。

规划、渐进展开，为此有必要构筑其能力培养的内部有序结构，以确保能力养成的连续性。大学生的创新能力是在基本能力和综合能力发展的基础上逐渐形成和发展起来的，以创新品质培养为基石并贯穿始终，形成基本能力、综合能力、创新能力的层级培养结构。协同理论对于创新能力培养的体系建立也具有重要启示。

二、供应链管理课程教学体系内部协同，构筑能力培养基础平台

供应链管理课程教学体系的内部协同包括目标协同、课程协同、师生协同和资源协同。

（一）目标协同

目标协同是指供应链管理课程教学目标的设定要与社会对物流管理专业人才的能力要求相一致。供应链管理课程是在企业管理长期发展中形成的一门学科。供应链管理课程不断吸收物流与管理等相关理论的研究成果，受到信息与通信技术的推动和影响，是在实践的基础上产生的一门新兴的应用型交叉学科。其社会岗位分布较为广泛，这提出了比较全面的能力要求。供应链管理课程教学目标既要考虑学科的专业性、知识性、理论性，又要面向相关行业人才评价标准及岗位需求。

（二）课程协同

供应链管理行业的现实意义与特点决定了实验课程的设置既要体现科学的知识体系和循序渐进的认知规律，又要注重课程间的内部关联，强化专业课程之间实践知识的整合，形成以实践能力培养为主线的模块化课程结构，并通过模块课程组合来契合不同企业、不同岗位对专业化人才素质和能力的要求。

（三）师生协同

师生协同就是将教师素质的提高与学生创新能力的提升有效结合。大学生实践创新能力的培养有赖于教师的专业实践能力，因此应着重培养与提升教师的学术经历和企业经历双重素养，为开展创新教学奠定坚实基础。同时，我们应在观念上和实践上实现"重教"到"重学"的转变，即转向以学习者为中心，通过建立良好的师生协作关系，平等交流，彼此信任，在和谐氛围中助力学生的发展。

（四）资源协同

大学生专业实践能力的养成依赖于良好的实验教学环境，因此我们应创新实验室管理机制，优化资源配置，将各种教学资源协同利用。2017年，我们获批重庆市物流与供应链协同创新中心建设单位，依托于协同创新中

心的物流专业学术性研究、应用型研究将会达到一个新的高度，满足学生实践能力、创新能力培养的需求。

三、供应链管理课程实践教学体系构建

（一）实践教学模式方面

1. 重构教学计划，优化课程结构

在重构教学计划方面，一是坚持学以致用，重构供应链课程教学计划，注重从理论教学向实践教学的转变，教学计划既要具有科学性又要适合培养学生的实践能力。二是制订教学计划时必须充分听取校外专业指导委员会及专业人士的意见，必须到用人单位调查了解各种职业岗位对知识结构的实际需求，这样才能明确物流管理各方面知识所占的比例，从而形成一些能反映物流管理专业特色并符合用人单位需求的课程。三是为了增强实践教学的职业性，应重视物流师等资格证书考试课程内容，使学生在获得学历证书的同时，顺利获取相应资格等级证书，以提高学生的就业竞争力。

在优化课程结构方面，应根据岗位技能要求设置课程，优化课程结构，突出实践能力，构建模块化课程体系，进行项目化训练，将专业技能、职业核心能力培养分解到模块中，打破学科课程知识化、系统化的传统，有效组织实施教学活动。

2. 深化实践教学内容改革

在实践教学内容方面，应以实践教学为主线，形成内外结合、校企结合、工学结合的实践教学内容体系，具体包括专业认知实习、仿真实训、生产实习和毕业实习等。认知实习主要形成学生的物流管理初步技能，教学内容可以安排认知车站、港口、码头、货场、仓库等物流基础设施，认知叉车、集装箱、货架、托盘、吊车等物流设备，认知工业企业、商业企业和第三方物流企业的物流流程。教学内容还可以安排学生进行市场调查，如了解物流企业的部门设置、岗位职责和业务来源。仿真实训主要形成学生的物流管理专业技能，教学内容可以安排货物出入库管理、货物搬运管理、货物日常养护及盘点管理、各种运输方式的货运代理、报关业务代理、集装箱堆场管理、订单处理、分拣、补货、配货、送货、流通加工、信息系统管理等训练，从而使学生掌握采购管理、运输管理、仓储管理、配送管理、装卸搬运管理、物流信息系统管理的主要内容和物流设备的操作使用，了解并熟悉企业供应链物流的主要业务流程和重点管理内容。

3. 加大专业教材建设力度

实践课程的教材是体现教育特色的项目之一，编撰物流实训教材是规

范实践教学的理论保证。目前，我国已公开出版发行的物流实训教材为数不少，体系构建初现端倪，对于物流实践教学起到了积极的促进作用。但是由于业内人士参与不够，加之我国物流业正处于快速发展时期，新技术、新情况、新问题层出不穷，因此急需编写一套体系科学、规范实用的实训教材和指导手册。教材编写应根据物流教育的特点，通过对国际国内物流市场的调研，广泛收集物流行业的新技术、新工艺、新设备信息，突出能力培养，对职业岗位所需知识和能力结构进行恰当的安排，将物流企业的经营实例及最新成果编入实训教材，突出实用性。

（二）实践教学基地方面

实践教学基地是实践教学的重要场所，由校内实训室和校外实习点组成，对于提高学生的综合素质、培养学生的创新精神与实践能力等都具有特殊作用。物流人才应具备的知识与能力不仅需要在校内实训场所进行模拟仿真操作，而且也需要在校外物流企业的工作现场进行实习。

1. 丰富校内实训室建设内容

校内实训室是开展实践教学活动的前提，加强校内实训室建设是营造良好实践环境的重要条件，同时也是培养学生实践技能的必要保证。校内实训室环境优良，学生能够掌握设备的操作还能进行反复训练。校内实训室的建设要集中资金加大投入，不仅要加强物流专业模拟软件实训，还要积极开发物流管理虚拟车间，不断丰富校内实训的教学内容。

2. 创新校外实训基地建设途径

首先，专业教师与企业进行联系，取得企业信任后通过学校与企业进行沟通协商，共建协作型校外实训基地。其次，学校在成立专业指导委员会的基础上，积极吸收企业家进入学校专业指导委员会，以专业指导委员会为平台建立合作型校外实训基地。最后，根据物流管理专业的特点，学校可以鼓励相关专业教师大胆组建经济实体，建立自主管理型校外实训基地。

物流技术与物流装备课程
教学方法改革的探索

陶 熠

[摘要] 物流技术与物流装备是物流管理专业人才培养的核心课程之一，由于该课程的集成性和综合性较强，在课堂教学中需要采用合适的教学方法才能达到较好的教学效果。本文采用调整授课内容，结合现代教学手段，综合运用演示法、团队合作学习法、案例教学法等多种教学方法，融合校内外教学资源，开展形成性评价与过程性考核等方式，促进教学方法改革，培养学生的自主学习能力、综合创新能力和实践能力。

[关键词] 物流技术与物流装备　课程　教学方法改革

物流技术与物流装备是物流系统中的重要资产，构成了现代物流运作的基础，影响着物流活动的各个环节，是实现优质高效的物流服务的决定性因素，保障了物流系统安全运行和物流增值服务的实现。物流技术与物流装备课程是物流管理专业学生培养的核心课程，依据交通运输系统、装卸搬运系统、自动仓储系统、产品包装、流通加工、配送中心等各自不同的作业流程，较系统地阐述现代物流最新技术及先进的物流设施与机械设备。通过该课程的学习，学生能够了解现代物流技术与物流各个环节中使用的物流装备，掌握相应技能；在物流系统规划和设计过程中能够合理选择、配置、使用和管理各类物流装备，为成为应用型和综合型物流人才打下基础。

物流技术与物流装备课程教学中还存在一些普遍问题亟待解决，如课程教学内容枯燥，学生缺乏学习兴趣；教学手段落后，与信息化技术深度融合不够；教学方法单一，未能充分发挥学生的主体性；教学软硬件投入不足，教学资源缺乏，课程教学存在一定困难；课程评价缺乏科学性，对学习过程评价重视不够，缺乏合理的评价指标和体系。

本文针对目前物流技术与物流装备课程存在的问题以及相应的教学方

法改革进行阐述和总结。

一、课程教学中存在的问题

（一）课程内容枯燥，学生缺乏学习兴趣

物流技术与物流装备阐述的是现代物流技术及物流设施与机械设备的内容。其内容主要包括运输设备，如铁路机车车辆、货运汽车、货运船舶、货运飞机等；自动仓储技术与设备，如巷道堆垛机、高架叉车、货架等；装卸搬运设备，如起重机、自动搬运车、AGV 小车等；分拣设备，如电子标签辅助拣货系统、自动分拣系统等；包装及流通加工设备，如填充机、包裹机、封口机、贴标机等；集装单元化设备，如托盘、集装箱等。物流技术与物流装备深入浅出地介绍了现代信息网络化、智能化新技术，如条码技术、无线射频技术、GPS 技术、GIS 技术及其在现代物流中的应用。由于课程性质的需要，物流技术与物流装备一般会涉及大量机械设备的特性、结构、工作原理等，部分内容枯燥难懂，趣味性不强，学生对相应的物流装备感性认识和实践经验不足，学习兴趣不高。

（二）教学手段落后，与信息化技术深度融合不够

传统教学手段多采用电子课件和板书的形成，单纯的课堂讲授无法让学生身临其境地去模拟物流流程，认知和体会现代物流技术和物流装备。同时，很多时候课堂教学结束后，学生会有一些疑问，但无法找到合适的平台进行讨论和答疑。课程教学要充分发挥教学效果，就必须使信息技术融入教学过程中，改变教学模式，形成新的教学方法和模式，发挥信息技术对课程教学改革的推动作用。

（三）教学方法单一，未能充分发挥学生的主体性

在传统教学中，课堂教学多采用教师讲授式、填鸭式的教学模式。在这种教学模式下，学生被动地接受知识，不能充分体现学生的主动性和自主性。要充分发挥学生的主体性，课程教学就必须让学生参与到教学过程中，提升学生的主动性和积极性。

（四）教学软硬件投入不足，教学资源缺乏，课程教学存在一定困难

物流技术与物流装备课程在讲授过程中会涉及很多类型的装备，包括生产、仓储、运输、装卸、搬运、包装、流通加工、信息处理等，一般在教学过程中缺乏全面直观的教学模型演示。另外，物流技术与物流装备正朝着自动化、智能化、集成化、信息化的方向发展，新技术、新装备层出不穷，更新换代速度很快。物流软件需要加以更新和维护，建立一个设备齐全且软件适用的物流实验室非常不易。

（五）课程评价缺乏科学性，对学习过程评价重视不够

一般理论课程的评价模式比较单一，对教学过程评估环节重视不够。课程评估一般只看卷面成绩，相对不够重视学习过程，更不重视对学生综合能力的评价。这样一部分学生为了考试而考试，不利于学生学习的积极性和创新能力的培养。

二、课程教学方法的改革探索

物流技术与物流装备课程教学方法改革的基本思路是围绕实现知识、能力、素质等多位一体的课程教学目标，坚持以学生为主体，以促进各类教学要素的互动融合为手段，综合应用多种教学手段和方法，全面提升课程教学质量。

（一）调整授课内容，增强学生学习兴趣

物流技术与物流装备会涉及很多机械方面的知识，对学生来说是难点，学生学习兴趣不高。但对物流管理专业的学生来说，他们不是装备的制造商，也不是装备的设计者，而是这些装备的应用者，因此他们不需要掌握太多的装备加工理论和设计理论，只需要掌握各种装备的特点，如工作特性、使用范围等，在物流系统规划和设计过程中能正确选用相应的装备即可。在课堂教学中，对装备的传动原理、机械结构可以不用过分细化，重点应介绍装备的特点、应用范围、技术参数等。同时，课程应结合社会热点，适当补充较新的技术和装备在物流领域的应用的介绍，如冷链技术、低碳物流技术等，增强学习内容的时代性和学生的学习兴趣。

（二）利用现代教学手段，提升课程教学效果

一方面，物流技术与物流装备课程利用网络教学软件易通软件、电子标签辅助拣货系统、RFID读写系统等开展教学，学生在软件上进行物流流程训练、物流专项能力训练等。物流技术与物流装备课程还建立网络教学平台，将所有课程教学资源上传到网络平台上，方便学生随时查阅和学习。网络平台上设置了答疑区，学生可以通过平台随时提问。另一方面，利用互联网技术，开设微信答疑和QQ答疑讨论群，实现教学和答疑不受时间与空间的限制，满足了教学的快捷性和方便性。

（三）运用多种教学方法，充分发挥学生的主体性

物流技术与物流装备课程教学坚持以学生为主体的原则，推进教学活动由以教为主向以学为主的转变。在教学实践中，物流技术与物流装备教学综合运用演示法、团队合作学习法、案例教学法等多种教学方法。

1. 演示法

物流技术与物流装备课程涉及很多相关的物流新技术和新装备,仅通过传统的课堂教学,学生很难去想象技术和装备的应用特性与环境。应用演示法可以通过物流相关实物、模型、照片、图片、视频、录像等方式使学生在观察中获取与理解相关物流知识。

2. 团队合作学习法

团队合作学习就是基于共同的目标和价值愿景,通过开放、合适的交流方式在团队内部形成团队知识、资源的共享。现代教学理念注重以生为本、以学为主、互动为重,激发学生兴趣、鼓励学生参与、欣赏学生成功、指导学生探索,使学生由被动学习转为主动学习。物流技术与物流装备课程将团队合作学习的教学方法运用到教学过程中,将全体学生分组,每组约8名学生,建立学习团队。团队负责人的产生则采用竞聘办法。团队负责人就教师安排的学习任务进行组内协调和沟通,团队共同完成;同时,团队负责人还要依据贡献对小组成员进行成绩评定。如:教师将课程重点内容在讲授前布置给小组,由小组成员全体参与,共同查找资料,学习内容,制作课件,在课堂上讲授相关学习内容。团队合作学习的方法可以培养学生的资料查找能力、课件制作能力、演讲能力以及团队合作能力。

3. 案例教学法

物流技术与物流装备课程通过对典型案例、成功案例、学生身边的案例进行分析和讨论,以小组为单位围绕某一问题各抒己见、相互启发,以提高学生的认识能力和综合分析能力。例如,在讲授运输技术与运输装备章节时,教师会给出具体需要运输的实物和运输要求的案例,让学生综合运用所学的知识来选择合理的运输方式。

(四)融合校内外教学资源,完善学习的全面性

物流技术和物流装备涉及知识面广、资金量大,仅依靠学校建立现代的、先进的、全面的物流实验室比较困难。因此,在课程教学过程中要依靠校外实习实践基地建立移动课堂。例如,在讲授分拣技术和分拣装备的时候,由于内容比较抽象难懂,加之学生缺乏对实物的认知感,仅依靠课堂教学,学生是很难理解其中的分拣系统和分拣原理的。开展移动课堂教学时,学校可聘请有丰富实践经验的企业家到学校为学生讲解相关课程内容,也可以组织学生去企业实地参观、学习,使学生进一步掌握现代物流技术和装备在物流系统中的运行和应用。同时,学校可以和企业、相关物流行业建立长期稳固的校企合作关系,为物流相关专业的学生提供认知实习和专业实习的实践平台。

（五）结合形成性评价与过程性考核，促进课程考核的科学性

物流技术与物流装备课程考核包括：平时成绩占10%，主要依据考勤、学习态度等进行评定；过程考核占20%，以小组为单位依据团队合作任务的完成度、完成质量、讲解质量进行综合评定，由教师给定一个原始成绩，再根据小组负责人对成员的综合评定等次进行折算，最后形成每个学生的过程考核成绩；期末考核占70%，主要是卷面成绩。这种考核方式使学生在学习中更加注重过程，改变了单一的评价模式，实现了评价的过程化和多元化。

三、小结

物流技术和物流装备是现代物流运行的基础，是提高物流服务质量的保障，物流管理专业的学生需要掌握相关的知识，才能正确地认识、规划和设计物流系统。物流技术和物流装备是物流人才培养的核心知识之一，但目前，在该课程的教学过程中还存在一定问题。本文探讨了综合运用各种教学内容、现代教学手段、多种教学方法、校内外教学资源和形成性评价与过程性评价的考核方式，促进教学方法的改革，提升课程学习效果。

参考文献

[1] 陈子侠，彭建良. 物流技术与物流装备 [M]. 北京：中国人民大学出版社，2015.

[2] 鲁力群，谭德荣.《物流技术装备》课程教学改革探析 [J]. 物流技术，2013（4）：278-279，282.

[3] 谢韶旺，何川，雷志辉. 实践教学中"团队合作学习"模型的研究和实践 [J]. 实验技术与管理，2008（9）：131-133，137.

努力加强课程改革，不断提升教学质量
——管理学科学研究方法课程建设实践

蔡继荣

[摘要] 加强管理学科学研究方法课程改革和建设具有重要意义，本文从优化教学内容、完善教学环境、改革教学方法、丰富教学手段等方面介绍了课程建设的主要举措，总结了课程建设的经验。

[关键词] 管理学研究方法　课程改革　课程建设

管理学科学研究方法是重庆工商大学为管理类硕士研究生开设的一门重要的研究方法类课程，在培养方案中属于学位基础课程。该课程旨在使硕士研究生了解管理科学研究及其特点，掌握管理学的科学研究方法论、管理学研究的方法体系、科学研究的要素和研究过程、科学伦理，熟悉以问题为导向的管理研究过程、研究方法选择与研究过程组织技术。管理学科学研究方法课程自重庆工商大学硕士研究生招生以来，就为企业管理专业硕士研究生开设。目前开设管理学科学研究方法课程的主要包括企业管理、技术经济及管理、管理科学与工程等专业的硕士研究生，该课程在硕士研究生培养工作中发挥了重要的作用。该课程不断进行改革与创新，加大课程队伍建设，探索适用于三个不同专业的教学内容和教学方法，不断完善教学基础和条件，积极开展教学改革研究，形成了较为完善和成熟的教学体系，在研究生科学研究能力培养中发挥了重要作用。

一、不断优化教学内容

管理学科学研究方法课程的教学内容涉及管理学的科学研究、管理科学研究的基本要素、管理科学研究设计、数据观测和数据分析、管理科学研究模型和方法、研究的创新点以及管理专业研究生论文的写作规范和要点解析等内容。其教学内容按照管理研究中科学问题提出与假设建立、管理科学研究中的理论构建、管理科学研究中研究方法和模型的选择、学术性论文的写作规范、管理科学研究前沿和学术论文赏析等核心内容展开。

（一）明确科学研究素养和能力培养的教学目标定位

管理学科学研究方法课程紧紧围绕研究生研究素养和研究能力的培养，以研究生科学研究论文撰写为落脚点，不断更新教学内容，积极采用先进的教学方法，及时反映管理学及其研究方法的最新发展，注重把握管理科学研究的范式和规律，突出方法论讲解，使教学更加具有针对性。

（二）突出科学研究过程设计和研究方法选择为核心的教学内容

管理学科学研究方法课程特别重视问题导向的教学，以管理学研究过程为主线，以科学研究的要素、研究过程设计和科学研究方法选择为核心，结合研究生学术论文和学位论文的选题，促进学生有针对性地、自主地学习科学研究的相关理论知识，并理论联系实际，注重研究生的学习能力及发现问题、分析问题和解决问题的能力的培养，有效地提高其综合能力与创新意识。

（三）加强传统课堂教学与现代教学手段的相互结合

管理学科学研究方法课程运用现代教育技术，不断进行教学方法和手段的改革，努力提高教学质量。管理学科学研究方法课程教学过程中坚持现代教育技术与课程教学内容的整合，并积极进行探索与实践，完成了包括配套多媒体课件、阅读文献、研究辅助软件以及网络信息等多种媒介构成的立体化教学资料，为研究生提供了良好的多媒体学习环境和丰富的教学资源，促进其科学研究能力的提高。

（四）通过实验和实训提高科学研究能力

管理学科学研究方法课程积极探索和紧密跟随管理学科学研究的发展趋势，结合不同研究专业和方向的研究生开展科学研究的需要，突出科学研究模型构建和推演、实证数据采集和分析，将案例分析、实验教学和经典范围解析相结合，特别是将MATLAB数学分析软件、SPSS和SAS统计分析软件纳入教学内容，通过管理学问题研究实训，加强研究生量化分析能力，提高其科学研究的水平和层次。

二、不断完善教学环境

（一）硬件环境优良

管理学科学研究方法课程授课地点位于重庆工商大学主校区的田家炳教学大楼，毗邻重庆市南山森林公园，环境优美，绿树成荫。教学大楼教学设施完善，授课教室多媒体等先进教学设备齐全，能够开展理论教授、案例教学、小组讨论等多种形式的教学活动。同时，我们依托重庆市高校市级实验教学示范中心、重庆市发展信息管理工程技术研究中心、电子商务及供应链系统重庆市重点实验室等的硬件条件，可以开展实验研究、数据分析与处理、模拟与仿真等方面的教学和实践，让研究生得到最前沿的科学研究方法和技术方面的训练。

（二）图书信息条件优越

重庆工商大学图书馆藏书218.48万余册，中外文报刊2 669份，可以方便学生查询和获取研究资料。重庆工商大学建有重庆市第一家中国期刊网开放式镜像站，并建设有"全球发展学习网络重庆远程学习中心"和"教育数据中心"，校园网承载有多种数字化教学、科研、管理、服务信息系统和数字资源，与管理学科学研究方法课程教学相关的数据和资料均可方便获取，为研究生科研能力的培养起到支持作用。

（三）市级重点学科的支持

管理学科学研究方法课程所在学科为工商管理和管理科学与工程，这两个学科均属于重庆市级重点学科，管理学科学研究方法课程的建设是这两个重点学科建设的重要组成部分。同时，这两个学科中有市场营销、会计学两个国家级特色专业以及工商管理校级品牌专业，这些都为管理学科学研究方法课程的建设和发展提供了重点学科和专业的支持。另外，重庆工商大学经济学、管理学、文学、工学、法学、理学等学科协调发展，财经特色鲜明的学科发展结构，为管理学科学研究方法课程的教学乃至开展管理学跨学科交叉研究提供了优越的条件。

（四）优秀教学团队的支持

管理学科学研究方法课程的教学组成员均具有博士学位，经历过系统的科学研究方法培训，并且均主持过国家自然科学基金项目、国家社会科学基金项目以及重庆市自然科学基金项目等研究项目，在核心期刊发表了大量的科研论文，出版过相关的专著和教材，科学研究的素养高、科学研究的能力强，具有承担重点项目研究的能力和经验。同时，重庆工商大学有"新世纪百千万人才工程"国家级人选、"长江学者奖励计划"人选、国家级有突出贡献中青年专家、教育部新世纪优秀人才、重庆市百名海外高层次人才、巴渝学者特聘教授等高层次人才，可以为管理学科学研究方法课程组从事科学研究和为研究生开展科学研究提供方法论咨询与帮助。

（五）开放式办学理念和环境条件的支持

重庆工商大学及管理学相关学院与英国林肯大学等10余所国际知名大学联合开展培养学士、硕士的合作项目，与17个国家（地区）的55所知名高校（机构）建立了广泛和深入的友好合作关系。重庆工商大学每年均邀请国内外知名专家学者来校访问、讲学和合作研究，并选派师生出国交流、访问以及交换学习。重庆工商大学与10余个地方政府、160多家企（事）业单位建立战略合作关系，在重庆太极集团、重庆商社集团、秦山核电等10余家著名企业内建立了实习实践教学基地。这一切都有利于研究生把握国内外科学研究的前沿和动态，并有助于提高对管理问题的感知，提高其科研水平和研究成果的价值。

（六）与课程建设相关的制度环境的支持

重庆工商大学非常重视研究生课程教学和课程建设，从主讲教师聘任、教师培训到教学质量评价都制定了严格的制度，建立了研究生课堂教学基本规范、研究生教室使用管理办法等一系列标准，特别是积极推进"研究生重点课程建设计划"，以鼓励和促进教学课程建设。这些制度对于管理学科学研究方法课程的建设具有积极的意义。

三、不断改革教学方法

管理学科学研究方法课程主要以课堂理论教学、课堂讨论、案例教学、实验教学等方法进行教学，少部分内容需要学生通过自学完成，教师仅在课内进行概括性提示。

（一）继续发挥课堂讲授的作用

管理学科学研究方法通过主讲教师对科学研究的方法论、科学研究的要素、科学研究的过程设计以及科学研究中的方法选择与理论构建等基本原理、基本规律和规范的描绘、解释及推论来引导学生分析和认识科学研究，使研究生在较短时间内获得大量且系统的科学研究相关知识，并有助于研究生对科学研究的要素、过程设计、研究执行和研究结论的得出形成完整的概念。

（二）积极推行课堂讨论方法

针对教学中的关键问题等，管理学科学研究方法课程常常采用讨论方法进行教学。在教师的指导下，学生以全班或小组为单位，通过讨论或辩论活动，各抒己见，以便获得知识，增强理解和记忆。同时，小组讨论和答辩培养了研究生合作研究的精神，激发了学生学习的兴趣，有利于提高学生学习的独立性和深入思考问题的能力，并对于问题表达的科学性和逻辑性的锻炼有较大帮助。

（三）加强任务驱动方法的运用

管理学科学研究方法课程的教学重点是培养研究生独立思考以识别科学问题，并对该问题的科学研究进行过程设计、研究方法选择等的能力，要求研究生能够通过对管理实践的感知和理论研究的归纳与演绎，提出创新性的研究命题，并围绕此命题设计研究的技术路线和研究方法。为此，管理学科学研究方法课程在教学中要求研究生围绕自身研究兴趣和研究领域的热点问题，或者指定的管理学研究前沿问题，布置探究性的学习任务，要求研究生查阅资料，对知识体系进行整理，再选出代表进行讲解，最后由教师进行总结。这种方法的运用不仅使得研究生在完成"任务"的过程中，培养了独立探究问题、分析问题和解决问题的能力，也有利于其发现自身的不足和能力缺陷，以便针对性地进行学习。

（四）努力加强实验操作方法训练

管理学科学研究方法课程涉及的关键内容之一是科学研究方法，这些方法的原理、操作或使用技术需要通过实际训练来完成。例如，管理实证研究中的数据观测和数据分析、管理规范研究中的数理模型构建和求解算法以及管理科学研究中的辅助软件应用等需要通过实际训练来完成。管理学科学研究方法课程针对这些方法类课程内容，主要采取实验操作的方法来进行。通过实验操作，研究生对于管理研究方法、管理研究中的变量设计和数据分析、数理模型的求解、研究结果的可视化展示等具有了实际的操作感知，并逐步熟悉了辅助软件的应用，对于开展科学研究具有积极的意义。

（五）常态化推行专家讲座方法

管理学科学研究方法课程采用定期或不定期的方式邀请国内外管理学研究专家走进课堂，为研究生开展科学研究方法的讲座。这些讲座使研究生了解到国内外管理学科学研究的前沿理论和方法，拓展了科学研究的视野，有助于弥补知识的不足，把握自身研究的创新性，并提高了学习的兴趣。

四、不断丰富教学手段

管理学科学研究方法课程综合运用传统教学手段和现代化教学手段，不断提升教学效果。

（一）传统教学手段

教师通过板书对科学研究模型的构建、模型推演进行讲解，通过文字阅读材料对科学研究论文和研究生学位论文的结构与论证过程进行解析，并进行讨论方法教学。

（二）多媒体教学手段

多媒体教学手段的运用使得课程讲授图文并茂，生动形象，加大了课堂的信息量，提高了课堂效率。

（三）虚拟仿真手段

管理学科学研究方法课程通常要采用管理情景模拟与仿真技术模拟来进行科学研究方法与技术的辅助课堂教学，通过视频录像、MATLAB 与 SPSS 软件等的演示，增强了研究生的感性认识，加强了研究生的形象思维，有助于研究生对科学研究方法和技术的理解与掌握。虚拟仿真手段的运用使得课堂教学实践化，极大地提高了研究生的学习积极性，使其能较快地理解和掌握理论知识，并应用于实践。

（四）网络教学手段

管理学科学研究方法课程教学强调用先进的网络技术来丰富教学手段，提升教学质量和效率。借助于网络教学平台，研究生可以通过网络浏览教学计划、教学大纲、多媒体教学课件、电子教材及其他相关学习资料，并且可以通过邮箱、论坛、网上答疑系统等方式和教师及其他同学进行交流，实现了动态管理。同时，管理学科学研究方法课程教学中经常需要涉及从中外文数据库中获取文献资料，校园数字化网络系统为此提供了便利，提高了管理学科学研究方法课程的教学效率。

加强研究方法论课程建设，促进研究生科研水平提升

郭春梅　蔡继荣

[摘要] 管理学科学研究方法课程作为指导研究生开展学术研究的重要课程，其建设具有重要意义。本文指出了该课程建设的基本要求，分析了该课程教学中存在的问题，提出了进一步加强该课程建设的主要举措。

[关键词] 管理学　研究方法　课程建设

管理学科学研究方法是为指导管理学研究生开展学术研究而开设的课程，在研究生培养方案中居于重要地位。该课程旨在使管理学硕士研究生了解管理学的科学研究及其特点，理解管理学科学研究的要素，掌握以科学问题为导向的管理学研究过程设计、研究方法选择与论证过程组织，以加强科学研究训练，提升科学研究水平，实现研究生培养目标。然而，管理学涉及的科学问题复杂，研究中可以采用的论证方法众多，加之管理学科体系庞大，管理学科学研究方法课程的教授对象包括了工商管理、管理科学与工程以及技术经济与管理等学科下的所有专业的研究生，因此如何加强管理学科学研究方法课程的建设，提高课程的教学水平，提升研究生研究能力和水平，具有非常重要的意义。

一、管理学科学研究方法课程建设的要求

由于科学研究需要遵循一定的规范，并因此而体现出科学研究的规律性，研究方法论课程的教学就是使得研究生能够理解和把握科学研究过程中的规律性，以便其顺利地开展研究，规范完成学位论文和相关的学术论文的撰写，并为未来独立地从事科学研究奠定基础。

（一）提高对课程建设的认识

管理学科学研究方法课程是管理类研究生的必修课程之一，该课程的

学习可以帮助研究生掌握开展科学研究的基本方法和基本步骤，为进一步从事深入的专业性科学研究打下基础。对管理类研究生的科学研究方法进行训练，可以帮助研究生明白什么是研究、如何开展研究以及对一项研究成果如何进行科学评价。这样才有助于培养高质量的研究生，产出高水平的科研成果，并最终将科研成果转化为生产力。

（二）着眼于研究能力培养和训练

管理学研究的科学问题源自企业管理实践，并为解决管理实践问题服务，而管理实践问题的研究与解决需要遵循一定的范式，才能取得事半功倍的效果。管理学的研究成果必须便于交流和共享，这要求管理学的论文、报告等要按照规定的要素和形式来呈现，学术标准的形成正是交流和共享的需要。管理学研究范式的建立离不开科学的管理研究方法论的指导，科学研究方法论课程的学习可以帮助管理类研究生更好地掌握科学分析方法，并将之应用于实践分析，使得其研究更符合学术规范，经得起实践的检验。

（三）加强相关资源的共享和交流

目前，尽管管理学科学研究方法这门课程在很多开设管理学研究生教育的学校中已经逐步得到开设，但是由于各个高校的学科背景存在差异，对该课程的教学要求有所不同。特别是该课程涉及的管理学理论、研究前沿、研究方法较为复杂，如工商管理类偏向于管理实证研究，而管理科学与工程类偏向于数理模型分析和系统建模，这使得这门课程的教学存在学科依赖性。而高校之间、不同教师之间的共享与交流，可以使该课程的教学内容更加丰满，教学体系更加完善，以便为不同专业方向、不同学科背景的研究生提供更好的指导。

二、管理学科学研究方法课程建设中的主要问题

管理学科学研究方法课程主要讲授管理学科学研究的基本要素、研究设计、研究方法选择、各种数据搜集方法与数据分析方法、模型构建及辅助软件分析以及学术和学位论文的撰写方法等内容。通过该课程的学习，研究生可以理解提出问题、分析问题、解决问题的研究过程，掌握支撑高水平管理研究的思维策略、操作方法与数理分析技巧。但是，目前管理学科学研究方法课程在建设和发展方面尚存在三个方面的困难和问题。

（一）研究方法的多样性使得教学组织成本较高

管理学门类下的工商管理和管理科学与工程一级学科以及不同一级学科下的二级学科在研究方法选择方面存在差异。例如，企业管理研究生主

要需要掌握如何应用调查数据进行大规模的实证研究,而管理科学与工程研究生更倾向于数理模型和系统模拟。将不同学科的研究生分散进行教学,则耗费大量的教学资源,成本较高。而如果将其集中进行教学,则使得教学内容复杂,教学组织比较困难,教师难以把握教学的针对性,经常需要在权衡各学科的比重上浪费了大量时间和精力,也使得教学课时量增加。

(二)对主讲教师要求很高使主讲教师压力较大

管理学科学研究方法课程的核心是科学研究的要素、研究框架设计和研究方法选择,这要求教师对管理学基本问题和前沿有全面而准确地把握,也需要教师熟悉不同的研究方法,并对管理实践的背景知识有深入的了解。这使得大部分教师很难同时具备这些知识而灵活地教授管理学科学研究方法课程。教师的教育背景往往使得他们只关注自己的学科领域,难以对管理学包含的全部学科都具有较为深入的了解,这也是管理学科学研究方法课程师资力量缺乏的一个重要原因。因此,让每名研究生对自己所在的学科有一个较为透彻的把握,然后应用所掌握的方法论知识进一步指导自己的科研工作,只有通过教学方法和手段的变革,并借助于教学资源共享才能取得满意的效果。

(三)基础和专业知识不足使教学工作难以有效展开

管理学科学研究方法课程往往在研究生第一学期就作为一门基础课程开设,而管理学科学研究方法教学中通常需要用到相关的基础课程知识以及一些基础的统计学知识、计算机辅助软件等专业知识。很多研究生由于本科学习阶段学科背景上的差异,对某方面的知识比较缺乏,这使得部分研究生难以有效领会管理学科学研究方法课程涉及的管理学科学问题的凝练、科学研究方法的选择,特别是管理研究模型的构建,对所学科学研究方法往往一知半解。因此,管理科学研究方法教学的有效开展,需要研究生先掌握一些基础课程和专业课程的知识,在此基础上再学习科学研究方法才可以更好地加以领悟和应用,也才能将之与专业课程的学习结合起来,进而形成良性互动,相互促进,最终可以使科学研究方法的教学质量得到切实提高。但是,由于硕士研究生在校学习只有2~3年,而且需要花大力气准备学位论文,较为全面地了解自己研究领域中的基础知识和专业知识的时间较少,如何针对这些问题进行管理学科学研究方法课程的教学是未来教学改革中的重要问题。

三、管理学科学研究方法课程建设的主要措施

管理学科学研究方法课程建设以全面提高研究生科研素养为根本目的，以培养研究生创新精神、提高研究生科研能力为重点，改革和完善课程新的教学体系，努力提升课程质量和教学质量。

（一）进一步加强教学队伍建设

管理学科学研究方法课程建设要不断提高课程授课教师的学术造诣，提高其教学能力，丰富其教学经验，逐渐形成鲜明的教学特色；不断调整、充实和完善教师的知识结构，鼓励有丰富教学管理背景和丰富专业知识与实践经验的教师参与教学团队；积极开展授课教师的学习、观摩和讨论，并通过"请进来、送出去"的方式加强与国内外著名高校教师之间的交流与合作，活跃教学理念，不断丰富和优化教改内容。

（二）不断革新和丰富教学内容

管理学科学研究方法课程建设要根据人才培养目标，设计和调整课程内容，紧密结合经典理论、理论发展前沿与现代科学研究方法及其演化，强化前沿性知识内容，把学科最新发展成果和教改教研成果引入教学。管理学科学研究方法课程建设要在传统的理论教学基础上，加大实践课程教学内容，培养学生的创新能力和科学研究动手能力，鼓励研究生开展社会调查及其他实践活动，提高其对管理问题的敏锐洞察力以及通过理论归纳和演绎而提出研究模型，并进行数据分析、模型推演或系统模拟与仿真的能力，从而不断规范教学的基本要求，完善教学文件，充分体现教学改革的成果。

（三）不断改进教学方法

管理学科学研究方法课程建设要根据课程教学内容和不同专业方向研究生的特点，对教学方法进行综合设计，灵活运用案例式教学、讨论式教学、情景式教学、实验教学和专家讲座等多种恰当的教学方法开展教学，并充分使用现代教育技术手段开展教学活动，引导研究生积极思考、乐于实践，提高研究生自主学习效果，促进研究生学习能力发展，显著提高教学效果。

（四）不断完善教学条件

管理学科学研究方法课程建设要在教材的选用上优先使用国家优秀教材、国外高水平原版教材，并鼓励教师自编教材和教学材料；不断丰富课件、案例等相关资料内容，为学生的研究性学习和自主学习提供有效的文

献资料，满足网络课程教学需要；结合课程特点，密切院系与校外实习基地的联系，统筹规划校内实验和实践条件的使用，使实践教学条件能满足教学要求；充分利用现代网络技术提供的知识传输的便利，搭建课程网站平台，丰富教学资源，优化网站平台功能，为研究生自主学习和高校之间的课程资源共享提供便利条件。

（五）不断提高教学效果

管理学科学研究方法课程建设要以课程主讲教师独特的感染力，启迪研究生的思考、联想以及创新思维；充分挖掘现代教学技术手段为教学过程提供的便利条件，提高教师的教学水平；努力提高和促进研究生的自我认知能力和学习的趣味性，提高校内外专家对课程的认同度和美誉度。

市场调研与预测教学中实训项目的选取及其教学效果研究[①]

史学斌

[摘要] 由于市场调研课程具有综合性、实践性等特点，教师经常在授课中使用项目教学法。项目教学法选取的实训项目可以是模拟项目也可以是真实项目。实践证明，真实项目在学生参与的意愿、学生创造性的发挥、学生综合能力的塑造、对学生职业生涯规划的影响等方面具有模拟项目不可比拟的优势。

[关键词] 市场调研与预测　实训项目　教学效果

市场调研与预测课程是市场营销专业的必修课，这是一门集知识性与实践性为一体的应用型课程，不仅与市场营销、营销策划等课程一样同属于市场营销专业的专业必修课，而且是学习这些专业课程的工具和基础，具有较强的基础性和技术性。

一、市场调研与预测课程的特点

市场调研与预测是一门理论性和实践性都很强的基础性课程，与其他课程相比，有着鲜明的特点。

（一）综合性

市场调研与预测课程与管理类多种学科（如统计学、市场营销学以及市场分析与软件应用等）有交集，因而其培养目标并不只是让学生掌握方法、学会调查，更重要的是理解市场营销的核心理念和市场调研意识，提高发现问题、解决问题、与客户和调查对象的沟通、数据处理、文字表达以及成果展示能力等综合能力。

---

① 本文为重庆工商大学2017年度课程改革建设项目"市场调研与预测"的阶段性研究成果（项目主持人：史学斌）。

（二）实践性

市场调研与预测是一门实践性很强的课程。市场调研不仅教会学生如何确定调研需求、设计调查计划、设计问卷、处理数据、统计分析，更重要的是使学生能够实际操作，确实完成市场调研任务。也就是说，学生既要切实操作一个市场调研的全过程，更重要的是能够恰当地同客户进行沟通，制订合理的调查计划，正确地解释调查结果，提出合理的建议，真正为企业解决实际问题。

（三）能力导向性

市场调研与预测的不同教学阶段中，各种能力的运用是不尽相同的。在市场调查早期，需要的是市场调查方案设计能力，资料分析、整理、利用能力；进入实质性的正式调查过程，需要的是资源整合能力、人际沟通能力、语言表达能力、团队合作能力、市场调查方法与技巧运用能力；市场调查与预测工作结束后，需要的是文字处理（文案）能力，资料分析、整理、利用能力等。市场调查与预测的能力培养可以划分为不同的方面，即人际关系方面，包括团队合作能力、语言表达能力、人际沟通能力；处理市场调查与预测事务方面，包括市场调查方案设计能力、资料分析利用能力、系统分析能力、资源整合能力、文字处理（文案）能力。

二、项目教学法在市场调研与预测中的应用

（一）项目课程设计的思路

项目课程是以提高学生职业能力为目标，其整体思路是在剖析特定工作的典型工作岗位和典型职业能力的基础上，按照职业能力的培养需要设计专业核心课程。与以往的教学不同的是，虽然教学仍然是分课程开展，但是宏观上以职业能力培养为目标建立专业课程体系，同时对应具体的课程目标；微观上对课程目标进行细化，按照特定课程目标要求设计有效的项目课程教学模式。具体来说就是尽可能地还原或模仿调查公司的实际工作过程、工作任务和职业活动，设计出学生能胜任的工作任务。整个教学过程就是教师引导、指导、帮助学生完成项目任务的过程。

（二）实训内容编排

课程实训内容编排主要是以市场调研工作程序为主线，按任务导向、项目驱动的方式，设计项目并确定各项目的任务。通过几年的摸索，根据典型市场调研工作任务所必需的知识、能力和素质要求，结合理论教学内容，我们将市场调研实训教学分成了制订市场调研方案、抽样设计、设计调查问卷、调研活动的组织实施、调研数据的统计分析、撰写调研报告六

大模块,并确定了相应模块的实训目标要求。

三、市场调研与预测教学中实训项目的选取与教学效果的比较

(一)项目的选取

在项目教学法中,项目的选取起着关键作用,直接关系到教学效果的好坏。我们的做法是由学生自己选择调研项目,调研项目可以是真实的,也可以是模拟的。

1. 模拟项目

模拟实训项目是指在一个虚拟的决策环境中,针对某个决策主题进行模拟性调查与分析。学生扮演决策者、调查策划者、调查人员、资料分析人员、监督人员,模拟操作小规模市场调研,熟悉并掌握各种调查技巧与分析方法,真正了解市场调研的运作方式。模拟实训项目具有可重复性,而且应用难度较小,简便易行。但是,模拟实训项目的模拟环境与现实环境有一定的差距,更多是加强学生对所学理论知识的理解,对于提高解决现实调查中的复杂问题意义不大。因此,为了使模拟项目尽量贴近实际,我们要求模拟项目必须有真实的调研主体,如校内的餐饮店、校门口的咖啡厅等。

2. 真实项目

与模拟项目不同,真实项目要求企业、调查需求、产品、消费者均为客观存在,实训项目载体为真实营销环境中的真实企业面对的真实营销问题所产生的真实调查需求,整个教学过程以完成项目任务为主线,通过真实教学项目负载理论知识,体现职业岗位群能力的要求,有机融合专业理论知识与专业实践技能,以真实项目为中心实现理论与实践一体化教学。另外,真实的实训项目主张选取真实产品或服务来设计完成工作任务的活动,让学生在活动过程中综合地学习知识、技能和态度,因此其教学形态是真正的活动教学。可见,真实项目实训教学进一步实现了用典型产品(或服务)来引领工作任务。需要注意的是,真实项目教学一改传统的以知识为课程切入点的观点,取而代之以具体的产品(服务)及工作任务为课程切入点,并非意味着其课程内容仅仅局限于这些产品(服务)及工作任务,其用意在于以产品(服务)及工作任务为载体延伸出需要学生掌握的丰富的知识和其他产品(服务)及工作任务。

(二)教学效果的比较

近年来,我们在实际教学中,坚持真实项目和模拟项目同步推进,对实施效果进行反复对比分析,发现真实项目的实训教学比模拟项目具有更

好的教学效果。具体表现在以下几个方面：

1. 学生参与的意愿

由于真实的实训项目来自于学生的实际生活，并有学生按照其生活经验和喜好进行选择，因此真实项目比模拟项目更能激发学生参与实训教学的意愿和兴趣。从真实实训项目的推进中，学生获得的成就感和获得感是模拟项目所不能比拟的。另外，由于一些学生有未来在实训项目实体中就业的打算，或在类似行业创业的考虑，因此其很乐意充分参与这些真实项目，表现自己的能力，获得相应的经验。从我们的教学实践来看，在实训的准备、实施、总结阶段，真实项目小组的学生参与热情很高，甚至一些模拟项目小组的学生会中途申请调入真实项目小组。

2. 学生创造性的发挥

真实项目会带来更真实的市场场景，这往往比简单的模拟市场环境来的更加复杂。如果学生只是试图使用课程训练内容来解决其面对的调查问题，往往不能得到满意的结果。例如，实地调研时，学生除了会面对调查方法的选择、使用等问题，还会面对交通、社区管理、安全等一系列实际问题。这些问题的解决不可能从市场调研与预测相关教材中找到答案，而是要依靠学生充分发挥主动性和创造性，积极寻找多种途径来解决这些实际问题，从而使调查顺利进行。我们的教学实践也印证了这一点，真实项目实训小组的学生普遍比模拟项目实训小组的学生面对更实际的问题；学生的参与意愿更高；教师只能引导学生找到解决方案而不能直接告诉学生答案；学生从问题的解决过程中获得的训练更多，满足感更强。

3. 学生综合能力的塑造

如前文所述，真实项目带来更真实、更复杂的市场场景，学生全过程主动参与教学，创设有利于学生充分发挥潜能的宽松环境和真实的职业情景，使学生置身于真实的职业世界中，鼓励积极主动地探索和尝试，对学生资源整合能力、人际沟通能力、语言表达能力、团队合作能力、市场调查方法与技巧运用能力等都能获得充分训练。

4. 对学生职业生涯规划的影响

真实的实训项目带来的真实职业场景有利于大学生走出"象牙塔"，广泛与社会接触，找到志同道合的朋友，对学生未来职业生涯有潜移默化的影响。在这方面我们并没有相关统计数据，但有一位学生通过我们的实训项目找到了未来创业项目，并于毕业后成功创业。

四、实施真实项目教学应注意的几个问题

（一）个别学生参与的积极性不高

实训小组完成实训项目，需要小组成员协同合作，共同努力来达到调研目标。这就不可避免地会有个别学生由于参与积极性不高而在实训中"搭便车"。针对这一问题，我们主要采取以下措施予以解决：

（1）调研项目要充分尊重学生的意愿，坚持由学生自己决定的原则，而且在教学中给学生充足的时间自由组合结成项目小组，不能强制"拉郎配"。教师为各项目组制定运行规则，并不断在教学中予以强化。

（2）教师给学生最初拟定的任务目标不要太高，要量力而行，按照循序渐进的原则，先做起来，然后再提高。

（3）项目小组要做好分组工作，选好组长，引入竞争机制。很显然，组长在整个实训项目的实施过程中起着至关重要的作用，组长在小组成员中必须有威信、有影响力，要善于团结小组成员，发挥小组成员的特长，要有一定的组织才能和沟通协调能力。组长的选拔可以采取学生推荐和自荐方式来进行。另外，各小组之间开展评比竞赛，公平竞争，对于各项评比获奖多的小组给予物质和精神激励，如可以在小组成员的期末考核成绩中加分等。

（4）每个实训项目在完成后，教师要求各小组必须说明组员的分工和完成任务情况，并进行不定期的抽查核实，以杜绝个别学生"搭便车"的现象。

（二）真实的实训项目的实施往往受到外部条件的限制

实训项目的实施往往要受到外部环境和其他条件的限制，如经济实体的缺乏，调查意愿不足，物力、人力资源不足等条件的约束。现在，在课堂中，我们也仅有1/3的调研项目为真实项目，大部分调研项目仍为模拟项目。从目前中国高校的实际情况来看，在市场调研与预测实训中实现全部为真实项目仍有较大难度。如果我们充分发挥校外实训基地、校内学生创业实训基地、合作企业的作用，仍有望使大部分学生获得真实的实训项目锻炼的机会。

（三）对学生进行挫折教育

由于真实项目的实际运作效果并不完全取决于某项或某几项市场因素，也就不可能完全在教师的掌握之中，学生往往要面对调研失败的问题。根据我们的统计，在课程开始之初，80%以上的小组会尝试寻找真实调研项目，其中一半会由于各种困难而被迫放弃最初的想法，从而选择模拟项目。

在成功获得真实调研项目的小组中，又有大约1/4的小组会在项目推进过程中放弃真实项目，而选择模拟项目。也就是说，有近一半的学生会在真实调研项目实施过程中遇到挫折。这就要求教师对此应有充分的准备，对这些学生进行有效的挫折教育，不能使其因自信心受到打击从而怀疑自己的能力和未来。

参考文献

［1］陈启杰. 市场调研与预测［M］. 3版. 上海：上海财经大学出版社，2008.

［2］范云峰，营销调研策划［M］. 北京：机械工业出版社，2004.

市场调研与预测双语教学初探[①]

史学斌

[摘要] 基于社会对国际化人才的需要，我国高校工商管理类学科逐渐增加双语课程的开设。这其中，市场调研与预测课程由于其课程特点和在整个商科知识体系中的地位，具有开设双语课程的可能性和必要性。本文在对市场调研与预测课程开设双语教学的必要性进行分析的基础上，对该课程的双语教学模式进行了探讨。

[关键词] 市场调研与预测　双语教学　初探

早在2001年教育部就提出加强大学本科教学的措施，鼓励各高校的非语言类课程开设5%~10%的双语课程。近年来，随着全球经济一体化趋势的不断发展，我国"走出去"战略和"一带一路"倡议的深入推进，社会对能适应国际竞争的复合型人才的需求急剧增加，越来越多的高校响应教育部的号召，在专业课程的教学中引入中英双语教学的模式。在这一过程中，工商管理类学科由于其商科特点和企业对人才的特殊需求，往往是高校开设双语教学的主要领域。这其中，作为高校工商管理类专业的学科基础课程，市场调研与预测课程对培养学生市场洞察能力、调研策划能力、资源整合能力、人际沟通能力、信息收集能力、数据整理和分析能力、语言表达能力、团队合作能力具有重要作用，因此很多高校均开设了市场调研与预测双语课程。

一、市场调研与预测课程开展双语教学的必要性

（一）有利于教师和学生知识体系的更新

在互联网技术和人工智能技术快速发展的背景下，高校很多课程需要

---

① 本文为重庆工商大学2017年度课程改革建设项目"市场调研与预测"的阶段性研究成果（项目主持人：史学斌）。

适应时代发展，并面临教学内容和方法需要更新的问题，市场调研与预测课程也不例外。例如，互联网大数据对传统市场调研的抽样数据的冲击就非常大，甚至动摇了市场调研与预测课程的根基。如何在市场调研中使用大数据、大数据与传统抽样数据的区别及适用性等学科尖端领域的研究成果，均存在于国际知名学术期刊和专家的著述中。我们的教师若想及时更新自身的知识体系，学生若想掌握最新的专业知识，均需要掌握专业英语知识，开设市场调研与预测双语课程无疑有利于达到这一目标。

（二）有利于拓展学生的就业渠道

近年来我国经济保持持续、快速发展，国外企业纷纷涌入中国，而国内企业也加速了国际化进程。在这种大背景下，作为企业经济活动的一个重要组成部分，市场调研早已不局限在一国或某一地区的范围内。无论是从事国内市场研究活动，还是从事国际市场研究活动，对既拥有市场调研技能又具有较高英语水平的复合型人才的需求日益增加。市场调研与预测双语教学的开展，将有助于满足市场对这类人才的需求，为学生拓展更广阔的就业空间。

（三）是提高专业英语能力的重要途径

实施市场调研与预测双语教学可以使学生在已学习专业英语的基础上，将专业英语的教学内容渗透其中，不但提高了学生对英语的兴趣和利用英语获取专业知识的能力，而且加深了学生对于专业术语的理解。

二、市场调研与预测双语教学模式

（一）教学理念与目标

市场调研与预测双语教学应融合中英文双语教学理念。在双语教学过程中，教学应本着"能力为本"的原则，融合国内教学的系统化和国外教学的实践性，注重培养学生自主学习习惯和能力。教师应通过系统地设计教学目标、教学方法和方式，提升学生专业知识和英语听说读写的基本能力，培养学生运用英语思维的习惯；同时，使学生达到理论素养与实际问题解决能力兼备的目标。

市场调研与预测双语教学的教学目标应多元化设置，按照复合型、综合型、专业型的人才观要求，在课程建设目标上，要强调综合能力和建立在个性自由发展基础上的创新能力的培养。具体来说，一是要让学生系统掌握最基本和最前沿的市场调研与预测的基础理论知识；二是要努力提高学生的专业英语能力；三是要通过实践任务的完成，增强学生的商务沟通能力；四是要通过撰写市场调研报告，提升学生的商业文本写作能力和科学研究能力。

(二) 师资建设与学生英语能力储备

双语教学与普通教学相比，对于教师和学生的专业水平与外语能力提出了更高的要求。首先，市场调研与预测双语教学任务应由具有英语专业特长或海外研修经验的教师担任。如果高校不具备双语课程的师资力量，应避免勉强开设，而是应出台鼓励教师参与海外访学的政策，具备相应师资条件后才能开设双语课程。其次，绝大多数学生都应通过英语四级考试或英语六级考试，学生的英语听说能力和相应专业知识准备状况应达到良好。由于市场调研与预测课程一般在大学二年级下半学期开设，因此学生基本可以具备相应的语言能力。除了双语课程以外，高校应同时开设市场调研与预测普通课程。不具备相应语言能力的学生应选修市场调研与预测普通课程，以保证学习质量。

(三) 理论教学与实训

市场调研与预测双语理论教学应坚持"以我为主、融会贯通"的原则，吸收西方各专业教材的理论知识，汇编为具有中国高校特点的双语教材。同时，教师可以推荐国际经典的原版教材作为学生延伸阅读的读本。学生在学习的过程中，不仅可以系统地学习专业知识，而且通过阅读原版著作、案例，可以更好地学习和体会西方管理者或研究者的思维方式和成长的文化土壤，"知己知彼"才能在未来的国际竞争中取胜。

市场调研与预测是一门实践性、操作性极强的专业基础课程。在双语课程教学中，应积极借鉴国外先进的实训教学方法，提升学生的综合素质。在市场调研与预测双语教学中采用的项目教学法，应尽量与具有国际化背景的企业建立合作关系，这些企业可以提供给学生用英语进行沟通的真实情景和现实的实训机会，锻炼了学生社交、沟通、英语表达、专业操作和科学研究能力，同时也能发现或解决企业所面临的部分现实问题，以调动学生的积极性。

(四) 课程的模块化设置和衔接

双语教学首先需要教育主管部门和高校具有国际化视野，积极吸收借鉴西方先进教学理念和实践。在西方，许多课程都是按照模块开设的，通常以课程群形式出现，这样有利于不同课程教学内容的相互衔接，有利于提供给学生本学科整体的概念，让学生构建本学科系统性知识体系。例如，由于课程内容相互衔接，我们可以考虑将市场营销学、市场调研与预测、市场分析与软件应用三门课程设计在一个模块中。学生通过市场营销学课程了解企业营销现状，发现企业营销决策问题，并把这个营销决策问题转化为市场调研问题,作为市场调研与预测课程的实训项目。在市场调研与预测课程中,学生学习如何基于决策对市场信息的需求制订市场调研方案与抽样方案、设计调查问卷、组织实施调研活动。学生在获得第一手的调查数据后,学习将调查数据予以系统化、条理化,发现数据背后隐藏的经济规律与现象,并基于对调查数据的分析结果撰写调查报告,就为市场分析与软件应用课程的学习铺平了道路。设计课程模块有利于帮助学生发现课程之间的知识体系与脉络,提高综合实训的效果,锻炼学生处理实际问题的综合能力。

(五)教育技术资源和时间资源

现代教学手段是保证双语教学效率与质量的重要前提,因此多媒体教室及学生自主学习网络教室是进行双语教学的必备硬件条件。在教学中,教师应充分利用英文多媒体教学资源,为学生营造双语学习环境。自主学习网络教室则可以为项目教学提供学生自由交流的空间。

另外,双语教学应该有较充足的时间资源,以保证双语课程按照课程大纲的要求顺利完成。在双语教学实践中,课程中部分难以理解的内容必须要用英文和中文同时进行讲述,这就增加了讲述的时间,因此应根据课程的难度适当增加课时。

(六)双语考核评估方法

由于市场调研与预测是一门操作性很强的课程,传统的笔试形式不能很好地考核学生的学习成果,也不能体现出双语教学所要实现的英语听说能力和交流沟通能力。因此,双语课程的考核更应注重平时的积累。我们认为,市场调研与预测双语课程的考核应主要包括三部分,即课堂出勤、课堂参与和实训项目评估。课堂出勤情况是考核的基本依据。除了正常的课上点名外,实训项目讨论与展示也可以作为平时考勤的依据。课堂参与主要评估课堂问答、小组讨论、小组展示、角色扮演时表现出来的知识掌握程度和英语表达能力,以教师评分为主,学生互评为辅。实训项目应在课程开始就布置给学生,由学生根据个人兴趣选择调研项目,自由组合形成调研小组,在整个学习过程的不同阶段完成相应的调研内容,最终上交英文版的纸质市场调查报告,并在课程结束时,由小组成员对本小组的调查报告用英语进行展示,而评分方式主要是教师评价。

三、结论

市场调研与预测双语教学并没有统一的模式,教师应充分认识双语课程的特点和授课对象的基础,融合国内外优秀的教学理念,注重培养学生的专业操作能力和英文表达能力，提倡学生亲自参与、深度体验的项目教学法，因材施教、因地制宜地尝试多种教学手段，以在保证学生获得专业知识和能力的基础上，拓宽国际化视野，实现双语课程的教学目标。

参考文献

[1] 陈启杰. 市场调研与预测 [M]. 3版. 上海：上海财经大学出版社，2008.

项目教学模式下市场调研与预测课程考核方式改革研究[①]

史学斌

[摘要] 构建合理的市场调研与预测课程考核方案，是有效实施项目教学法的重要环节，是促进项目教学法最大化发挥其功能的保证。本文在课程考核改革的四项基本原则的基础上，提出考核环节多元化、考核主体多元化、考核形式多元化、考核规则细致化四项课程考核改革具体措施。

[关键词] 项目教学　市场调研与预测　考核方式

市场调研与预测课程是经济管理类本科在校生的专业基础课，其特点是应用性和操作性强。因此，比较注重理论知识考核的传统课程考核方式在市场调研与预测课程中的运用不尽如人意。尤其是在项目教学模式下，传统课程考核方式对学生在项目运行中的训练成果的考核完全无能为力，其弊端就更加明显了。

一、传统考核方式存在的问题

（一）重理论，轻实践

目前，市场调研与预测课程的考核方式主要有考试和考查两种，通常在学期结束时，通过闭卷考试或者完成课程论文的方式进行期终考核。闭卷考试主要是对学生掌握的理论知识情况进行考核，而无法对调研项目实施情况、学生对调研项目实施的贡献进行考核。而课程论文一般以小组为单位撰写，不好量化个人成绩，而且也存在对项目实施过程中个人工作情况无法衡量的情况。可见，传统考核方式分离了项目教学的过程和结果的统一性，不能及时准确地对学生的学习体验过程进行评价，对学生在体验

---

① 本文为重庆工商大学 2017 年度课程改革建设项目"市场调研与预测"的阶段性研究成果（项目主持人：史学斌）。

学习过程中表现出来的问题不能适时反馈，从而影响考核效果。

（二）考核内容不够全面

传统考核方式，如闭卷考试，过于注重单个知识点的掌握，而忽视对学生综合能力的考查。市场调研与预测是一门实践性、操作性极强的课程。在项目教学中，主要是对学生的市场洞察能力、调研策划能力、资源整合能力、人际沟通能力、信息收集能力、数据整理和分析能力、语言表达能力、团队合作能力等综合能力进行训练。然而，传统考核方式侧重于考查学生对基本概念、公式、方法的掌握情况，而无法从根本上对学生在项目教学中获得的以上各项能力进行考核。长此以往，部分学生会失去对项目实训的热情，重新回到应试教育的困境中。

（三）考核结果不够客观

在我国，一般高等院校的一次授课对象一般在50人以上。无论是平时考勤，还是闭卷考试或撰写课程论文，由教师根据学生的上课出勤、卷面、课程论文完成情况给出最终成绩，存在考核结果不够客观的问题。这是由于在传统的考核方式中，教师的主观评价起着主导作用，评价标准过于单一，难免会出现评价有失全面、客观和公平的情况，从而在很大程度上挫伤学生学习的积极性，客观上影响了对学生综合素质的培养。因此，传统的课程考核方式无法适应项目教学法对课程考核的要求，影响了课程教学效果，这就需要我们对传统的课程考核体系进行改进和重构。

二、课程考核改革与创新

（一）课程考核改革的基本原则

市场调研与预测项目教学是以提高学生职业能力为目标，在剖析特定工作的典型工作岗位和典型职业能力的基础上，围绕职业能力的培养需要设计实训内容。这就要求我们不仅要对学生学习后的专业知识和技能掌握程度进行考核，还要将学生在项目实训过程中的综合表现融入考核体系，进行加权综合评价。将实训结果的考核和实训过程的考核统一起来是全面考核评价课程学习效果的必然要求。

1. 知行统一原则

项目教学法是在建构主义的指导下，以实际的问题和任务为对象，通过教师必要的指导和适当的示范，帮助学生实施完成若干教学项目，最后以共同完成项目的情况来评价学生是否达到教学目的的一种教学方法。因此，项目教学法主张在掌握理论知识的基础下，以学生推动项目实施，学生从行为和情感上直接参与到教学活动中，通过自身的体验和经历来建构知识。这就必然要求将对学生"知"的考核和对学生"行"的考核结合起来,即不仅考核学生对专业知识的掌握程度,而且考核学生在项目实训过程中所需要具备的专业实践能力和各种行为素养。

2. 过程和结果统一原则

项目教学要求学生运用课程所学理论知识,融会贯通于实训项目的操作中,不断克服项目推进过程中遇到的各种困难,最终完成调研项目。可见,在项目教学法下,相对于最后的结果,我们更看重项目实施过程。学生创造性地运用所学理论知识和培养起来的各项能力解决项目实施过程中的困难才是项目教学法的核心思想。因此,将过程考核结果与结果考核结果结合起来,甚至赋予过程考核结果更高的权重,是项目教学法下全面衡量学生学习效果的必然要求。

3. 个人和团队统一原则

项目教学法要求以小组为单位进行项目实训。在项目推进过程中,我们通常采用情景模拟、小组讨论、角色扮演、辩论竞赛、案例研讨等课堂教学形式和实地参观、实践操作、企业实习等课外学习形式开展教学活动。这些教学活动基本上也是以小组为单位开展的,这就需要各小组成员共同努力为团队争取好的成绩,同时团队的整体表现又直接影响到每个成员的实训感受和收获。因此,将个人的考核和团队的考核加以统一,是项目教学课程考核的客观要求。

4. 教师和学生统一原则

项目教学中,学生是学习的主体,教师是调动学生积极参与、产生体验并完成学习过程的引导者。将教师评价、学生互评和学生自我评价统一起来,尽可能避免教师主观意志的影响,充分体现了学生的主体地位,更有利于实现客观、公平、公正的评价目标。

(二)课程考核改革的具体措施

1. 考核环节多元化

以市场调研工作程序为主线,按任务导向、项目驱动的方式,将整个市场调研与预测教学划分为制订市场调研方案和抽样设计方案、设计调研问卷、组织实施调研活动、统计分析调研数据、撰写调研报告六大模块。在教学考核上,改变过去"一考定终身"的做法,尝试从学期伊始就将考核融入整个课程学习过程中,并基于实训项目进展情况对六大教学模块的学习情况予以考核。

我们的做法是在学期伊始让学生谈谈对市场调研的感受,把握他们对这门课程的初步印象及学习打算,考查他们对营销基础知识的掌握情况,掌握他们的学习兴趣，以便适时修改教学计划。之后，每一个教学模块结束后，都可以以小测验、总结汇报、答辩、课件展示等形式作为总结。期末，除了可以进行闭卷笔试以外，还可以进行项目总结会、调研报告会等形式进行期末考核。每次考核的成绩均根据分配的权重计算加权平均，并作为期末最终成绩。各环节计分权重应向过程中各环节倾斜，过程至少应达到50%以上的权重，期末权重在35%左右。这样可以避免学生仅重视期末考试，而忽略项目实训的情况。这里需要注意的是，在每次考核中教师应观察学生的学习主动性、自觉性、团队合作情况、接受点评及反思程度等，把这些点滴都计入各环节的成绩，力求反映学生的综合能力。

（二）考核主体多元化

传统的考试都是学生答题，教师评阅试卷，过分强调教师在教学中的作用，忽视了学生是教学活动的主体。因此，为提高学生学习的积极性，回归学生教学活动的主体地位，有必要对传统课程考核进行改革，将学生引入考评体系，实现考评主体多元化。我们的做法是，除了期末进行笔试外，平时考评中都可以让学生自评、互评，并予以一定权重，占该教学模块的一定比重。需要注意的是，学生互评可以分配较高权重，因为学生们最了解每个人在调研项目上投入的时间和精力以及为调研项目做出的贡献。这样做还有助于学生互相学习、取长补短。

除了引入学生这一评价主体外，对于真实的实训项目，还可以引入企业作为考评主体。例如，一部分实训小组会选择校内小卖部、甜品店、咖啡店、小饭店作为调研需求方，以真实项目作为课程实训项目。对于这种情况，期末考核可以邀请企业等经济主体作为考评主体，邀请企业负责人或经营者为调研报告打分。

（三）考核形式多元化

在学期期中，对各教学模块的考核不建议采用撰写论文、作业、小测验的方式进行，而应以实训小组为单位，就不同教学模块在实训项目中的进展情况进行公开汇报、课件展示、答辩等形式进行考核。这是由于这些方式能够更好地展示学生的综合能力，并促进学生之间相互了解和相互学习。需要指出的是，由于这些考核形式均是以小组为单位进行的，因此教师要特别细致，避免"搭便车"的学生拿高分的现象。在具体实施中，教师同样可以要求小组成员不公开互相评分，纳入考评成绩。

（四）考核规则细致化

由于学生多、考核环节复杂，为了避免考评结果不客观、教师工作量太大的问题，教师应将考核规则予以细致化，并在学期伊始在全班予以公布。在实践中,我们将考核成绩分为三个部分,即基准分、个性差异分、效果分。基准分是实训小组在实训项目推进过程中的整体表现情况,由教师给出,小组中的每一位学生的得分均不加以区分,只要各小组按时完成了各教学模块内容就可以得到这部分基准分;个性差异分要求区分实训小组中不同学生的表现和贡献,主要由学生自评和互评构成,考评的是每位学生在项目实训中的具体表现,包括项目实训过程中表现出的诚实守信和团队协作意识、创造性的表现、对实训任务完成的贡献等;效果分考评的是实训项目最后完成情况。这部分分数由教师基于各小组提交的调研报告、展示的课件给出。如果是真实项目,由企业负责人对调查结果进行评分。

三、课程考核改革中的注意事项

市场调研与预测课程考核改革的顺利实施,还需要教师解决好两个问题:第一,项目教学课程考核对教师要求比较高,不仅需要教师具备扎实的专业素养,还对教师在课程设计、学生管理、考核内容设计等方面提出了新的考验;第二,在项目教学中所有实践活动需要项目小组共同完成,而各小组中每个成员的能力体现不同,参与度也不同,这就需要教师具有高度的责任心,充分关注学生,进行过程跟踪,并适时进行提问和抽查,对学生进行多方位、多角度评价。

四、结语

课程考核从"一张试卷"走向多元化,是学生心之所向,是高校发展之要,也是我国高等教育未来发展的大势所趋。教师不断进行课程考核方式创新,不但有利于将理论知识融入实训教育中,而且有利于学生对学科知识体系的完整建构,提高学生的综合能力。这些考核方法不但适用于市场调查与预测课程的教学,而且也适用于其他实践性课程的教学。

参考文献

[1] 陈启杰. 市场调研与预测 [M]. 3版. 上海:上海财经大学出版社,2008.

基于大学双语教学的
学生自我实现及其动力机制[①]

周　全

[摘要] 双语教学在大学课程体系中的设置适应了经济全球化的要求。随着我国对外开放程度不断提高，用人单位越发重视大学毕业生将专业与外语相结合的应用能力，双语教学正担负着培养学生这种能力的功能。但双语教学毕竟是一种新的教学模式，如何达到预期的目标尚需要在实践中和理论上加以探索。笔者认为，要提高双语教学水平，就必须从实际出发，以培养学生能力为导向，按照该教学方式的特点及规律，构建提升教学效果的动力机制。

[关键词] 双语教学　自我实现　动力机制

一、双语教学的内在特点

现阶段的双语教学主要指教师用英语和汉语两种语言来讲解专业知识，并要求学生在课堂交流、课外阅读、讨论发言中也用一定比例的英语来展开学习，其目的是培养和训练学生用英语来掌握知识、思考问题、自我表达等。这样学生能在今后继续深造或进入职场时应对全球化时代的挑战，即将专业同语言融合起来，用英语这一重要的沟通工具来更好地拓展专业学习。例如，国际市场营销学（International Marketing）这门双语课，就是为市场营销专业的学生设置的，他们无论毕业后读研究生或从事营销工作，显然都有很大的机会用英语从事专业活动。研究生需要阅读英文文献、参加中外合作课题项目等，以进行学术研究；营销从业人员多会用到英语分

---

① 本文为重庆市教育委员会高等教育教学改革研究项目"基于新型混合教学平台的国际化人才培养模式探索"（153087）阶段性研究成果，同时也是重庆市高校"三特行动计划"重庆工商大学市场营销特色专业建设内容之一。

析海外目标市场、同国外商业伙伴沟通等，以拓展市场。国际市场营销学双语课能为他们今后的学习和工作打下了一定的基础，但这显然不是件容易的事，因为双语教学的内涵决定了其具有一些显著的特点。具体分析如下：

(一) 双语教学具有两元化的特点

双语教学的两元化是指教学内容的两元化。同一般的专业课相比，双语课的内容不单是对专业知识的学习，而是要将英语语言融入专业知识当中，引导学生用英语来理解和表达专业知识要点，进行专业方面的书面和口头的交流沟通。由于教材是英文教材，讲课语言中英语占有一定比例，这就要求教师在教学中既要分析专业知识点，又要讲解一些必要的英语语言知识点，并找到二者的恰当结合之处。此外，不少专业知识的讲解离不开现实案例的支撑，而案例往往又涉及相关的知识点。例如，在国际市场营销学双语课中，谈到"消费者行为分析"（Analyzing on Consumer's Behavior）时，就会涉及经济学中的价值（Value）、理性人（Person of Rationality）以及心理学（Psychology）中的满意（Satisfaction）等知识点。在用英语讲解这些知识点时，教师只介绍一下专业英语词汇是不够的，还必须对其定义及相互间的联系加以解释、分析，这样才能给学生搭建一个完整的知识平台。可以看出，支撑这个平台的教学内容要求专业理论与英语语言并重。

(二) 双语教学具有高参与性的特点

正是由于双语教学内容是两元化的，教学的双方——老师和学生，就必须更多地参加和投入到课堂的准备与进程中来。这表现在课前教师要对知识点进行梳理，归纳出重难点，尤其是要抓住一些用英文表述的重要知识点，考虑在课堂教学中设计和实施展开知识点的方式，如案例式、讨论式、阐述式。相应地，学生对知识点的把握要提前做好准备，理解和熟悉教学模式，积极与教师配合。例如，在国际营销双语课中的商务谈判（Business Negotiation）授课环节，学生没有商务谈判的经验，那么教师就要引导学生先熟悉常用的商务谈判术语和规则，再通过灵活的课堂教学方式（如模拟谈判）来加深对知识的理解和掌握。

(三) 高校双语教学具有互动性的特点

语言是交流和沟通的工具，是人与人之间思想互通的桥梁，这决定了双语教学的一个本质特征——互动性，即强调信息的反馈。尤其是教师在用英语对专业知识进行讲解时，学生是否理解和把握了学习内容，必须通过学生的口头或书面的信息反馈来判断。师生之间的互动拉近了彼此之间的距离，促进了师生之间的交流。高校重视学生实际运用英语的能力，这也要求课堂上不能仅仅是教师滔滔不绝，学生也应有一定的发言及表现的空间。学生的英语口语能力和自信往往通过良好的师生互动建立起来，学生的交际能力也得到提高。正如英国的英语教学专家亚历山大所说："通过语言做事就是交际（Doing things through language is communication）。"

双语教学的三个主要特点要求在该教学模式中构建动力机制，即如何增强学生的学习意识，激发学生的学习动力，提升学生的学习效果。动力机制的核心在于依据两元性、参与性和互动性所形成的学生自我实现空间，促使学生发挥主观能动性和创造性，最大化地调动学生的潜能，充分投入到双语课学习模式当中。动力机制的关键在于发掘学生的自我实现意识，下面就此加以分析。

二、双语教学中学生自我实现的意识

从高等教育心理学来看，大学生的自我意识有一个分化、矛盾、统一、转化和稳定的过程[①]，这一过程在学习中也会体现出来。一般而言，经过大学低年级阶段的自我意识分化和矛盾阶段，进入大学高年级阶段的学生的自我意识逐渐统一稳定下来。其表现在学习上就是学习目标更加明确，学习动机更加清晰，学习意志更加坚定。这时学生的自我意识向自我实现升华。具体到双语教学中，学生的自我实现意识反映为希望以前所学的英语知识能进一步提高，与专业知识有机结合，有机会将英语学以致用，获得学习英语的成就感——达到一定程度的自我实现。这可以从基础、愿望、要求三个方面进行讨论。

（一）基础学习为双语教学中学生自我实现提供支持

在大学一年级、二年级的英语学习中，学生在词汇、语法、阅读、写作、听力等方面已具备了一定的基本功，大多数学生能阅读一般的英语文章，撰写英语小论文，进行简要的英语听说。程度好的学生则能完成更高层次的英语实践活动，如较流畅的中英文互译。同时，经过前一阶段的学习，学生熟悉了大学的学习模式，形成了自己的学习习惯，专业知识有了积淀。在这样的基础上，学生具备了适应双语教学的条件，在强调应用性的专业英语学习中不会显得茫然失措，学习中的自我实现有了智力上的依靠。

---

① 教育部人事司. 高等教育心理学 [M]. 2 版. 北京：高等教育出版社，1999：270.

(二) 自我意识的发展促使学生自我实现愿望增强

著名心理学家马斯洛根据人的本质把人的需要划分为生理、安全、社交、自尊和自我实现五个层次，最高层次就是自我实现，即发挥出自身最大的能力和创造性，从而产生较强的自我激励。这种"需求－满足－激励"机制在双语教学中同样适用。因为通常健康成长的大学生满足基本的生理和安全的需要是没有问题的，而随着自我意识的完善和心智模式的健全，他们能够处理好与同学的关系、与老师的关系以及其他各种社会关系，安排好学习和生活，实现在社交和自尊上的满足。这时，他们需要在学业等方面挑战自己的能力和创造性，而双语教学具有的两元化、参与性、互动性正能够满足他们的这一需要。首先，面对双语教学中的多样性的知识点，学生必须尽力去收集信息、整理资料、理解记忆。其次，在课堂上的高度参与及与教师的互动使学生能够以开放和创造性的思维学习，并从中获得成就感，产生巨大的学习动力，挖掘出自身的潜力。例如，对专业英语中的某个知识点，教师提出问题让学生讨论，并让学生用英语来组织语言加以表达，对学生的不同回答不加以对错的评判，而是肯定其有益之处，这样学生感到自己在英语和专业知识上都学有所获，自我实现得到满足，学习兴趣增强。

(三) 学生自我实现的意识是现实要求的结果

双语教学的目的是培养学生运用英语的能力。在双语教学中，学生意识到这种教学模式是增强自身竞争力的推进器，对今后就业或进一步深造有着重要作用，就会自觉地提高学习的积极性和主动性，努力提高自身能力。

三、双语教学中学生自我实现的途径

从前面的论述可以看出，要提高双语教学的效率，学生就应达到一定程度的自我实现。双语教学中自我实现的主体是学生，但多数时候学生局限于现有的意识水平和认知状态，很难依靠自身内在的力量来做到这一点。因此，教师必须做好引导工作，通过设计和实施有效的教学方式来帮助学生自我实现。其主要的途径有以下几条：

(一) 树立正确的信息导向

双语教学多元化的知识点决定了学习当中包括大量的信息，这些信息既包含了英语语言方面的，也包含了专业知识方面的，更多的时候则是"英语化"的专业知识。专业英语的学习以教材为主，但不会仅局限于教材，需要在课外收集信息来充实和丰富学习内容。由于资讯发达，学生也

有广泛的信息来源,如互联网、报刊等。浩瀚的信息会让学生迷失,这时教师必须为学生确定正确的信息导向。这对教师也提出了较高的要求,教师要在熟悉教材和把握重难点的基础上,大量阅读与知识点相关的材料,遴选出现实性强并适合学生的信息,再指导学生进行阅读和学习。例如,教师在讲"企业战略"(Business Strategy)中的"外部环境分析"(External Environment Analyzing)时,很重要的一点是要考察企业所处的政治、经济环境,与此相关的阅读材料很多。笔者在教学中选取了亚洲博鳌论坛上习近平主席讲话的英文译文,其中有习近平主席对中国政治经济形势的评价和对中国融入全球经济、谋求共同发展的展望。该文既吻合了分析企业外部环境时必须考察到的政府政策导向、宏观经济气候、市场运行状况等要点,又包含了大量当前经济管理方面的英语词汇和表达法,时效性很强。教师在指导学生阅读和学习的过程中,应结合教材中的理论知识,讲解其现实意义,提炼关键英语表达法的用法,让学生感受到专业英语知识在实际中的应用。在这一学习过程中,学生必然要调动自己的积极性,展开记忆和联想,进而关注知识的实际运用,产生"学有所值,学有所用"的体验,在收获有效信息和知识方面得到较好的满足,达到一定程度的自我实现。

(二)设置开放的学习环境

双语教学中学习环境的设置既包括课堂内的学习环境的设置,也包括课堂外的学习环境的设置。开放指课堂不能搞成教师的"一言堂",而是要注重调动学生的积极性,让学生参与到知识和能力的锤炼中来——通过公开的发言来激发学习的热情。双语教学中语言的地位很突出,语言的本质在于表达个人的思想和见解。给学生用英语表达自我的机会,在听说中锻炼专业英语能力,符合双语教学的本质规律。因此,在课堂上适宜采取案例式和讨论式的教学方式。这些方式让学生有独立思考的空间,并且通过讨论来阐释个人对问题的理解,突出了学生的主体地位,让学生感到自己在课堂上的重要性,自我实现意识随之加强并愿意身体力行。课堂外的环境设置与课堂内的环境设置是相辅相成的,因为案例式和讨论式的教学需要学生做好准备工作,包括案例的阅读、资料的收集、课外的讨论等。对课外环境的设置,教师可以考虑将学生分成小组,指定一些参考书阅读,或提供相关信息网址;另外,教师可以组织专业英语的竞赛活动,如专业英语写作、演讲比赛等,以提高学生的参与度,更好地实现自我。

(三)形成良好的师生互动

师生互动建立在学生有效地获取信息和高度参与的基础上,是学生自我实现的重要途径。教师用英语给学生讲解的时候要注意观察学生的反应，太难或太简单都不利于形成良好的师生互动。某些对教师来说很熟悉的东西可能对学生而言有难度，因此在课堂上教师与学生适时的交流是必要的。教师在讲了某些重难点后可以提出有针对性的问题让学生回答，并通过赞赏的语言或表情对其优秀的地方加以肯定和鼓励，这样能激发学生的自我成就感，提高学习效率。交流过程中教师也能发现学生的兴趣点，并相应地设置教学内容和形式。例如，在讲到管理艺术时，光讲抽象的理论很难引起学生的兴趣和响应，而根据学生的需要利用多媒体设备给他们播放杨澜采访杰克·韦尔奇的访谈录，则能引起他们浓厚的兴趣。这时教师根据学生的理解程度，再让他们用英语来谈感受，就会有感而发，言之有物，很好地做到自我实现。

参考文献

［1］M NUSSBAUM. Cultivating Humanity：A Classical Defense of Reform in Liberal Education［M］. Cambridge：Harvard University Press，1997：57-59.

［2］周全，顾新. 国外知识创造研究述评［J］. 图书情报工作，2013，57（20）：143-148.

［3］郑红苹. 论双语教学的内涵、特征与价值［J］. 西南师范大学学报，2017（3）：52-55.

以创新创业能力培养为导向的国际商务专业实践教学体系的实践探索[①]
——以重庆工商大学为例

李树良

[摘要] 本文从国际商务专业学生创新创业能力培养出发,在以重庆工商大学为例分析国际商务专业实践教学现状及存在问题的基础上,提出基于创新创业能力培养的国际商务专业实践教学体系新的探索路径,以期对国际商务专业实践教学改革提供参考。

[关键词] 创新创业　国际商务　实践教学　实践探索

一、引言

在维普期刊输入"国际商务专业"关键词,选定2010—2016年全部期刊,共找到258篇文章。其中,41篇文章与国际商务专业实践教学有关(包括22篇写高职、中职院校的实践教学文章),只有刘晓鹏(2012),邹一鸣等(2014),杜静、张光超等(2015)从创新创业能力培养视角阐述国际商务专业实践教学的培养导向,认为国际商务专业教学要突出培养学生的创新创业能力。金欢阳、张敏、赖瑾瑜、胡文显(2010),余世明、匡增杰(2012),赖瑾瑜、王慧(2013),王文武等(2014)就国际商务专业校内外实习实训的开展给出了建议,认为校内外实习实训要统一、形成合力。徐林(2013、2014),演莉(2015)认为以职业能力培养为抓手,"以赛促学"培养学生的实践能力。施惠英(2014),王宇航、王振华(2015)从实践教学的跨文化能力培养、企业需求视角阐述在"一带一路"倡议背景下国际商务人才应具备的综合能力。归纳起来,现阶段对国际商务专业实践

[①] 本文为重庆市教育科学"十三五"规划2017年度课题(2017-GX-304)、重庆工商大学教育教学改革研究项目(2016204)阶段性成果。

教学的研究成果不多、层次不高且不够系统，对以创新创业能力培养为导向的实践教学研究成果更少。因此，在大众创业、万众创新时代背景下，加强对国际商务专业学生的创新创业能力培养的实践教学的探索和研究更具有现实意义。

二、重庆工商大学国际商务专业实践教学现状及存在的问题

（一）国际商务专业实践教学现状

重庆工商大学国际商务专业的实践教学是从校内和校外两个方面开展的。一方面，学校直接开设相应的国际商务专业实践课程，建立学生模拟公司、创业园、孵化园，引导学生参加各类学科竞赛、职业认证和学生创新创业项目申报，让学生通过参与灵活多样的校内实践来培养学生的创新实践能力和对创业的思考。另一方面，学校与企业合作建立特色班、实习实训基地或与国外高校项目合作，让学生全程参与其中以保证实践的系统性，培养学生的创新创业能力。条件成熟的项目可以设立企业奖学金、奖教金，用于奖励实践教学的突出成果和优秀项目指导教师。

以重庆工商大学国际商务专业为例，其在校内的实践课程紧扣培养方案，紧跟社会经济发展的步伐培养学生的实践能力。国际商务专业所在商务策划学院创建学生创锐模拟公司并在校内申请经营场地，让学生经营，锻炼学生的创新创业能力。商务策划学院牵头主办"全国电子商务'三创'大赛""全国市场营销大赛""全国物流挑战赛"重庆赛区比赛以及校级比赛，国际商务专业过半数的学生参与其中，初步形成"以赛促学、以赛促训、以赛促创"的良好局面。商务策划学院与政府部门和行业协会合作开办职业资格认证，营销师、策划师、物流师、电子商务师、国际商务师等职业认证涵盖了商务策划学院所有专业。商务策划学院制定文件鼓励学生申报重庆工商大学学生科技创新项目、重庆市大学生创新创业训练项目，通过实践项目，培养学生系统性思维和创新创业能力。

在校外实践及与企业、国外高校合作方面，商务策划学院2012年与太极集团开设"太极班"，2016年与医流巴巴企业建立"医流巴巴卓越电子商务人才培养实验班"，从而使参加特色班学生的认知实习、专业实习、毕业实习乃至学年论文、毕业论文等实践环节达到高度一体化、系统化，学生的实践能为企业解决实际问题，而且能在实践领域持续关注同一问题，理论联系实际解决问题。学生在系统化的实习实践中培养自身的创新能力，也为将来的就业创业打下了良好的基础。在保持以往建立的实习基地正常运行的基础上，商务策划学院与茂田控股集团、人文比佛利管理咨询公司、

医流巴巴公司、五斗米餐饮有限公司、重庆鱼掌科技有限公司等 20 余家企业新建一批实习实践基地，并与企业合作进行"订单式"人才培养，发挥实践教学在国际商务专业学生培养上的独特优势。从 2008 年开始，商务策划学院与荷兰文德斯汉姆应用科技大学商务传媒法律学院（Windesheim University of Applied Sciences, the School of Business、Media & Law）连续进行 9 年的实践项目学习交流活动，由两校学生混合组成实践团队，共同就产品营销、旅游推广、跨文化合作等项目进行实际操作，共同完成实践项目。2016 年 4 月，商务策划学院 14 名师生（大部分是国际商务专业学生）带着实践项目访问荷兰文德斯汉姆应用科技大学，与荷兰学生一起访问企业、调研市场、撰写实践报告。在 9 年的实践项目学习交流中，学生的创新思维、创业眼界、动手能力、跨文化沟通能力都得到显著提升，中荷双方学校超过 500 名学生在该实践项目中获益。

（二）国际商务专业实践教学存在的问题

目前我国 70 多所高等院校的国际商务专业培养出来的人才在结构上和质量规格上仍无法满足社会经济发展的需要。究其原因，有以下几点：第一，国际商务专业教学重课堂理论教学、轻课外实践教学，学生实际动手能力弱。第二，国际商务专业人才培养模式单一，缺乏多样性和适应性。第三，课程评价体系重期末笔试考核，轻实践项目效果评估。第四，对学生创新教育和创业训练重视不够、投入不足。第五，产学研合作不到位，没有真正形成校企合作培养人才的良好机制。

重庆工商大学国际商务专业的实践教学由五个部分组成：一是国际商务专业课程模拟实验，即针对实践性较强的专业课程开设相应的实验课程，一般安排在理论学习之后进行。二是实习（实践），分别是认知实习（第四学期）、专业实习（第六学期）、毕业实习（第七学期后四周与第八学期前四周）。三是综合实训（实验）与暑期社会实践。综合实训囊括了经济学实验、管理学实验、银行实务实验、国际贸易模拟实验等国际商务专业核心课程的实验；暑期社会实践要求学生在暑期进行社会实践，撰写实践心得和报告。四是各类学科竞赛、创新学分与学生科技创新基金项目，围绕国际商务专业特点，引导学生参加各类学科竞赛、职业证书认证和申报学生科技创新项目。五是学年论文与毕业论文的撰写，这是国际商务专业学生实践教学的重要部分，两类论文的学分占据实践学分较大比例。

重庆工商大学国际商务专业的实践教学现实运行情况存在如下问题：第一，实践教学的目标不够清晰，实践教学内容缺乏系统性思考。大多数高校没有明确以培养国际商务专业学生的创新创业能力为目标，导致在实践教学内容安排上相对零散，缺乏对国际商务专业学生创新创业能力培养的系统性思考。第二，实践教学仍然依附于理论教学，相当数量的国际商务专业实训、实验还局限于验证原理、模拟过程、掌握操作技巧，而对实验思路创新、实验综合分析能力和实际创业训练重视不足。第三，校外实习实践环节流于形式，学校与实习实践单位沟通不足，过程监督管理机制不到位，导致实践教学环节缺失，实践教学呈现弱化、形式化。第四，对实践教学的投入不足，设备陈旧、软件更新速度慢，跟不上社会经济发展对创新创业人才培养的要求。第五，校外实习实践基地利用率不高，学生实习实践没有给企业解决实际问题，无法带来效益，导致部分企业对学生实习支持不足，有的企业仅仅拿实习基地的牌子装门面，根本不提供实习岗位。

三、以创新创业能力培养为导向的国际商务专业实践教学改革建议

在充分分析国际商务专业实践教学存在的问题的基础上，笔者认为在学校具体的实践教学改革中，应着重改革以下几个方面：

第一，改变理论教学与实践教学脱节、实践教学内容零散不成系统的现象，解决学生普遍困惑的"理论无用、实践糊弄"等问题；努力构建以创新创业能力培养为目标的实践技能体系、与国际商务专业理论教学相互渗透的实践课程体系、变学生被动接受为主动探索的实践教学方法，三位一体、系统化的实践教学新体系。

第二，改变实践教学总体目标不明确，附庸于课堂理论教学的现状，以创新为出发点，遵循"实践-认识-再实践-再认识……"的创新规律；以创业为导向，按照教育过程的"认识-实践-再认识-再实践……"规律循序渐进；在创新创业培养目标指引下，努力实现国际商务专业课堂教学（认识）与实践教学（实践）并重，认识与实践"双重育人"的良性循环，使得学生的知识、能力、素质在循环中得到不断提高。

第三，改变现在实行的方便学校行政管理的理论与实践课程区分，由学校根据国际商务专业的特点划分理论与实践的学分比例，由二级学院具体执行，理论课中可以安排实践项目，实践课中可以穿插理论知识讲授；根据不同年级国际商务专业学生的特点，充分利用实践教学中的实践、实验环节，学科竞赛，学生模拟公司、创业园、孵化园，中外学生实践合作项目以及企业实习、实训等不同层面的实践教学内容构建分阶段、多层次的实践教学新体系；努力打造以学生创新创业能力培养为中心，统筹规划、梯级递进、层次分明、连续贯通的实践教学内容体系。

第四，改变现行教学以教师为中心、以教材为中心和以课堂为中心的状况，借鉴国外项目实践教学的方法，以学生为中心，以问题为导向，激发学生的好奇心，培养学生的学习兴趣，努力形成能让学生自主学习、主动探索的一整套适合国际商务专业实践教学的启发式、探究式、讨论式、参与式的实践教学方法。

第五，改变实践教学评价方式，兼顾过程评价与结果评价、学校评价与企业评价；从传统的以学校教师评价为主导向学校教师、企业项目导师、实践项目单位共同评价的实践教学评价体系转变；让企业走进课堂参与教学、参与学生评价，了解高校国际商务专业实践育人的过程；努力营造校企互助互信、协同发展的良好氛围，逐步形成客观、公正、真实、有效的实践教学评价体系。

参考文献

[1] 薛求知，刘子馨. 国际商务管理 [M]. 上海：复旦大学出版社，2002.

[2] 沙文兵. 国际商务课程教学改革探索——以安徽财经大学为例 [J]. 对外经贸，2014（1）：142-143.

基于创新创业能力培养的国际商务专业实践教学体系的构建研究[①]

李树良

[摘要] 本文从创新创业能力培养出发,在分析重庆市高校国际商务专业实践教学现状及存在问题的基础上,提出基于创新创业能力培养的国际商务专业实践教学体系的构建方案,以期对国际商务专业实践教学改革提供参考。

[关键词] 创新能力 创业能力 国际商务 实践教学 体系构建

一、引言

《国家中长期人才规划发展纲要(2010—2020年)》指出:我国人才发展同世界先进国家相比仍存在较大差距,与我国经济社会发展需要相比还有许多不相适应的地方,主要是高层次创新型人才匮乏,人才创新创业能力不强……根据2016年《政府工作报告》的部署和《国务院关于大力推进大众创业万众创新若干政策措施的意见》(国发〔2015〕32号)、《国务院办公厅关于建设大众创业万众创新示范基地的实施意见》(国办发〔2016〕35号)等文件的精神,我国人才队伍建设的主要任务之一是突出培养创新创业人才。然而,随着我国经济社会、科学技术和高等教育的快速发展,就业市场对国际商务专业人才的要求发生了巨大变化。目前我国70多所高等院校的国际商务专业培养出来的人才在结构上和质量规格上仍无法满足社会经济发展的需要。究其原因,有以下几点:第一,国际商务专业教学重课堂理论教学、轻课外实践教学,学生实际动手能力弱。第二,国际商务专业人才培养模式单一,缺乏多样性和适应性。第三,课程评价

[①] 本文为重庆市教育科学"十三五"规划2017年度课题(2017-GX-304)、重庆工商大学教育教学改革研究项目(2016204)阶段性成果。

体系重期末笔试考核，轻实践项目效果评估。第四，对学生创新教育和创业训练重视不够、投入不足。第五，产学研合作不到位，没有真正形成校企合作培养人才的良好机制。在大众创业、万众创新的时代背景下，社会经济发展需要大量的创新型人才。高等院校（尤其是财经类高等院校）必须肩负起培养大量创新型人才和未来企业家的使命。因此，国家对于国际商务人才培养的要求，最终落实在国际商务专业人才培养的教学体系中。

二、重庆高校国际商务专业实践教学现状及存在的问题

一般来说，理论教学与实践教学是国际商务专业教学体系的两个组成部分，而实践教学是国际商务专业培养创新创业人才的灵魂。按照《教育大辞典》的解释，实践教学是相对于理论教学的各种教学活动的总称，包括实验、实习、设计、工程测绘、社会调查等，旨在使学生获得感性知识，掌握技能、技巧，养成理论联系实际的作风和独立工作能力。

重庆工商大学国际商务专业的实践教学由五个部分组成：一是国际商务专业课程模拟实验，即针对实践性较强的专业课程开设相应的实验课程，一般安排在理论学习之后进行。二是实习（实践），分别是认知实习（第四学期）、专业实习（第六学期）、毕业实习（第七学期后四周与第八学期前四周）。三是综合实训（实验）与暑期社会实践，综合实训囊括了经济学实验、管理学实验、银行实务实验、国际贸易模拟实验等国际商务专业核心课程的实验；暑期社会实践要求学生在暑期进行社会实践，撰写实践心得和报告。四是各类学科竞赛、创新学分与学生科技创新基金项目，围绕国际商务专业特点，引导学生参加各类学科竞赛、职业证书认证和申报学生科技创新项目。五是学年论文与毕业论文的撰写，这是国际商务专业学生实践教学的重要部分，两类论文的学分占据实践学分较大比例。

纵观高校国际商务专业的实践教学体系和现实运行情况不难发现其存在如下问题：第一，实践教学的目标不够清晰，实践教学内容缺乏系统性思考。大多数高校没有明确以培养国际商务专业学生的创新创业能力为目标，导致在实践教学内容安排上相对零散，缺乏对国际商务专业学生创新创业能力培养的系统性思考。第二，实践教学仍然依附于理论教学，相当数量的国际商务专业实训、实验还局限于验证原理、模拟过程、掌握操作技巧，而对实验思路创新、实验综合分析能力和实际创业训练重视不足。第三，校外实习实践环节流于形式，学校与实习实践单位沟通不足，过程监督管理机制不到位，导致实践教学环节缺失，实践教学呈现弱化、形式化。第四，对实践教学的投入不足，设备陈旧、软件更新速度慢，跟不上

社会经济发展对创新创业人才培养的要求。第五，校外实习实践基地利用率不高，学生实习实践没有给企业解决实际问题，无法带来效益，导致部分企业对学生实习支持不足，有的企业仅仅拿实习基地的牌子装门面，根本不提供实习岗位。

三、基于创新创业能力培养的国际商务专业实践教学体系的构建

（一）系统思考，顶层设计

针对目前国际商务专业实践教学内容散、环节多、实践项目参差不齐等问题，我们按照国际商务专业理论教学与实践环节的地位、作用以及相互之间的内在联系，运用系统论的方法重构理论与实践互相渗透的实践教学内容体系。特色班就探索建立基于企业需求的理论教学与实践教学课程组合，进行"订单式"人才培养并不断创新实践教学手段和方法；非特色班就按社会经济发展需求系统安排实践教学内容，使国际商务专业实践教学内容体系的各个环节相互衔接和协调统一，具有连续性并贯穿于国际商务专业实践教育的全过程。

（二）明确目标，突出特色

在新经济常态下，国际商务专业要以培养学生创新创业能力为具体教学目标，并始终贯穿于理论教学与实践教学体系中。国际商务专业要以专业特色和职业技能要求为出发点，重新构建国际商务专业的一体化实践教学体系。因此，我们的研究首先分析社会经济发展对国际商务专业人才的能力需求，以需求为导向修改实践教学的培养目标及教学大纲，并系统规划实践教学的内容、方法、评价和考核方式，学习国家级、省部级特色专业实践教学的优点，明确实践教学的目标，突显国际商务专业特色。

（三）循序渐进，层次分明

创新创业能力的培养是一个循序渐进的过程，要遵循教育的发展规律。因此，我们提出的国际商务专业实践教学体系构建与实践研究也是分阶段、分层次、逐步深化的。我们建议依据国际商务专业各年级学生学习发展的特点，从理论教学中的实践、实验环节，学科竞赛，学生模拟公司、创业园、孵化园到中外学生实践项目合作与交流及企业实习、实训等不同的层面构建一体化实践教学新体系，彰显国际商务专业实践教学的层次性，并按学分制规定具体实践学分；同时，发挥国际商务专业已有的实习、实践基地在实践教学层次布局中的示范作用，以点带面，促进国际商务专业的实习、实践教学效果不断提高。

（四）问题导向，激发兴趣

对于实践周期较长的认知实习、专业实习、毕业实习，国际商务专业学生要做到"三个准备"，即理论准备、问题准备、方案准备。实习前学生要认真学习理论知识，查阅资料，充分调研，寻找实习问题；实习中学生遇到难题又要回到理论中寻求解答；实习结束学生要给出一套解决企业实际问题的方案。借鉴荷兰学生项目实践教学的优点，每一个项目都是学生要解决的问题，使每个团队的学生带着问题参与到实践项目中去，激发学生的实践兴趣，促进学生探索性思考，培养学生的创新能力。学生带着问题参与实践，既检验了课堂理论知识，又激发了学习兴趣，可以达到实践教学与理论教学相互促进，共同提高的目的。

（五）校企联合，共建共管

学校负责指导学生实习、实践的指导教师加强与企业沟通，及时掌握学生实习进展和实践内容，加强对学生实习、实践过程的理论指导。学校应邀请企业实习、实践指导人员到学校听取学生的实习、实践汇报，校企共同评定学生实习、实践成绩。学校应鼓励教师到企业去挂职锻炼，培养"双师型"教师队伍；同时邀请企业相关人员走进学生课堂讲学，传授先进的行业知识和丰富的管理经验。

参考文献

[1] 薛求知，刘子馨. 国际商务管理 [M]. 上海：复旦大学出版社，2002.

[2] 沙文兵. 国际商务课程教学改革探索——以安徽财经大学为例 [J]. 对外经贸，2014（1）：142-143.

重庆工商大学国际商务专业教学存在的问题及改革研究①

贾镜渝

[摘要] 经济全球化背景下，企业对于高素质国际商务人才的需求日益增加，然而高校国际商务专业在人才培养与教学模式方面还存在许多亟待解决的问题。本文以重庆工商大学国际商务专业为例，围绕人才培养、市场定位、教学模式等方面，提出了改革建议。笔者希望能提升教学效果与质量，培养高素质、适应跨国企业需求的国际商务人才。

[关键词] 国际商务　人才培养　教学模式

随着全球化的深入发展与"一带一路"倡议的稳步推进，作为西部开放中心的重庆将越来越多地参与到全球经济中。可以预见，企业对国际商务专业人才的需求将日益增多。根据对相关企业调查得知，高校国际商务专业毕业生的能力与企业的实际需求之间还存在一定差距，导致企业招不到高素质的国际商务人才，而大量国际商务专业毕业生又难以找到对口的职业的困境（林关征，2012）。因此，如何对现有国际商务专业的人才培养与教学模式进行改革，以培育高素质、符合企业需求的国际商务专业人才，是一个亟待解决的问题。本文以重庆工商大学为例，对这个问题进行探讨。

一、重庆工商大学国际商务专业教学存在的问题

（一）培养目标与市场定位不明确

在实践教学中，常常会有国际商务专业的学生发出这样的疑问：国际商务专业与国际贸易专业有什么区别？为什么国际商务专业什么都学，但

---

① 本文受2017年重庆市高校人文社会科学研究项目"'一带一路'背景下中国企业跨国并购战略研究"（17SKG089）和重庆市教育委员会科学技术研究项目"制度·资源与中国企业跨国并购成败问题研究"（KJ1706157）支持。

是什么都学得不精？有的学生认为国际商务专业的实用性不强，会计、金融等专业更实用。

这些疑问实质上反映了目前国际商务专业在人才培养上存在的两个问题。

一是培养目标不清晰。国际商务专业的特点是什么？国际商务专业与企业管理专业、国际市场营销专业、国际贸易专业的区别在哪里？对这些问题，目前在国际商务专业培养方案及课程设置上还没有很好地体现出来。培养目标的模糊导致国际商务专业学生对本专业的认知度不高，对专业特性理解不深刻。

二是市场定位不明确。普通高校往往以培养学术型的国际商务人才为目标，忽视了学生的实践能力，导致学不能致用。而高职院校又侧重于培养应用技术型国际商务人才，重专业技能培养，轻理论教育，这种模式下学生能较快适应工作岗位，但由于理论知识薄弱，缺乏发展潜力，不能厚积薄发，无法胜任高层次的国际商务工作。

(二) 教学模式僵硬

国际商务专业的教学模式存在以下问题：

首先，大班教学限制教学形式。国际商务专业归属于管理学科，而管理学教学的特点就是需要引入大量案例让学生去探讨，以此开发学生独立思考、自主分析的能力。显然，小班教学更适合采用这种案例式的教学方式。然而，目前国际商务专业的许多管理类课程，如企业运营管理、跨国公司经营管理、国际商务管理等，都采用大班教学形式，极大地限制了案例教学的使用及效果。

其次，教学形式单一。目前国际商务专业还是以传统的课堂教学形式为主。教师上课以讲授为主，较多地强调理论知识点，较少运用启发式教学、案例教学、互动教学等方法，导致缺乏课堂互动，学生也缺乏独立思考、分析问题的能力。

最后，双语、全英语教学稀缺。国际商务涉及企业的国际运作，因此不仅需要学生掌握相关的基本概念，更需要了解某些专业名词的英语名称、含义，才能使学生更好地从事国际企业管理工作。但是，目前相关的双语，甚至是全英语课程少之又少。

(三) 课程设置不合理

在课程设置方面，国际商务专业主要存在以下三个问题：

一是课程的时间安排不尽合理。例如，国际经济学的先修课程包括微观经济学和宏观经济学，在时间安排上，国际经济学应该排在两门课程之后（第四学期比较合适）。然而，实践中国际经济学与微观经济学同时开课，导致学生的学习难度加大。因此，在课程的时间安排上应尽量考虑先修课程要求，合理安排课程。

二是不重视英语课程。笔者在教学过程中发现大部分国际商务专业学生的英语水平难以达到要求。一方面，地区差异、高中英语教育不足等客观原因导致学生英语基础差；另一方面，学生不重视英语课程也是导致这一问题的重要因素。例如，国际商务专业学生在大学四年的学习过程中仅仅只需要学习大学英语基础课程，这是远远不够的。商务英语等专业性的英语课程往往易被学生忽视。

三是缺乏实验课程。国际商务专业不仅重视理论教学，更应该重视培养学生的实际操作能力。然而，由于高校条件有限，缺少实验课程（如沙盘实验），并且实训和实习等教学实践环节效果不佳，致使学生对国际商务活动缺乏感性认识。

二、重庆工商大学国际商务专业教学改革的对策

针对上述问题，笔者提出以下几点教学改革措施：

（一）明确培养目标

笔者认为不仅仅是学院相关领导、国际商务系教师需要明确国际商务专业的培养目标，更重要的是需要国际商务专业的学生对自己的专业有一定理解。因此，国际商务专业学生在踏入大学伊始，就应该对自己的专业有一个大致的认识与理解，明确专业培养的目标。

第一，在大学新生入校后，学院可以利用专题研讨会的形式，组织国际商务系的资深教授向学生及国际商务系资历较浅的教师介绍国际商务专业的培养计划、目标、课程设置等，并要仔细说明国际商务专业与其他相关专业的联系与区别。

第二，尽早组织高年级学生与大学新生的经验交流会，高年级学生的经验分享与交流可以让学生进一步加深对本专业的理解。

这些专题研讨会、交流会可以使国际商务专业的学生从入学开始，就对本专业的课程、培养目标以及专业特色有一个清晰的认识。

（二）合理定位市场

从本质上讲，国际商务专业应该是理论与实践并重的专业。一方面，跨国企业的许多实际业务要求学生具有实践能力；另一方面，国际商务的理论知识对于跨国企业的管理层的决策制定至关重要。因此，在市场定位方面，高校应该突破原有的重理论轻实践的培养模式，强调理论与实践并

重。相关的改革措施如下：

1. 增设实验、实训类课程

要培养国际商务专业学生的动手能力、实践能力，开设相关的实验、实训课程尤为重要。在条件允许的情况下，学校应该充分利用现代技术，积极建设国际商务综合模拟实验室。利用实验室，学生能够在模拟的环境下体验国际商务活动的过程。例如，国际贸易实务、国际商务谈判、国际金融、国际商务单证等课程都应该在完成理论授课的基础上，增加实验环节，以使学生在实践中掌握国际商务各环节的操作技巧。

除了增设实验、实训课程，学校还应该鼓励国际商务专业学生多考取职业资格证书，如外销员、国际商务单证员、报关员、报检员等资格证书。通过考取相关证书，学生可以提升业务能力，满足未来就业的需求（林关征，2012）。

2. 鼓励校企合作，建立校外实习基地

校企合作，建立校外实习基地是增强学生实践能力的又一路径。学院或学校应牵头积极与相关跨国企业、外经贸委等机构联系，建立合作关系。

一方面，企业可以对课程设置提出建议，提供实训平台和课程内容，将训练课程植入国际商务专业人才培养方案（曹慧平，2017）；另一方面，学生在学习理论知识的基础上，利用假期时间，可以到企业进行参观、实习，亲身体验跨国企业的实际运作，优秀实习生毕业后可以直接到实习单位工作。这不仅提升了学生的实践能力，也减少了企业的招聘与培训时间、降低了企业的用人成本。

3. 积极引入实践指导教师

要培养学生的实践能力，拥有一支实践经验丰富的教师队伍尤为重要。目前，重庆工商大学国际商务专业教师还是以理论型为主，拥有丰富实践经验的教师不多。因此，一方面，学院可以考虑聘任企业专家为兼职教师，通过专题、讲座等形式，发挥他们的实践指导作用。另一方面，学院应积极培养青年教师，使其能够全面发展。在引进人才时，学院应注重他们的国际商务理论素养与科研能力；人才引入后，学院应鼓励他们并提供机会，让青年教师深入相关企业兼职、挂职，参与企业的运作管理，增强青年教师自身经验。

（三）创新教学模式

在教学模式方面，笔者建议进行如下改革：

1. 合理运用小班教学

班级的学生人数直接影响着教学的方法与效果。对于一些理论性强的课程，如高等数学、微观经济学等可以采用大班教学模式，而对于需要讨论的管理类课程，如国际商务管理、跨国公司经营管理、企业运营管理等，小班教学则更为合适。

一方面，小班教学可以使教师更容易管理课堂；另一方面，小班教学也使教师更好地运用案例教学、小组讨论等教学方式。

2. 教学方法与手段多样化

除了讲授之外，教师可以采用多种教学方法来丰富课堂教学。

首先，教师可以采用案例教学与启发式教学相结合的方式，通过引入具体案例，提出问题，然后让学生通过自己分析，寻找问题的答案。这两种方式相结合，有利于鼓励学生独立思考、探究问题的原因，有助于提升学生分析、解决问题的能力。教师在运用案例教学法的过程中需要把握好以下几点：一是确保案例的质量，高质量的案例应具备目的性、启发性、实践性和生动性的特点（罗蓉，2008）；二是提出的问题要有引导性和针对性；三是案例分析完成后要对学生的分析给出合理的建议与评价，并进行总结，提升学生对案例的理解。

其次，鼓励互动式教学。教师在教学过程中可以采用许多方式与学生互动，如小组讨论、辩论赛、角色扮演游戏、让学生进行演讲等。这些互动不仅可以增加课程的趣味性，使学生在快乐中接受知识，更重要的是可以训练学生的团队协作能力，启发学生的心智，激发学生的创造力，提高学生学习的主动性。

最后，改进教学手段也十分重要。心理学研究发现，多种感觉器官协同能够大大提高学习效果（沙文兵，2014）。因此，在教学过程中，教师可以改变单纯的以板书、幻灯片为主的教学手段，合理运用音频、视频等教学设备，优化教学效果。

3. 鼓励双语教学

国际商务教学可以逐步提高教学过程中使用英语教学的比例。特别是一些与企业国际运作活动相关的课程，如国际贸易实务、国际商务单证等，需要学生掌握中文知识，同时了解其英文，这类课程适合开设双语课程。此外，对于一些有能力的学生，教师可以推荐学生阅读外文教材。

（四）合理设置课程

我们需要重新审视专业培养方案。例如，重视先修课程要求，合理安排课程时间。对于国际商务专业的学生，应该重视其英语学习，除了大学基础英语之外，像商务英语这类课程也应该成为其必修课程。

参考文献

[1] 曹慧平. 国际商务专业"双元制"教学模式的探索 [J]. 高教论坛, 2017 (1): 53-55.

[2] 林关征. 财经类高校国际商务专业教学改革的研究与探讨 [J]. 武汉职业技术学院学报, 2012 (2): 46-49.

[3] 罗蓉. 企业管理案例教学的改革与思路创新 [J]. 农家之友 (理论版), 2008 (5): 50.

[4] 沙文兵. 国际商务课程教学改革探索——以安徽财经大学为例 [J]. 对外经贸, 2014 (1): 142-143.

"一带一路"背景下国际商务专业实践教学体系构建研究

刘相勇

[摘要] 本文结合"一带一路"背景，分析新形势对国际商务人才培养提出的新要求。国际商务专业实践教学存在一定的问题，如实践教学环节薄弱造成了学生实际工作能力欠缺，岗位胜任能力下降。这主要是实践教学课程比例偏低、师资队伍建设薄弱、实践教学平台不足、实践教学环节未纳入考核等原因造成的。为此我们提出了实践教学体系建设目标和构建思路，提出国际商务专业实践教学体系的构建措施。

[关键词] "一带一路"　国际商务　实践教学　构建

当今世界经济发展进入一个崭新的格局，随着我国在全球经济中的地位提升及我国工业化水平达到一个新的高度，国家提出了"一带一路"倡议，以促进相关国家经济的共同发展和繁荣。"一带一路"倡议的提出为我国的经济发展带来了机遇，我们将进一步构建全方位开放的新格局，深度融入世界经济体系。推进"一带一路"倡议也为高校国际商务专业的发展带来了新的机遇，并对国际商务专业人才的培养提出了更高的标准和新的要求。

国际商务专业是为了适应全球化经济发展的要求，以培养具备国际贸易业务全流程实践操作能力，能够实现跨地区、跨文化经营管理能力的复合型人才为目标的专业。该专业是一个在技能性、实践性上都要求较高的应用型专业。我们在"一带一路"倡议背景下探讨新时代赋予国际商务专业发展的重大使命，指出国际商务专业发展中实践教学环节的重要性，逐层剖析构建科学合理的实践教学体系的主要环节和实施路径，旨在为我国高校国际商务专业实践教学模式的构建提供参考。

一、国际商务专业实践教学的现状及问题分析

当前国内设置国际商务专业的高校超过30多所，高校的定位不同对国际商务专业的发展定位也各有侧重。很多高校都侧重宽口径、厚基础的专业教育，国际商务专业课程设置差异并不大，没有很好地结合自身高校专业特色进行课程设置，同时专业的核心课程比较固化。国际商务专业的教育无法涵盖培养国际商务工作中具体需要的文化视野、工作技能和深度职业技能的所有内容，造成了国际商务专业的学生在国际化视野、跨文化管理、语言能力、实践运用等方面无法达到"一带一路"背景下对国际化商务专业人才的要求。通过分析国际商务专业发展的状况，我们发现其主要问题体现在以下几个方面：

（一）实践教学环节课程比例偏低

由于国际商务专业是新专业，目前国际商务系列教材选择较少，国内优秀的国际商务系列教材不多，教师大多选择国际贸易系列教材，针对性差、实用性弱。"一带一路"相关案例资料很少有编入教材的，国外学者的教材对此更鲜有涉及，因此国际商务教材严重缺乏对"一带一路"沿线国家经济发展环境、风土人情、商业文化的支撑，很难培养学生的国际化视野，更难以培养满足国家要求的人才。

（二）师资实践能力不强，缺乏国际企业工作经验

国际商务专业由于涉及专业知识面广，要求专业教师不但有扎实的专业知识，还需要丰富的国际商务实践经验。由于目前高校人才几乎都是引进知名高校博士，而没有引进具有丰富国际商务管理经验的企业界人才，更由于实践型人才无法达到高校引进人才的硬条件——高学历（博士），因此专业教师很多局限于专业的理论知识和学习经历，没有跨国企业的工作经验，缺乏对社会和行业的客观认识，自身的实践操作能力十分欠缺。教师在指导学生提高实践能力方面成效不好，自然无法达到"一带一路"建设中对国际商务专业人才实践能力的要求。

（三）实践教学平台缺乏，实践教学方法单一

目前国际商务专业的教学仍是以教师讲授为主，案例教学、研讨式教学均能对教学产生积极效果，但是这种课堂教学毕竟具有局限性。在真实的商务环境中进行体验式教学或者模拟教学将是学生和教师希望的。受限于高校对实践教学平台建设的经费限制，对实践教学经费及学生实践安全管制的限制，于是对大多数高校来说，国际商务实践教学实验室等实践平台都是缺乏的，是需要学校投入大量经费建设的。由于条件限制，专业教

师开展实践教学的方式和手段就相对比较单一，实践效果无法保障，学生相关能力的培养就是空话。没有相关平台的辅助，人才培养更无法与"一带一路"倡议进行对接，无法培养有针对性的国际商务人才。

（四）职业技能培养课程欠缺

很多高校国际商务专业设置的课程大多结合院系已经开设的课程，新课开设比例不高，同时在新开的课程中较少设计职业技能方面的基础课程。课程设置类似、课程边界不明显，没有体现学校及学院的专业特色和地方经济特色，没有很好地与地方经济发展及国家发展战略结合起来。

同时，课程设置对外语能力的重视程度不够，要求的学生外语水平达标标准过低，仅开设大学英语和商务英语课程显然满足不了"一带一路"新形势的语言要求。理论课程较多、实践课程较少造成了学生的深度职业技能欠缺，创新能力无法得到培养。

（五）实践教学环节未纳入课程考核体系

当前国际商务专业设立时间较短，相关课程体系建设还有待完善，很多高校教学设施还相对落后，课堂教学仍然是教学的核心，实践教学处于弱势地位，没有得到应有的重视，实践教学体系和课程设置缺乏科学性和系统性。设置国际商务专业的院校大多没有专门的国际商务实验室和实践平台，国际商务专业学生利用网络和软件教学平台进行模拟教学的机会很少。国际商务相关课程的考核中没有将实践教学环节纳入课程考核。正是由于导向原因，导致了国际商务专业学生实践能力不足。

（六）国际商务专业宽基础、广应用，理论教学挤占实践教学课时

国际商务专业课程涉及理论知识面广，经管类的很多基础课程都需要纳入课程体系。国际商务专业相较于其他管理类专业涉及的面更广，无疑会增加理论课程的学时，相应会影响到实践教学的安排。同时，国际商务专业与会计、物流、电子商务等专业比较，专业对口性较差，在进行实践教学时很难有针对性地开展实践。

二、国际商务专业实践教学体系构建的目标及构想

（一）国际商务专业实践教学体系构建的目标

1. 充分体现国际商务专业特色

国际商务专业应根据人才培养符合经济发展规律的要求，提炼国际商务特色，重点为特定领域、行业、地区培养不可替代的专业人才，培养出各具特色的国际商务专业人才，提高专业竞争力和影响力。

2. 满足跨国公司国际化人才职业胜任能力的需要

国际商务实践教学体系必须要体现跨国公司对国际商务人才的能力要求，如沟通能力、跨文化管理等以及根据跨国公司对特定岗位人才的要求进行设计。

3. 立足重庆工商大学经管专业特色

实践教学体系的构建需要体现高校的定位和特色，更好地整合学校资源，充分利用好学校相关实践教学资源和平台。

4. 体现重庆地区经济发展前瞻趋势

重庆作为西南地区经济中心之一，在国家支持下建设国家级新区——两江新区、西永综合保税区、两路寸滩保税港区，并批准建设重庆自由贸易区，相应的政策措施大力支持国际商务合作往来。我们的国际商务人才的培养必须结合国家相关战略要求，具有时代指向性、针对性。培养与地方经济发展需求相适应的国际商务人才，对推动重庆经济发展和重庆经济走向国际化奠定基础。

(二) 国际商务专业实践教学体系构建的思路

科学的实践教学就是为学生提供岗位所需的知识学习和运用途径，构建符合与国际商务工作岗位和岗位技能相匹配的实践教学模式。为此，我们提出构建和完善多层次、立体化的实践教学体系。具体涵盖以下五个环节：

第一，设置以国际商务专业相关的通用能力培养环节及基础技能训练环节。

第二，设置国际商务实验室，充分利用现代网络技术及模拟操作软件，提升学生在国际商务环节的主动适应和运用能力，实施整合多门课程专业知识为主的商务模拟训练环节。

第三，打造假期实践基地，联系知名国际企业，每年必须完成既定学时的企业实践活动，设置企业实地参观和校外实习的企业实训环节。

第四，为师生提供更多海外学习、实习、进修的机会，设置在海外进行学术交流和实习的海外实训环节。

第五，充分利用学校"一带一路"研究中心，进行国际商务相关课题研究。

三、国际商务专业实践教学体系的构建策略

"一带一路"倡议为我们国际商务专业人才的培养提出了新的要求，人才培养必须为经济发展服务，专业建设必须为人才培养服务，为提升人才

培养的质量和效果，必须进一步加强专业建设，尤其要加强专业实践教学体系建设。人才培养要加强师资队伍建设，不断改革课程体系、教学方法，更新教学内容，丰富教学手段，培养综合性和开放型的国际商务专门人才。基于以上实践教学的构想，我们应该从以下方面展开。

（一）提升专业课程的国际化导向

国际商务专业的教学必须具有国际化视野，更多地进行双语教学、英语教学，更多地邀请跨国公司高级管理者开办讲座或者进行课堂讲授。同时，我们应增加对各个行业具有典型代表意义的跨国公司的研究与讨论，对跨国公司组织结构、企业文化、人事管理进行验证性研究。我们应更多引入"一带一路"沿线国家知名企业研究，研究相关国家的商务文化、经济环境、行业发展动态，鼓励学生利用国际数据平台、研究平台开展国际商务研究，努力培养学生的国际化视野，为学生未来开拓"一带一路"相关事业打下基础。

（二）建设国际商务实验室，打造模拟操作平台

我们应整合国际商务相关课程的综合训练，将国际贸易、国际营销、国际金融、国际结算以及国际谈判等课程的知识结合起来进行综合模拟训练。

（三）建设国际商务实践基地

我们应加强和国际知名企业的联系，为学生提供参观和实习的机会，并强化产学研合作，打造体现国际商务专业特色的实践基地。我们应定期邀请跨国公司高级管理者来学校开办讲座或开展交流活动，同时为学生提供去企业实地调研的机会。

（四）搭建海外学术交流和实习平台，设置海外实训环节，提高师资水平

开办有国际商务专业的高校应积极与"一带一路"沿线国家和地区的大学开展广泛的学术交流与合作，通过短期交换生项目、合作办学等途径为学生提供可供选择的海外学习和海外实习的基地，让更多的学生得到海外实训交流的机会，以拓宽其国际化视野。同时，广泛的国际学术交流与合作也可以为国际商务专业的教师提供更多学习的机会，通过短期进修和学术互访等形式可以丰富教师的专业知识、提高外语水平，并从整体上提高师资力量的国际化水平。

（五）充分利用学校相关资源

我们应充分利用重庆市"一带一路"研究中心等学校相关资源，鼓励国际商务专业教师与学生积极开展与"一带一路"有关的课题研究；同时，加强与政府部门的沟通和联系以及与保税港区、自由贸易区的合作与交流，

为专业教师和学生提供交流学习及实践的平台，更好地推动国际商务专业人才培养的针对性和适应性。

四、小结

"一带一路"倡议的有力实施将极大地提升我国经济对外的关联度，提高我国的对外开放水平，提升我国对"一带一路"沿线国家的投资力度。这无疑对国际商务专业人才也提出了较高要求。为此，我们对国际商务专业实践教学体系的设计，将有利于我们更好地培养出合格的适合国际经济发展的优秀人才，更多地培养出具有出色的语言交流能力、广泛的国际化视野、良好的跨文化管理能力，并拥有良好的心理素质、责任意识以及综合实践应用能力的国际商务专业人才。

参考文献

[1] 张晓涛. 美国大学国际商务人才培养模式及启示 [J]. 西南民族大学学报（人文社会科学版），2015（7）：217-223.

[2] 李孟一. 国际商务专业硕士人才培养初探 [J]. 对外经济贸易大学学报，2015（2）：154-160.

[3] 匡增杰. 对优化国际商务专业人才培养模式的思考 [J]. 黑龙江教育学院学报，2015（2）：35-37.

[4] 卢安. 关于国际商务专业硕士人才培养模式的思考 [J]. 人才资源开发，2015（4）：29-30.

[5] 演莉. 基于职业能力的国际商务专业实践教学模式构建 [J]. 教育与职业，2015（20）：100-102.

[6] 杨励，刘琳. 试论国际商务硕士（MBA）的实践教学体系建设 [J]. 教育教学论坛，2015（3）：196-198.

[7] 毛青. 跨境电商时代基于CDIO模式的《国际贸易实务》实践环节的设计探析 [J]. 陕西教育（高教），2015（11）：45-46.

[8] 张世兵，熊灿. "一带一路"对国际商务教学改革的影响 [J]. 科技资讯，2016（15）：156-158.

信息泛在与教学范式的转换

毛玉洁　黄志贵

[摘要] 信息泛在背景下，社会对高校人才的需求标准更高，传统被动、单一的教学范式受到冲击，培养出的人才难以满足新型社会形态的需求。因此，根据信息泛在背景的新特点，创设新型教学范式，培养出高素质人才具有必要性和迫切性。

[关键词] 信息泛在　教学范式　转换

教学是帮助学习者构建内化知识的一系列行为，传统的教学范式根植于工业社会，强调通过机械重复的方式向学生灌输知识；20世纪末期，在工业社会向信息社会转变的过程中，学者开始关注由于社会变化带来的多种转变；在信息社会高度发达后，移动互联技术与通信技术的发展使任何人在任何时间、地点都可获取信息。射频识别技术实现了人与物、物与物之间信息的链接，信息的生产、传输、存储、处理发生了转变，并逐渐形成一种信息泛在的社会形态，即泛在信息社会，这种社会形态对传统教学范式产生重大冲击。泛在信息社会被普遍认为是未来社会的发展模式，在这种信息高度发达的社会中，信息"无所不在，无时不有，无所不能"，信息传播突破了时空限制，知识的获取渠道更加多样化，通过网络及各种终端设备的"移动化学习"方式更加常见，学习环境更是泛在。同时，信息泛在背景下，社会对高校人才的需求标准更高，传统被动、单一的教学范式受到冲击，培养出的人才难以满足新型社会形态的需求。因此，根据信息泛在背景的新特点，创设新型教学范式，培养出高素质人才具有必要性和迫切性。

一、信息泛在社会背景

社会的发展提升了对人才素养的要求，而人才的培养有赖于教学的质量，根据时代的变化及时调整教学方式，创新教学范式显得尤为重要。在此之前，必须充分把握泛在信息社会的发展及特点。

(一) 泛在信息社会的概念及发展

泛在信息环境并不算是新的概念，早在1991年，普适计算之父Mark Weiser就对泛在信息环境做了基本的描述，"即在新信息技术的基础之上，通过网络基础结构为用户建立起来的一个在任何时间、任何地点都能与网络连接的信息空间，为用户提供服务的泛在计算技术从用户的意识中消失，用户和周围环境的计算设备只在潜意识上进行交互，无须弄清楚服务其具体来自何处"。之后，泛在信息社会、泛在知识社会等相关概念被相继提出。泛在的英文译为Ubiquitous，它来源于拉丁语，意思是无所不在、普遍存在，其核心理念是将信息以"润物细无声"的方式融入人们日常生活，使得整个物理世界链接为一个有机整体，即在任何时候、任何情况下都可通过无线通信达到互联的状态。这不仅包括人与人之间，还有人与物、物与物之间，通常理解为因特网的环境处于在任何时候和任何情况下都可以全面互联的状态。

泛在信息社会本质上是信息社会高度发展的结果，但又与信息社会有所区别。信息社会是信息技术在经济、社会、政治、生活等领域应用到一定程度的一种社会状态，是信息技术在社会各领域不断积累而引起量变到质变的一种必然结果（张新红，2010）。将其称为"泛在信息社会"主要是体现其对信息社会的一种延续。泛在信息社会与信息社会依托于不同的信息技术，在新一代信息技术中，移动互联网的发展使得信息逐渐呈现出3A (Anyone, Anywhere, Anytime) 的特点，勾勒出了随时随地信息共享的新世界。当人们逐渐脱离计算机技术对自身活动的束缚，将互联网使用于更广泛的客观世界后，信息社会逐渐从E社会 (Electronic Society) 向U社会 (Ubiquitous Society) 转变。从技术方面来看，泛在信息社会综合运用了无线网络技术、宽带技术、射频身份识别技术，其中射频身份识别技术起到关键作用。它可以借助电子标签自动追踪人和物品的标识，观察和追踪社会中的任何一项东西，前提是在全社会建立普遍的识别网络。目前这项建设已经得到了普遍重视，并被多个国家纳入到发展战略中。日韩两国最早提出"U战略"，意在以高新技术为基础搭建基础设施武装成新的技术社会形态（秦殿启，2012；申传斌，2014）。2004年5月，日本在"e-Japan"的基础上，提出了以发展泛在信息社会为目标的"u-Japan"构想。其目标是通过发展"无所不在网络"技术催生新一代信息科技革命，构建一个"任何时间、任何地点、任何人、任何物"都可以联网的信息环境。随后，韩国也提出了相应的战略。之后，新加坡、欧盟等多个国家及区域性组织也相继将其列为基础战略。自2009年，奥巴马回应IBM"智慧地球"时说到"经济刺激资金将会投入到宽带网络等新兴技术中"，U社会的建设也被提升为美国国家战略。我国的泛在信息社会发展起步较晚，2009年，它才被我国"感知中国"战略性新兴产业规划列为重点研究领域（单美贤，2013）。由此可以看出，泛在信息社会的研究已经关乎一国是否能在国际竞争中占据领先地位，成为信息社会发展的新趋势。

泛在信息社会的目标就是通过泛在网络技术实现整个世界的信息交互传播，进而达到信息无处不在且透明可用的信息社会。从农业社会到工业社会再到信息社会，人类的生产、生活无一不依靠信息，但是当下，信息技术的发展使得信息以前所未有的量涌入到人类社会的方方面面，对人类的生产、生活产生巨大的影响。泛在信息社会中，人们随时随地获取信息、传递信息、创造信息，信息已然成为人们日常生活的必需品，为人们的行为决策提供依据。

当社会演进为由"人-机-物"构成的动态开放的泛在信息社会，信息的传播不再拘泥于传统的媒介方式，人们对信息的接收也出现了新的变化。以课堂教学为例，网络的开放性和共享性帮助学生获取更多的学习资源，通过多种终端设备实现随时、随地学习而不再拘泥于课堂；信息获取的便利性降低了教师知识储备的优势，学生接收知识的信息源增多，高校教师传统的知识储备优势和权威优势受到了来自泛在信息社会的挑战。

（二）泛在信息社会的特征

泛在信息社会不同于之前的社会形态，呈现出了新的特征。

1. 信息接收设备多样化

多样且便于操作的信息接收设备是泛在信息社会出现的技术支撑。泛在信息社会不得不提的技术手段就是移动互联网及无线网络技术的发展，当网络犹如空气般深入到人们生活中时，互联网资源的利用率便大大提升了。在信息社会之初，人们运用信息受到技术、地域、自身媒介素养的严重限制，尚不能随心所欲地接收、处理、传递信息。泛在信息环境下，技术已然渗透到各个方面，与人的生活融为一体，简单易操作的信息接收设备具有较高普及率，用户基本可以实现随时随地根据需求进行信息检索。泛在网络技术、射频识别技术及云计算等技术手段的发展为泛在信息环境提供了客观条件；技术的泛在性确保了搜集的客观数据能转化为有效信息为人们所使用；同时也发展出丰富多样的信息接收设备，满足了用户随时随地获取信息的需求（赵娜娜，2014）。多样且便于操作的信息接收设备为个人提供了更多的信息接收渠道和更加丰富的信息接收方式。

2. 信息生产与需求的无限性

信息生产与需求的无限性是泛在信息社会存在的基本条件。云技术的发展极大提升了信息存储量的上限，信息已经不再受限于传统存储、传播、应用。除了传统信息生产服务机构外，泛在信息社会中产生了更多信息的生产者。政府部门、公司企业、社会组织乃至个人等都可进行信息资源生产，信息来源渠道的发展扩展了信息资源的种类及覆盖范围，也无限制增加了整个社会的信息量。处于泛在信息社会中的用户在进行社会性活动时更不可避免地产生各种信息需求，从基本生活需求到发展学习需求再到社会工作需求，个人的行为决策基本是建立在对已掌握信息的分析应用之上，人们的信息需求基本涵盖了个体社会活动的各个时期与方面。此外，用户为了满足信息需求所进行的信息存储、交流、分析、应用等行为轨迹又会被视为新的信息资源供新用户参考，信息在交流往复中不断增长。因此，泛在信息社会中信息的生产与需求都具有无限性（赵杰，2011；申传斌，2014）。

3. 对信息的深度挖掘与加工

信息的泛在在带来便利的同时，必然会带来一些困扰。在《泛在网络中信息过载的危害及原因的调查分析》中，郑州大学的王娜、陈会敏给我们呈现了新的数据报告。该文中有几个调查数据为：主观上有多于一半的用户认为网络中的信息量较大，而处理信息所花时间在用户生活中也很长；52.77%的人认为网络上的信息帮助很大，同时又有45.48%的人认为有一些帮助但是工作效率不高，甚至有1.75%的人认为网络上的信息会影响工作效率；当在网络上查找信息时，42.27%的人认为找到大量重复的信息，36.64%的人认为会找到大量但很多无关的信息，只有19.24%的人认为能迅速找到需要的信息（王娜、陈会敏，2014）。由此可见，泛在信息环境中零散庞杂的信息已经对人们生活、工作产生了部分不利影响。用户真正需要的不是随时随地获取零散信息，而是将信息进行深度挖掘或重组之后形成的知识或者能够切实解决问题的方案。从该角度来看，泛在信息环境中对信息的辨别能力和深度加工能力是能否将信息为己所用的关键。

4. 对智慧化、服务型社会的追求

打造智慧化服务型社会是泛在信息社会的追求目标。泛在信息社会的本质是将"人-机-物"连接为一个信息可自由流通的有机体，即通过普适计算、移动通信等现代信息技术将信息空间、物理空间以及人类活动三者无缝融合而形成智能化数字信息空间（吴金红、陈勇跃、周磊，2012）。泛在信息环境中所获取的信息是个性化的，用户的信息会随着时间、场合的转变而发生变化，不同的情境之下用户的信息需求必然会有所差异。从另一角度看，用户的认知结构与行为方式也是各有不同，语言习惯、兴趣偏好、知识结构等因素更是影响着用户对信息的处理与使用。泛在信息社会的发展目标就是通过分析个体，将高新技术与人类认知充分融合，通过行为数据分析匹配"私人定制式"的信息资源，做到人与技术的有机统一，完善用户体验、提高用户满意度。其旨在扩大信息的沟通交流、处理、应用范围，围绕信息传播、提供信息服务，促进知识创新；是将信息的价值最大化挖掘，使得信息的应用更深化、更广化、智能化。泛在信息社会是信息社会的发展和延续，是技术与信息产业高度发展的结果。泛在信息社会为信息服务产业描绘出了更广泛的发展空间，这个空间是智慧的、是以人为本的，实现了人与技术、信息的完美融合与统一。

泛在信息社会不仅是当前的热门信息基础设施，更是未来社会发展的大趋势。毋庸置疑，泛在信息社会已融入人们生产生活的各个领域，并对人类行为产生潜移默化的影响。用户可以随时随地获取信息并对信息进行处理、传播。用户逐渐从被动转向主动，用户角色从单一接收者转向传授合一，且对信息的生产导向作用越来越大。

教育传播作为信息传播的一种，也在经受着巨大的冲击，如果不能根据时代要求及时调整，就无法适应当前社会的发展。

二、新旧教学范式转换

历史上先后出现了与农业、工业和信息三种社会形态相应的教学范式：宗教型、机械型和建构型。作为宗教型教学范式的典型代表的儒家思想和理性神学，其表象是自然崇拜，本质为人伦差序。机械型教学范式生成于工业社会的机器化隐喻，科学理性，物伦探究，固定性、规定性、程序性和流水线为其重要特征。约翰·塔戈曾经用"知识工厂"一词，形象地描述了工业时代的大学形象："按照传统的教学范式，大学就是一个知识工厂。学生从知识工厂的流水线通过。学生通过时，每位教师给他们安装上专门的知识。然后，他们沿着流水线走到另一位老师那里，那位老师再给他安装上另一块知识。流水线上的工人视野狭窄，只限于他们要安装的那部分知识。"工业时代的大学教学实为职前教育，对学生进行"零部件"式加工，刻意"知识的掌握"，这种教学范式确实为社会提供了当时发展所需的人才，但是随着泛在信息社会的发展，其局限性日益凸显。

(一) 传统教学范式的局限性

1. 以教师为主导的被动教学

传统的教学范式以"课本为中心、知识为中心、教师为中心",这种以教师为主导的"填鸭式"教学方式让学生处于被动的地位,不利于学生创造性的发挥。此外,知识传授的方式是垂直单一的,缺乏信息的双向交流与反馈。以教师为主导的传统教学范式增加了学生的惰性,降低了学生在课堂中的参与感。我们不能忽视教师在教学中的重要作用,但是传统的教学方式对个人的全面发展及整体社会的发展的作用日趋减弱。

2. 教学内容与社会发展的脱节

教学内容与社会发展的不相适宜被诟病多年,高校每年培养出大量的毕业生却不能满足企业发展的需求,这种不匹配根源上是由于教学与社会发展的脱节。一方面,高校教学内容偏于陈旧,不能跟上时代发展的脚步;另一方面,传统的教学方式对于学生实践能力要求少,难免会陷于"纸上得来终觉浅"的困境。泛在信息社会中,不仅信息是瞬息万变的,科技也是日新月异,如果不保持敏锐的触角,紧跟时代的发展,必然加重高校与社会的脱节。

3. 创新性缺失

我国正在努力向创新型国家转变,需要大量的创新型人才。但是传统的教学范式是静态单一的,鼓励学生的"模仿能力"。在课程内容和考核之上强调学生对书本知识和课堂内容的掌握,往往会促成学生"死记硬背"的学习方式。长此以往,会造成课程内容单一无趣、教学方式呆板、授课方式程式化的恶性循环,对于培养创新型人才极为不利。模仿是创新的基础,对培养创新能力具有一定作用,但超过一定范围,就会造成学生的思维惰性,阻碍创新性思维的发展。

4. 僵硬化的教学评估体系

在大多数高校中,对于教学水平的评估还是依靠考试成绩,考试内容紧贴教材。这种评估方式在对书本内容要求较高的基础教育阶段还有些许作用,但是高校教育应该促进人的全面发展,培养时代要求的创新型人才。掌握经典固然没错,但是如果过于依赖,就会导致因循守旧、裹足不前,对于培养学生的创新精神意义甚少。

诚然,传统的教学范式产生于特定的时代背景,我们在思考其局限性时必须将其放在具体的历史环境中。当代国际著名教学设计理论家赖格卢特把工业时代和信息时代的若干标志性特征总结为:工业时代的特征是标准化、服从性、划一性、门类化、部分定向、科层组织、集中控制、对手关系、权威决策、单向沟通、预设期限、主管至上；信息时代的特征是个性化、首创性、多样性、整体论、过程定向、团队组织、责任自主、合作关系、分享决策、网络联系、全面质量、客户至上。正如赖格卢特所说的那样，现有的教学体制大部分是工业时代特征的反应。当时代在发展而范式不转变时，传统教学范式的弊端就会日益凸显。

（二）信息泛在环境对教育领域的影响

在传统教学环境中，教师接触专业时间长、经验丰富，具有强大的知识储备优势，在课堂中起主导作用，学生是知识接收的"容器"，具有很强的被动性。泛在信息社会打破了教师知识储备的优势，互联网所带来的平等、共享理念消解了传统教学范式中教师的权威地位，学生的自主性提升，开始通过多种信息接收设备根据自身需求进行有选择性的学习。特别是在智能手机、平板电脑等移动终端的普及和无线网络的逐步全覆盖之后，学习不再拘泥于传统的课堂。泛在信息社会不仅在切实影响着学生的学习方式，同时对学习理念和教育理念方式也产生着潜移默化的影响。

信息社会的重要元素是媒体、符码和拟像等，主要特征是意义的消解、制造和重构。因此，多信源背景、个性化诉求和人的全面发展等，都推动着教学范式从机械型向建构型的转化，在生活、学习与实践一体化教学过程中，实现自我教育与自我生成。传统教学范式的局限性和社会发展的局限性促使传统教学范式向新的教学范式变革。

1. 教学理念的转变

我国教育部在《国家中长期教育改革和发展规划纲要（2010—2020年）》提出"培养学生信息化环境下的学习能力。适应信息化和国际化的要求，继续普及和完善信息技术教育，开展多种方式的信息技术应用活动，创设绿色、安全、文明的应用环境。鼓励学生利用信息手段主动学习、自主学习、合作学习；培养学生利用信息技术学习的良好习惯，发展兴趣特长，提高学习质量；增强学生在网络环境下提出问题、分析问题和解决问题的能力"。这充分表明了我国教育的改革要从以前孤立、封闭的教学范式向开放式教学范式转换。如果说之前的教学范式是"服从式""静听结论式"，那么泛在信息社会中的教学范式就是动态开放的，将视角更多地转向学生，注重学生的课堂参与和主动、合作精神，这种教学理念与当前瞬息万变的信息社会相适应。

2. 学习理念及学习方式的转变

传统的教学范式中，知识来源渠道有限，课堂和书本是学生获取专业知识的主要来源，因此教师处于课堂的主导地位，学生作为"容器"被动接受知识。泛在信息社会中信息接收的渠道和设备海量且多样化,每个人无时无刻不经历着"信息海啸"的冲击,学生可以根据自身需求通过多种渠道寻找信息。泛在信息社会中,对信息的甄别与加工能力是学习能力的重要体现。

此外,泛在信息社会中知识的更新换代速度加快,社会对人才素养的要求不断提升。课堂与书本知识已经难以跟上时代发展的脚步,终身学习的理念与个人的全面发展已经成为普遍认知,学习理念的转变促使学习从被动转向主动。

从学习方式来看,主要发生三点转变。一是从定点学习向移动学习转变。传统的教学有赖于课堂教学方式,学生学习也拘泥于课堂。随着手机、笔记本和iPad等移动终端的普及,以及日趋完善的4G和Wi-Fi等无线网络的覆盖,学习时空的限制得到相当程度的突破,即由传统的课堂定点学习方式向泛在学习方式转变。这种转变是泛在信息环境中教育泛在化的体现,同时,泛在学习也作为一种新的学习模式引起广泛关注。二是知识的开放共享。泛在信息社会打破了传统学习的时空限制,全球一体化的发展加强了各国之间的联系,数字化的技术手段降低了信息传递的门槛,信息的交流与传播越来越突破时空的限制。除了高校官网可以看到部分教学视频外,类似于网易公开课这样的网站汇集了全球各大高校的优质课程,学生可以通过远程教学或在线的方式进行学习,知识的开放与共享让学生有了更多的选择余地。三是从被动学习转向主动学习,泛在信息社会中,信息瞬息万变,人才素养普遍提升,如果仅局限于课堂内容,不仅具有滞后性且与社会脱节。社会的需求和自身发展要求个人必须摆脱之前的学习思维和方式,由被动转向主动,通过多种途径提升自身文化修养及实践素养。

3. **高校教师角色的解构**

在传统的教学中,教师的身份处于先天优势地位,教师的身份、知识、情感都处于绝对中心的地位。我国传统文化中也一直有"尊师敬长""一日为师终身为父"的观念,这种概念在我们头脑中根深蒂固,以至于我国教师在教学环境中处于绝对权威的地位,表现在课堂教学环境中为学生对教师的盲目崇拜与服从及"填鸭式"授课方式。然而随着社会的进步,当教师的职业化程度与日俱增时,它的权威性逐渐下降,特别是在泛在信息社会中,教师的角色正在逐渐解构。

教师角色的解构首先表现为信息流通便利带来的知识权威地位的消解。相对讲来,基于先期较长时间的学习、研究、专业以及经验,教师具有相关课程知识或信息的储备优势,因此,在传统大学教学范式中,教师角色被定位于教学活动的主导者甚至把控者,学生则是"容器"或"靶子"。但在信息社会和信息泛在背景下,学生的信息源突破了教师和课堂的时空限制,呈现出多元、随时和交互等特征。此外,在经济市场化、全球化、政治多极化、文化多元化,以及社会信息化的大背景下,大学生民主、平等以及自立自强等诉求日趋强化,高校教师传统的知识优势和权威受到了极大的挑战。同时,教师的职业化程度增强,当教师的职业化程度日益显著时,传统思想中对教师的盲目崇拜与服从就会有所下降。

我们可以清晰地看出,信息泛在环境对教育领域的影响已不可忽视,教学也必须紧跟时代变化,进行适时调整。

三、教学范式转换展望

(一)新旧教育范式转换

库恩把范式描述为"普遍承认的科学成就,在一段时期中它为科学共同体提出典型的问题和解答",范式转换通常被看成是一种科学革命,库恩认为范式转换是科学史考察的根本和有效方法。教学范式是一种公认的教学模型或模式,是研究、观察、分析和解决教学问题时所使用的一套概念方法及原则的总称。具体化为基于教学诸要素而设计出的较为稳定的教学组合方式及活动程式,如教学目标、教学内容、课程结构、考试方式等。根据目前教育的发展状况,我们可以看到既有理论在解释和解决新的教学现象和教学问题时有些力不从心,原有的相关知识、概念、结构或理论必须重新组合,以适应新事物,如学生的高分低能、创新素质等现象。新旧范式的更替是科学发展的主要标志,康普贝尔和史密斯曾对大学新旧教学范式做了如下对比。

表1　　　　　　　　大学教学的新旧范式

	旧范式	新范式
知识	由教师向学生传播	由师生共同建构
学生	接受教师知识填灌的被动容器	积极的知识建构者、发现者和改造者
学习方式	记忆	创设联结
教师的目标	将学生分门别类	培养学生的能力和才干
认识论	归纳主义;事实和记忆	建构主义;探究和创造
气氛	一致性、文化同一性	多样性和个人尊严;文化多样性和共同性
环境	竞争性个人行为	教师间的合作学习,教师合作团队

表1(续)

	旧范式	新范式
学生成长和目标	学生竭力完成教学要求，获得某一学科证书	学生尽力在一个更宽泛的系统内关注持续的终身学习

泛在信息背景下，信息变化莫测、鱼龙混杂，加上科技的日新月异，传统的教学范式不仅不能促进教学质量的提高和人才的培养，反而具有一定的制约作用。"填鸭式"的教学方式降低了学生的积极性；陈旧的教学内容加重了学生与社会的脱节；僵硬化的评价体系限制了学生的创新能力。为了提升教学质量，培养适合当前社会需求的人才，教学范式转换势在必行。

目前，教学范式转换具有从行为主义到建构主义的特定含义，建构主义认为，世界与人同属于一个系统，并且世界是人主体生命的范畴。人们所获得的知识依赖于人类个体原有经验和当下对客观世界理解的相互作用，因而知识具有个体性、情境性和社会性。知识与世界并不是一一对应的客观关系，而是人为的心灵意识对外在世界所做出的理解和意义建构。所以，知识的获取是个体性活动，人的主体意识及反思性活动在认识过程中具有决定意义。

这和信息泛在背景中学习泛在化不谋而合，泛在学习领域的学者普遍将情景认知作为理论基础，即在个人知识构建的过程中情景发挥着重要作用，情景不同，所产生的学习也不同，学习者只有在有意义的情景中进行学习，才能真正掌握知识。学者余胜泉曾提出泛在学习及其空间模型，学习具有非正式性、连接性和社会性，学习者在情景交互过程中完善和改进自己的个人认知网络，同时也构成社会认知网络的一部分，分享和构建了社会认知网络。

信息泛在背景给教育教学都带来了不可忽视的影响，探索教学范式转换成为新时代推动教学改革的重要问题之一。

(二) 教育范式转换的路径

自信息社会发展以来，对教学范式转换的研究不在少数，赖格卢特教授认为，应对信息时代新兴的教育需求，新的教育范式或教学理论必须遵循四项基本原理：个性化和多样性、主动性和自导性、协作性和情感性、整体性和一体化。在《大学教学范式转变的思考与路径》一文中，马理惠提出：提高高等教育质量最重要的是提高人才培养质量。大学传统的教学范式必须向科学的教学范式转变。科学的教学范式是"五位一体"的，即

"研究型教学范式""启发型教学范式""实证型教学范式""互动型教学范式""开放型教学范式"的集成。另有一些学者根据不同的教学科目设计出了具体的教学模型或是针对当前的问题提出了自己的见解。

虽然教学范式的转换是历史的主流，但是可以看到在当前的教育环境中，以"教材、教师、课堂"为中心的传统教学范式仍处于主导地位，建构主义教学范式尚处于理论探讨和实践探索的初级阶段，传统教学范式的惯性运行和教学范式的复杂性让教学范式转换仍面临巨大的困难。

范式转换通常被看成是一种科学革命，教学范式自身具有复杂性，在转换过程中除了受到旧有范式的约束外，新范式所带来的改变被大众接受也需要较长的过程。教学的关系性、非线性、不可逆性和自组织性注定了教学范式转换是一个复杂的过程，教学系统发生之初处于无序、非平衡态，经过教师、学生等因素的相互对话、组合与互动，不断诱发系统演变，使教学逐渐有序，因此教学范式转换需要考虑多方因素。

1. 回归生活的教育理念

传统的教学有特定的教学目标，以统一的标准衡量所有学生，在这一标准下学生被分为三六九等，成为与社会脱离的个体，这对于作为"社会人"的个体发展来说是极为不利的。自信息社会发展以来，就提出了"以人为本"的理念，这种理念是将个体放在社会大环境中，注重人的全面发展。教育应该是促使人的生命不断丰富化、完善化的过程，这种丰富和完善不应局限于知识的增长和积累，应包含精神、娱乐等多种内容。正如有的学者所说："本质上，现代科学危机或现代文明危机是科学丧失了它活生生的人的意义；是科学对人的存在或人的生活的遗忘"，传统的教学方式使学生向机械化的方向发展，缺失了对生活本身的追求，不利于个体的健康发展。

回归生活的教学理念要求教学要关注受教育者的生存状态，传统的教学范式总是忽视学生的个体差异，像"知识工厂"一样批量生产劳动力，在衡量学生能力时主要考虑掌握了多少专业技能或知识。这种范式忽略了两个重要问题，一是学生实际的实践能力，二是教学是否使他的生活状态更佳、精神世界更丰富。从现实情况来看，这种教学范式其实加剧了教育中的不平等，当前的教学不应当只是知识的传授，而应当是通过教育改善其生存状态，让受教育者更加找寻到自身生活的意义。

教育回归生活其实是一种教学理念的转换，教学也需要真正做到"以人为本"，从个体实际情况出发，让教育成为变革自身的强大动力，实现教育的人性化。

2. "启发性"教学方式

泛在信息社会中,信息的数量和形式前所未有的丰富,知识在不断地发展变化、推陈出新,在这种环境下,传统的教学方式根本不能满足学生对当下知识的需求,因此教学范式必须转向启发学生独立性思考,培养学生的自主意识和创新精神,激发学生潜能。

建构主义教学范式认为学习是学生的主动建构过程,它不是一个封闭、静止和僵化的体系,而是一个开放、动态和生成的系统。杜威曾说过:"如果他不能筹划他自己解决问题的方法,自己寻找出路,他就学不到什么,即使他能背出一些正确的答案,百分之百正确,他还是学不到什么。"建构主义范式认为学生的自主学习能力是教学中的重要内容。我国教育具有特殊性,在进入大学之前,学生的学习大多是被动接受,并且受教师、家长等多方的安排,自身能动性较差;在进入大学之后,教师的课堂授课内容远远不能满足学生个人发展需要,要想适应科技、信息日新月异的社会发展,学生必须具备自主学习能力,主动进行知识的建构。在教学中,应当有意识地培养学生的自主能力,转变传统课堂中教师处于主导地位的教学范式,以学生为中心,培养学生的独立思考、独立学习的能力,让学生从被动的接受者转变为主动的探索者和发现者。

建构主义教学范式认为教学不只是知识的传授,而是在教学中调动学生的积极性,激发他们的创造意识和创新精神,教学生学会认知、做事、生存,面对未知多变的环境能及时调整自身,有可持续的发展能力。我国正在大力建设创新型国家,培养适合社会发展的创新型人才是国家和时代发展的要求,高校在培养学生时应该注重培养学生的创新意识。在新的教学范式下,学生不再是"言听计从"的木偶,而是具有独立思想、独立人格,具有批判意识和反思意识的个体。

3. 与时俱进的教学内容

信息泛在背景下,信息的传递和更新速度增长,社会处于不断的发展变化中,教学内容更应该与时俱进,培养学生建构适应泛在信息社会发展的灵活多变的学习体系。

教学内容要生活化、情景化,从实际出发。传统的教学范式以经典科学知识为中心,与学生实际生活相去甚远,长此以往会令学生感到枯燥无聊,造成学生的疲劳感。建构主义教学范式主张在情景中学习。也就是说,课堂内容应该有三个"贴近",即"贴近学生、贴近生活、贴近实际",将问题带入到具体情景,使课堂不再是简单的知识传递而是知识的发现与探索过程。同时,要不拘泥于课堂形式,将教学内容拓展到实际生活的方方面面，打破束缚学生发展的外在条件，充分调动学生积极性，激发学生潜能。

建构主义学习范式是一个动态开放的过程，它要求教学内容要与时俱进，要根据时代的发展及时调整，时刻把握最新的理论成果。经典的科学知识只能作为学生进入某一领域的基础，如果想要得到长远的发展就必须关注专业内最新的观点。泛在信息社会中移动网络技术、无线网络均较为发达，全球信息资源实现共享，新的教学范式要善于利用这种便利的条件，综合运用多方资源。此外，还应注重课外实践能力的培养。知识转化为实际解决问题的方法离不开实践的帮助，特别是进入泛在信息社会后，知识更新的速度远远超出教学速度，各种新的技能、新的名词在不断出现，社会发展对人才的要求也逐步提升。除了要掌握必要的知识和技能外，还应该具备较强的实践能力，以适应不断发展变化的实际情况。

四、结语

信息泛在环境下社会的诸多方面都发生了改变，对于学生来说，最直接的影响就是知识更新换代的速度加快，社会对人才的要求更高。社会环境的变化和人才要求的提升迫使教学范式转换，提升教学质量，培养适合现代社会的需求的人才。然而教学范式转换是一个复杂的过程，涉及教学过程的各个方面，教学范式转换仍面临着巨大的挑战。

关于策划提案课程的回顾与总结

杨德慧

[摘要] 任何一门课程的成熟,都会经历多次的设想、探索、实践、修正和改进的循环往复过程。作为策划专业重要的一门课程,自2012年开设策划提案这一课程,到如今已经过去了5年。作为首任任课教师,也作为课程最初的创设者之一,回顾与总结课程的开展与成果,有利于课程的改进,为专业建设与发展尽一份绵薄之力。

[关键词] 策划提案　策划　教学模式

一、课程的性质

认识和理解课程的性质,是课程定位的基础。对于策划提案课程来说,需不需要开设这门课程,将之设为专业核心课程还是专业选修课程,课程究竟应该重视到何种程度,是根本性的问题。

(一) 最初的设想

开设策划提案课程的设想是在2012年进行专业培养方案修订的时候为保证发展和增强策划专业明确的与具有比较优势的能力,我们提出应当让策划专业的学生有意识地学习和思考如何向客户进行有效的沟通,以保证策划的方案不至于成为自娱自乐的思维训练。于是,策划提案列出了商务策划专业的培养方案。

有感于策划专业的从业者和当时策划专业学生普遍沟通能力的不足我们提出了最初的设想。虽然创意常常较为精妙,方案也十分严谨,具有相当的可行性,但由于沟通技巧的缺乏,提案之前没有有效地建立互信,使方案几乎没有展开就被客户否决。为此,加强提案方法与技巧的训练,正确理解提案的过程,建立与客户充分的信任,促使策划方案有效地付诸实施,是这一课程的基本任务。

课程的基础来源于当时学校里经管实验中心的设备和场地。我们设想，可以利用实验室，模拟策划提案的过程，让其他的学生可以通过监控设备，在另外的场地，实时观看，记录细节，深入体会，然后做出有针对性地改进。

当然，还有一个重要支撑，就是 Presentation（课程展示），这个在国外大学普遍开设也广受欢迎的课程。可惜在国内，该课程成为演讲与口才的课程。这当然不是我们想要的，但可以改进。

（二）从实验实践课程到综合训练课程

利用学校经管中心实验室，我们开设策划提案课程。而实际上，该课程只体现了"策划提案"的一部分，即"提案实践"，其效果并不理想。实验室里的设备，大多用不上。360度监控的心理实验室，空间太小，容纳不了那么多人进行模拟提案的过程。而电脑上的软件，对于策划专业的学生来说都比较陈旧，无法进行操作。效果远不如在普通多媒体教室里，老师就某个专题进行的演讲和演示。

于是，接下来的改进，简单而直接。在普通多媒体教室进行的课程放弃了原来的实验部分，转而就提案过程中的某些专题，进行讨论，并重点开展提案的语言（文字语言、视觉语言、肢体语言和声音语言）和技巧的训练，使之成为一门综合性的技能训练课程。

然而，囿于课程作为实验实践性课程的学时学分，策划提案课程只有16个课时，学生几乎还没有完全弄清课程内容，课程就结束了。

（三）从专业选修课程到专业核心课程

从建立策划专业学生的核心能力角度，策划提案课程为增强学生的表达能力，发挥了关键性的作用。

如果将企业实际运行看成一个策略（战略）过程，包括策略生成、策略评价、策略选择、策略实施和策略控制，那么这一过程流程清楚，完整闭合。策略能否有效地付诸实施，有效地解决问题、解除威胁和挑战、达成既定目标，能否真正转化为行动得到执行，实现策划者和策划方案的价值，关键是看策划的提案，即决策过程。对于策划者来说，精心设计的策略和方案，能否通过有效的组织，获得他人理解、支持和信任，并最终被付诸实施，是表达自身能力的体现。策划从业者和策划专业学生的核心能力，不仅是策划思考的能力，还应该是策划表现和表达能力。

仅仅有策略生成的能力，能够构思有创造性、操作性的解决问题方案，是不够的。无法完整、顺利地表达，就无法获得认可，更无法付诸实施。策划人不是领导者，更不是客户的领导者，不能要求客户"领会自己的意图"。必须学会沟通，将自己的策划意图完整清晰地向委托方表达，并通过真诚、热情的提案过程，获得他们的认可。而策划表现和表达的能力，既有文字表达（文案写作）的要求，也有符号和形象表达、语言沟通、非语言的影响力，以及对现场情境的控制和危机应变的能力的要求。这是一种综合能力，不是上一门选修课程就能够达到的，而是需要通过一门重要的课程予以体现。于是，这一课程就由原来的提案实践转变为策划提案，成为一门专业核心课程，进入2017策划专业培养方案。

（四）推而广之，成为特色课程

策划提案课程不仅仅是针对商务策划专业一个专业方向的课程。事实上，只要有构想和创意，需要说服客户的专业，如营销、广告、公关等，都涉及策划提案，也都需要开设提案管理这样的课程。因此，在现有基础上改进策划提案课程，使之成为具有一定特色，可以适用于相关专业的特色课程（如图1所示）。

图1 策划提案特色课程内容

二、课程的内容与结构

基于课程的开设对象，为保证实现课程的基本目标，课程设计了四大板块的内容。这四个板块只是作为课程的重点，体现课程的性质，保证课程的应用性和趣味性，可以用四个标题予以呈现。这四个板块分别是"万法唯心""胜败有凭""术生于道"和"润物无声"。

"万法唯心"强调对策划提案正确性的理解和认识。没有建立与客户之间相互的信任，没有走进客户的内心世界，不了解客户的情感和思想，任何精妙的方案都无法得到认同。提案不是演讲、谈判或广告宣传，策划人员不能强迫客户，也不能诱惑或迷惑客户。获得客户理解与认同才是根本。于是，这一板块包含了如何认识和理解策划提案，分析和拟定提案的目标，进行提案的准备等。

"胜败有凭"是讨论提案成败的原因。这包括了对提案过程的分解与分析，探讨和研究提案失败的各种原因，有针对性地改进提案的准备与提案过程的控制。

"术生于道"讨论和学习提案中的各种技巧。这包括从文字资料（文字语言）的准备，到视觉语言（包括PPT和现场场地、人员、设备、背景等方面）设计，再到提案肢体语言和声音语言的训练，以及故事与叙述方式的设计。

"润物无声"着力于提案如何利用情境氛围、利用无形的力量来化解危机，以保证良好的客户关系等内容。

"万法唯心"和"胜败有凭"不是课程的重点，却是课程的总纲和理解的基础，可以算作提案之前的"坡道"，引导进入提案过程的学习。"术生于道"明确众多方法和技巧的意义和来源，建立了提案方法和技巧使用的原则，是课程的重点。而"润物无声"是提案者应当追求的境界，是课程学习者努力的方向。

经过5年来的教学实践，这一内容设计受到学生的欢迎，被确立为课程的基本构架。

三、教学模式

教学互动。怎么教决定了学生怎么学，反过来，怎么学也决定了教师怎么教。策划提案课程最初是为重庆工商大学商务策划专业开设的，因此教学模式的设计也有其针对性。

（一）与策划文案写作课程相衔接

策划文案写作课程是针对重庆工商大学商务策划专业开设的众多特色课程之一，对于指导学生如何撰写策划文案有直接的帮助，是策划提案中必不可少的内容之一。策划提案课程在课程性质上，与策划文案课程相近。两者相互衔接，共同推进，目标明确，重点突出，有利于学生理解专业性质，明确发展方向。

（二）小组作业

在一定程度上，提案方法与技巧的掌握有赖于同学之间的相互切磋。由于人数较多，学时有限（最短时总共只有16个学时），教师在课堂上，不可能让每个学生就某个项目的策划进行提案。于是，课下布置策划任务，让学生进行小组作业，由教师抽查进行模拟提案，就成为必须。学生通过自愿组织结成小组，了解和研究策划背景，分析策划任务，讨论研究形成策划方案，并设计场景，模拟进行策划提案。在特定和明确真实的问题情境下，学生通过分工协作，发现问题、解决问题，从而获得提案的认可。这个过程，非课堂教学可以替代和覆盖。因为只有在真实情境下或者接近真实情境的小组作业，才能帮助学生加深认识，促进理解，增强其应对和控制能力。

（三）真实项目的情境带入

策划课程的教学，常常因为脱离了真实项目进行空洞说教，而令人感到无趣，使教学效果不明显。而案例教学通常因为不能完整展现问题情境，而蜕变为"举例教学"。策划提案课程要使学生真正地学有所获，必须深入真实的问题情境，进入项目。由于课堂时间限制，不可能在课堂上介绍问题背景、项目和客户的要求，也不可能让学生自己按照自己的理解，模拟或设计项目。因此，为解决这一问题，策划提案课程利用了上届毕业学生的设计成果。

由于策划专业学生的毕业设计要求以市场企业的真实项目为策划方案，故而毕业论文（策划方案）的真实性很强，问题情境远比模拟项目完整、生动。我们选取一到两个上一届（争取最近的）毕业学生的毕业论文，作为作业的基础材料。选择的依据是：所提供项目背景资料是否完整、充分，细节清楚以及策划方案的目标和任务是否明确。我们以电子文档的形式将项目方案发给学生，要求他们研究方案，理解策划任务，并以此为基础，进行文案的改写，使之成为可以在提案会议上分发给客户阅读的资料。同时，理解客户，准备材料，设计课件和为时1个小时的提案演讲稿。如此，将真实的项目与真实的提案过程结合起来。

（四）"三合一"的作业与考核

提案是高度应用性的，学生是否掌握某个理论或方法，或掌握的程度如何，不太好测定。课程采用"三合一"的小组作业，并以此进行考核。"三合一"即文案的改写（最终作为供客户阅读的文本资料，需要打印装订）、PPT多媒体幻灯片的制作和提案用演讲稿的撰写，三者合而为一，作为学生该门课程的考核成绩。如此，学生对课程的理解，对提案材料的准备，对项目的分析和研究，以及提案过程中可能需要的控制技巧，都可以从中看到结果。

四、策划提案课程的成绩

策划提案课程开设 5 年来，我们对课程名称、课时、内容结构、教学辅助设施进行了多次调整和修改。每次的修改，都在不同层面和角度，接近课程目标，使课程逐渐走向成熟。以课程为纽带，师生双方对于课程的任务都逐渐明确，改进的方向更加明确，内容也越来越完善。总结起来，有以下的几点成绩：

（一）结构内容完全定型，板块之间联系紧密

经过反复修正，策划提案课程的构成内容已经成熟定型。四个板块，有总纲，有重点，有理论，有方法，有步骤。通过四个板块的学习，学生既能在理论上明确对于提案重要性的认识和理解，也能在具体提案准备和提案过程控制方面学到相应的技巧；既能控制提案作为策划工作重要的环节，领会客户意图，掌握沟通技巧，学会临场应变，也能对策划知识和理论进行系统整理。

（二）课程的重要性得到体现

策划提案课程由作为辅助的实验实践课程演变为专业核心课程之一，得到领导、同行和学生们的重视，为加强策划专业学生策划表现与表达能力，起到应有的作用。

同时，策划提案课程的开设，也使得以表现和表达为核心能力的相关课程作为课程群的重要性得到加强。

（三）教材和教学辅助材料充分

目前，以策划提案课程讲义为基础，《有效提案：方法与技巧》一书正式出版。教材和相应的教辅材料，如课程案例、课程教学教案、教学用课件都已经完备。同时，供"三合一"小组作业的策划方案非常充分，选择的空间大且及时性足够保证，可以形成完整的案例库。

（四）教学方法成熟

策划提案课程的教学模式和教学方法也走向成熟。真实项目、小组作业、"三合一"考核，都是行之有效的教学模式。新的教师可以按照这样的方式将策划提案课程延续下去，保障课程的教学质量不因为任课教师的改换而发生影响。课程内容相对清楚，教学目标也明确而具体。教师退到后面，作为辅助和指导，不再高高在上。学生进入问题情境，理解策划提案的要求，根据自己的特点，设计自己的提案语言，或因势利导，引导客户的认知，进而达成理解与认同；或见微知著，步步为营，确保策划提案的过程处于自己的掌控之下，波澜不惊地实现目标。

五、结语

历经多次的修改、探索和尝试,策划提案课程走到了现在,成为一门较为成熟的课程。该课程的成功,是教育教学的探索和尝试,受益于团队的配合和创新的氛围,当然,也离不开学校领导宽容和开放的胸襟。希望该课程在今后的发展中,保持创新的动力和团队协作的凝聚力,成为适用于各高校商务策划相关专业的明星课程。

市场营销专业教学"十问"

彭建仿

[摘要] 市场营销专业教学"十问",旨在廓清社会对市场营销专业的一些误解、偏见和基本认识,同时指出专业教学、专业宣传和专业引导中应注意的一些问题,以期为市场营销专业正名,提升市场营销专业的品牌形象,提高大学生学习市场营销专业的兴趣,促进市场营销专业持续健康发展。

[关键词] 市场营销　专业教学　品牌形象

一、市场营销就是推销?

社会上很多人对营销存在误解和偏见,认为营销就是推销,就是耍嘴皮子、拉关系。菲利普·科特勒曾指出:"推销不是市场营销最重要的部分,推销只是市场营销冰山的尖端。推销是企业市场营销人员的职能之一,但不是其最重要的职能。"这是因为,如果企业的市场营销人员搞好市场研究,了解客户需要,设计和生产出适销对路的产品,同时合理定价,搞好分销、促销等市场营销工作,那么,这些产品就能轻而易举地销售出去。正如美国企业管理权威彼得·德鲁克所言:市场营销的目的在于使推销成为多余。可见,真正把营销做好了,推销就大可不必了。

认为营销就是推销,实则是没有认识到营销的实质——满足客户需求,为客户创造价值。推销越强势,"忽悠""坑蒙拐骗"就越容易相伴而生了。营销不是耍嘴皮子。耍嘴皮子似乎接近沟通之意,但更多的是一个人在那里唱主角,与他人的互动较少,而沟通是双向的。因此,营销不仅仅限于沟通,也绝非推销或耍嘴皮子。

营销也倡导与客户建立关系,但这种关系是持续性的、良好的战略伙伴关系,是一种互惠互利的关系,而不是我们传统意义上的走后门、损公肥私、暗中操作等情形。有人看到营销似乎离不开"吃饭喝酒",但这只是表象,是一个基本的活动。能否真正赢得客户,不是看吃饭喝酒,而是要与客户建立长期稳定的伙伴关系,是看你的产品或服务能否真正满足客户需求,能否为客户提供问题的解决方案,能否与客户共同创造价值、共同分享价值。因此不能用一些表象诠释营销,替代营销,否则,就是贻笑大方了。

二、市场营销专业为何不受待见?

社会上很多人把市场营销误以为是摆摊、推销,所以考生选择市场营销专业时常将其作为非一志愿,是"服从调剂"的结果。市场营销工作辛苦,要有不怕吃苦、不怕挫折的精神,要面对吃闭门羹的情况和业绩的压力,这些与人们所向往的舒适安逸、稳定体面的工作背道而驰。同时,市场营销这个专业,让人容易顾名思义,也很容易产生"缺乏含金量"的认识。而事实上,营销无处不在,营销也最能锻炼人和塑造人。很多成功人士、业界精英,都有从事市场营销的经历,他们最能佐证市场营销于企业、于个人的"效用"。高校要注重引导、宣传,为市场营销专业正名,通过在校大学生、毕业生的口碑宣传,提升市场营销专业形象。当然,还要切实提高在校大学生的专业兴趣,并让其学有所成。

三、市场营销专业学不学都一样?

不认真学,不用心学,当然学不学一个样。营销是科学,如果不认真学对其的认识就会停留在浅层认识上,认为营销就是推销,甚至就是"忽悠"。还有人在学习后的实践过程中,不愿认真做调研、需求分析、市场定位、品牌管理、渠道维护、整合营销传播、客户关系管理等工作;相反,受外行影响,只看到市场营销活动的一些表面工作,则很容易认为市场营销专业学不学都一个样。市场营销的真正普及和深入人心是一个渐进的过程,但总体趋势是"营销制胜",整个社会、企业经营活动也会逐步确立"营销导向"。作为市场营销专业的大学生,不可随波逐流,要学以致用,要用正能量、新理念为企业营销活动及企业长远发展注入新鲜血液,这也是其作用和价值所在。

四、市场营销对企业的魅力何在?

对企业而言,市场营销可以起到一系列的效用,即通过提供差异化、个性化,注入文化、娱乐、情感、时尚元素,满足目标市场求新求奇的精神情感需求，促进销售，提升价值。在此过程中，企业与客户共同创造价值、传递价值、分享价值，实现企业与客户的共同成长。为客户提供问题的解决方案，与客户共同创造价值、分享价值，这既是市场营销的魅力，也是市场营销的真谛。

五、企业市场营销的难点或困惑在哪？

市场营销旨在满足客户需求，为客户创造价值。而要满足客户需求，就需要搞清楚谁是企业的目标客户？客户的需求在哪里？如何准确定位目标客户？如何提供相对于竞争对手而言更加优异的产品或服务？如何有效地打动目标客户？当市场环境发生变化或客户需求发生变化时，企业又该如何应对？这一系列问题构成了企业市场营销的难点。市场营销不像摆摊、推销那么简单，需要营销人员掌握营销规律、消费行为、竞争状况等，并结合企业实际，因地制宜，制定有效的营销方略。在这个过程中，企业还需要根据环境的变化，不断进行营销创新。

六、市场营销学科是科学还是艺术？

市场营销学科是建立在经济学、管理学、社会学、行为科学、心理学等基础上的应用科学，属于管理学的范畴。市场营销学科既是科学，也是艺术。说市场营销学科是科学，是指市场营销学的知识是共性的，是可以学习、可以再生、可以复制的，是形成了一套完整的理论体系的；说市场营销学科是艺术，是指在市场营销的应用实践中，市场营销具有变动性、差异性、灵活性，因营销人员的知识素养、阅历、人格等不同而有不同的营销实践效果，属于个性化、不可再生、不可复制的范畴。虽说市场营销学科既是科学，也是艺术，但其总体发展目标是让科学的成分更多一些，让艺术的成分更少一些，这样才能让企业的营销业绩建立在科学的基础上，而不是因人而异。

七、市场营销专业的人才特色和定位是什么？

以重庆工商大学市场营销专业为例，该专业主要为企、事业单位及政府部门培养具有商科底蕴、国际视野、创新精神，能够从事市场调研、市场开发、销售管理、国际营销、品牌营销、商务策划等营销与管理工作的应用型复合型高级专门人才。

培养目标：应用型复合型高级专门人才。

人才定位：商科底蕴、国际视野、创新思维、品牌营销、商务策划。

专业能力：市场调研、市场开发、市场分析、营销管理、商务策划。

在专业能力之外，该专业人才还要有相应的基础能力和实践能力，如沟通能力、组织协调能力人际交往能力、适应能力、创新能力、社会责任、营销能力等。

八、市场营销专业培养方案的设计思路是什么？

一是遵循"目标、定位、能力"三位一体的总体框架。如上所述。

二是营销管理流程化。相关课程的设置，呼应了营销管理全过程，包括市场调研、消费者行为、战略营销、品牌管理、渠道管理、销售管理、整合营销传播、服务营销、关系营销。该流程勾勒出营销的主要脉络及关键活动，同时，致力于与目标顾客建立长期稳定的伙伴关系。

三是方向化、模块化。以重庆工商大学市场营销专业为例，根据现有的4个班、180人的招生规模，考虑设置两个方向：市场开发与营销管理方向，主要为一般企业培养开拓市场、从事企业营销管理工作的相应人才；国际市场营销方向，主要为跨国公司、涉外企业培养从事市场营销工作的相应人才。模块化，是指诸多相关课程构成的课程群，旨在培养学生某方面的素养和能力。例如，品牌营销模块，相关课程有品牌管理、服务营销、关系营销、整合营销传播；数据分析模块，相关课程有市场调研、市场分析与软件应用、市场决策分析、大数据营销。

四是突出"三大结合"。市场营销专业人才培养注重三大结合，即理论素养与实践能力相结合、定性分析与定量分析相结合（系统分析、逻辑分析、专业见解以及数据分析是区别于非科班出身者的非常显性的硬实力）、线上与线下相结合（基于现实中互联网经济的兴起，教学兼顾线上与线下结合的情形，拓宽视野和思维）。

五是构建"四大抓手"。通过设置专业设计、学年论文、毕业论文等环节，以及课堂内外引导，构建接地气的"四大抓手"（文武兼修），便于学生贯彻学习，实现综合素养的培育。包括四篇文章（市场调研报告、市场营销方案、对策研究、案例分析）和四个参与（社会实践、社团活动、创业活动、科技竞赛）。学生在校期间，要做好四篇文章，这是专业能力的具体体现；而四个参与是实践能力以及学以致用的具体体现。

九、市场营销专业的职业方向何在？

市场营销专业的职业方向大致有：纵向发展，从销售人员、销售主管、销售经理、区域经理到公司总经理；横向发展，市场营销专业属于工商管理学科，培养的是管理人才，学习管理类相关课程，利于管理者素养的形成，因此，市场营销人员也可转换到管理类的其他岗位；独立发展，自己创业，由于市场营销人员在行业知识、企业运作、市场需求等方面有较多的优势，且比较容易积累创业资金（虽然辛苦，但营销人员的回报还是较高的）和业界人脉资源，因此，更有创业的优势；专业发展，做营销领域的管理咨询或培训。

十、市场营销专业对个人的启迪何在？

市场营销专业的职业发展潜力是相当乐观的。当然，要指出的是，也许每个人都可以做营销，但不是每个人都能做好营销。市场营销对个人的启迪在于，好营好销——营造或经营好了相应的软件和硬件，产品、服务自然而然就销售出去了。人也是如此，把自身的硬件和软实力经营好了，何愁没有未来？对于市场营销专业的学生而言，平时要尽早做好职业生涯规划，努力把自己培养为软硬实力、综合素养俱佳的卓越人才（做有心人，欲超越别人，就要在每一个小环节上领先别人一小步），好营自然就好销。作为大学生，不在大学时做好人生规划，没有目标，不努力塑造和完善自己，自然不好销。机遇垂爱有心人，有心人往往更易成为卓越人才，更易实现好营好销。

此外，每个人都需要营销，离不开营销。营销产品之前，首先要营销自己。市场营销专业的学习，可以培养人的坚毅、乐观、人际沟通等方面的品质和能力，还有利于把自身塑造成品牌（人即品牌，品牌即人）。作为营销学中的一个核心内容，品牌的魅力是巨大的，企业要创品牌、经营品牌，作为学习这方面知识的专业人士，理应把自身也看作一个品牌来塑造和经营。如此，市场营销专业于己、于社会都是有益的。

市场营销学课程教学经验探析

周 勇

[摘要] 本文对市场营销学教学中的一些经验方法进行了分析论述。文章从课程教学内容的选取、教学素材的选择、教学语言的设计、案例的选择与处理、作业布置、考试设计6个方面分析了笔者在教学中的一些经验,提出了一些改进教学方法和效果的思路。

[关键词] 市场营销学 教学 案例

市场营销学是财经类专业学生非常重要的一门基础性的专业课程,它对于学生初步掌握现代市场竞争环境下企业赢得顾客、占领市场的知识和规律起到了重要的作用,也是市场营销类专业学生进一步学习其他营销类专业课程的入门课程,起到了知识向导的作用,因而广受师生和社会各界的关注。本文主要分析笔者通过长期的课程教学积累的一些经验。

一、因人制宜组织教学内容

重庆工商大学开有市场营销学课程的专业较多,专业涉及经济、管理、外语、理工科专业等,学生课程学习的知识基础差异非常大,课程开设的性质包括了专业基础课、专业主干课、专业选修课等,教学课时也各有不同。各学院对于开设本课程的考虑是不一样的,而各专业学生对于本课程学习的想法也是不同的。

根据以上实际情况,我们不可能根据不同的开课专业和课程性质选择不同的教材(事实上,目前的出版社也基本没有针对不同专业、不同课时和不同开课性质出版不同的营销类教材),只能根据实际情况从教材中选择不同的章节内容完成授课计划的制定,实施有差别的教学。例如,将市场营销课程列为专业选修课的学院,大多是希望学生对于营销学的一些主要原理和核心模式能有一定的了解,能够基本看懂企业在实践中的一些做法,辅助他们今后走向社会后在主要工作岗位上的日常工作。那么对于这样的班级授课，我们最好将课程教材中关于营销体系的一些关键章节挑出来讲，比如STP战略和4P策略，而不能像将市场营销课列为专业基础课的班级那样全部讲（那种全部讲授带来的赶时间的感觉很不好，学生无法学到想学的东西）。而对于将市场营销课列为专业基础课的班级，原则上教材上的内容都要讲授，还要通过课堂讨论、作业布置以及课外实践的锻炼来强化关键知识，同时在必要的地方补充讲解一些专业知识的研究动向等。

二、结合实际寻找多方面的教学素材

市场营销学课程实践性非常强，讲授中要求随时结合理论知识给出一些素材加以说明并进行拓展，其对上课素材的积累和选择要求非常高。但是从另一个角度来看，这样的课程，素材又可以说是比较容易找，原因也恰恰是本课程的实践性特征。

（一）上课素材的内容

根据市场营销课程的特点，上课素材的选择内容除了常规的案例材料之外，能够说明某一知识点或者原理的图片、道具、网络资料等也应该选作素材。比如讲到品牌的内容，可以根据需要向学生展示相关品牌图片；讲到包装，最好能够拿出身边大家常见的物件，如饮料瓶作为素材。现在的大学生比较认可从网络途径获取的信息，那么我们在找素材的时候，也应该注意找一些网络资料，如论坛的帖子、网络新闻、网络流行话题等都可以在必要的时候成为素材。

此外，学生对于亲身经历的情况印象比较深，所以，在素材方面，注意给亲身经历的相关情况留下展示和讲解的时间。这个亲身经历不只是学生的亲身经历，还包括教师的亲身经历。如果能结合相关知识点来阐述课程内容，学生对于知识的掌握情况将更好。

（二）上课素材的选择原则

我们在选择上课素材的时候，要注意遵循形象、亲和、流行和多元化原则。

形象原则要求无论是什么素材，其内容和反映的知识应尽量深入浅出，能够以图片展示的就不用文字，能够用实物的就不用图片，给学生以最现实的印像；亲和原则强调素材的来源要和学生的关注点以及获取信息的来源吻合，多从学生喜闻乐见的渠道获得资料，素材反映的都是身边的实际情况而不是远在天边的高大上的东西；流行原则要求素材要多注意采用学生比较关注的话题，多注意与网络内容挂钩；多元化原则是指教师上课的

时候应该以多种素材来印证知识和原理，而不仅仅是采用文字性的案例和材料，要多角度、全方位向学生传递出营销知识的无处不在和影响。

三、善用专业语言阐述营销知识

有的课程要求教师上课用语必须要书面化和专业化，而有的课程则相反。市场营销学课程则是需要将授课语言由书面用语转为通俗用语的课程。在语言转换过程中需要注意以下几点：一是所谓通俗用语并非是营销专业门槛之外的非专业语言，而是跟企业营销实践中话语风格近似的行业用语；二是授课语言必须是让学生觉得是信手拈来的实践经验总结般的陈述，而不是刻板深奥的专业学术语言；三是使用学生喜闻乐见的社交用语体系和网络用语体系来呈现营销知识，拉近与学生的距离，增强学生对相关知识点的印象；四是注意使用轻松幽默的语气陈述教材内容，而轻松幽默又必须蕴含于素材的展示和讲解之中。

要做到以上的要求，需要教师具有较为丰富的专业实践经历和用心的积累与授课设计。当然，即便教师无法拥有丰富的实践经历，也能用好行业用语体系，只要平时多收集有关企业实践的案例资料、多参观走访企业、多与专业人士交流、多研究手上的材料并做好授课设计。教师用语的轻松幽默不是天生的，也不是一蹴而就的，需要老师结合实践经历和教学素材，研究设计怎样在授课中找到可能的话题点和"笑点"，要琢磨怎样将平凡的材料以通俗幽默的方式进行展示，否则即便是好素材，也可能讲得索然无味。

四、有的放矢地选择案例

案例教学是市场营销学课程最常见也是最经典的教学形式。无论教学方法怎么变，案例讲解、分析与讨论都是必不可少的环节。关于案例教学的组织、教学方法等本文暂且不论，单从案例本身来看，需要注意以下几个方面：

（一）选择身边的案例

现在所能见到的市场营销案例书籍中，案例一般都是一些大企业、大企业的前身、跨国公司或成功或失败的案例，以成功的案例居多，基本上看不到具体某城市、某大学或某学生、老师身边的案例资料。考虑到书籍销售的广泛性和身边案例的不确定性和局部性，身边案例难以上书也不难理解，但是案例书籍上的案例让多数学生有难以言表的距离感和陌生感却也是不争的事实。虽然大企业的案例具有一定的昭示意义，但是身边的案例往往更能吸引学生，我们在课堂上最好能有身边的市场营销类的案例作为分析讨论的对象。少有身边的案例是教师面临的巨大困难，需要教师长年累月坚持收集整理身边企业的营销案例资料。

（二）案例的代表性问题

很多老师在市场营销课上喜欢讲大企业甚至跨国公司的案例，讲经典案例，认为这样的案例才具有代表性和启迪作用。但是笔者认为，每个企业都面临与其他企业不同的营销环境，面临着自身特有的挑战和任务，大公司的成功固然有很多经验，但是对于特定的企业来说，这样的经验并不一定适用，甚至还可能因此受到误导。从这个角度看，根本没什么代表性的案例。我们只能从案例中学到成功企业的思想而不是照搬其模式，既然如此，大企业和小公司的成功，对于要学习的企业来说又有何不同呢？对于学生来讲又有什么差异呢？因此，选择那些既陌生又遥远的大公司的案例来讲，还不如选择身边的企业成功或失败的例子更具有代表性和启迪作用。

（三）案例的长度及内容控制

这是选择营销案例长久以来一直存在的困惑。各种案例书籍上的案例基本上都不太适合教学使用，要么是文字冗长、要么是内容跟教学内容无法匹配。课堂教学的实际情况要求案例资料能够确保学生在课堂中短时间内看完并完成分析。现在的学生对于较长的案例即便是在课外充足的时间下也难以认真看完，这就需要我们将案例书籍上的案例进行浓缩，不过这要花费很大的工作量来完成。现在，网络上有很多营销类的案例资料和专门的营销类网站，上面的案例资料很多虽不是由专业人士完成，但是教师可以以此为蓝本利用电子资料快速完成资料整理，减少工作量。

关于案例的内容，由于案例是在营销课堂的特定环节使用，涉及的知识点必然是特定内容的，而案例所涉及的知识往往较为庞杂，因此一方面需要教师预先进行一定的案例处理，筛掉一些无关的知识（即便这些知识跟其他营销知识有关），突出跟本次课讲授知识点有关的内容；另一方面，在对案例进行分析和安排讨论以及教师总结的时候，也需要对案例分析讨论的内容限制口径，并加以必要的说明，以确保案例教学的针对性。

（四）及时更新案例、提升学习兴趣

很多案例书籍上的案例较为陈旧，虽然这些案例都很经典，但是缺乏时效性，学生对这些案例内容不感兴趣，这就需要教师在教学中对案例进行实时更新。市场营销学是跟现实结合得最为紧密的学科之一，这为案例资料的更新提供了可能。如今，互联网上每天都在记载和传递着企业营销的故事，网络本身也是很多企业演绎市场营销的大舞台，我们可以时刻关注网络上的企业营销动态，将它们记录下来，整理成案例，这样就可以保证课堂上讲授的案例都是最新的营销动态，切实地以鲜活的案例把学生拉入到营销知识的学习中，提高学生的学习兴趣和学习效果。

五、作业布置延伸学习

市场营销课程的作业包括案例分析、小组讨论、课堂实训、课外实践等几种形式。案例分析和小组讨论为体现学生小组集体工作的成果，一般要求提交书面的作业或者总结，但需要注意的是不能简单地回答案例后面的几道问题或者小组讨论几个议题，而应该要求学生结合案例并延伸到案例之外，运用学过的营销知识分析问题。问题的设置最好不要过于具体（比如用了什么策略，做了什么定位等），而是要适度宽泛一点。比如结合案例分析公司在营销方面成功的原因，对于其他企业有何启示等，以此实现学生围绕案例或者讨论任务的延伸学习，强化所学知识，活化知识的运用。而课堂实训本身就是接近实践的练习；比如给出具体企业的背景资料，要求给企业进行环境分析，这类作业能够有效锻炼学生运用知识解决问题的能力。课外实践如果能够有时间安排，将能起到将理论知识和企业实际结合的作用，形式包括企业参观、企业实习、挂职工作等。

六、灵活设计考试题

市场营销学课程与很多实践性很强的课程一样，学生学习的效果取决于平时，而不是期末考试，如果平时没有注意加强各知识点的学习和运用，即使期末考试通过死记硬背拿了高分，也没有达到课程开设的初衷。在开始设计时，就应该本着"重过程、轻考试"的原则，一定要给平时学生学习的表现足够高的分数比例，这些分数要分布在学生出勤、师生互动、案例分析、小组讨论、课外实训和实践等各个方面，全方位考核学生平时学习的态度、能力和效果，通过分数引导学生重视平时的学习和练习。期末考试是一门课程的总结，但是就市场营销这门课程而言，期末考试应以案例分析、带有探索讨论式的论述题或者实训式的分析题为主，通过做题，来强化学生对重要知识点的掌握和运用能力，起到巩固学习效果的作用。

打破学科分隔,培养跨界融合的新型人才
——基于"创新创业"时代需求的大学生培养新思路

周 勇

[摘要] 本文以"双创"对大学生提出了新的要求为背景,研究了新时代下大学生培养的新思路问题。文章首先分析了传统的大学生培养模式的问题,指出"双创"时代对大学生知识和能力提出的新要求,然后提出了打破学科分隔,以任务为导向跨界联合培养大学生的思路,并且分析了由此可能面临的挑战。

[关键词] "双创" 大学生 培养

我国有1 000多所大学,每年招收各类大学生近千万,大学保有学生规模和每年的毕业学生规模在世界都是数一数二的。一直以来,我国高校对大学生的培养有着共同的特征——分专业培养,学生像是被圈进花盆里的花,被固定在特定专业里完成学业,各专业间的沟通与交流不多。

随着经济社会发展和国家政策的转变,社会对大学生的知识和能力提出了新的要求,"大众创业、万众创新"就是这种新要求的典型代表。新时代需要新型的大学毕业生,而传统的分专业培养的老路子在思路和效果上则与之越发冲突,这就要求我们去思考大学生培养的新思路、设计培养的新模式。

一、大学生培养的传统模式及问题

学生高中毕业,选择一个理想的大学,确定一个理想的专业,填报志愿进入该专业学习并毕业就业,这似乎是理所当然的大学生的成长之路。但实际上,这种传统的大学生教育培养的模式存在以下的一些问题:

(一)各专业之间被隔离,学生知识范围狭窄

各高校是按照学院(系)来组建的,每个学院(系)又包括若干专业,高中生根据其志愿情况进入大学,对号入座地归入到对应的院系,从此以

后进行各自的学习，这就是分隔。更大的分隔是有些大学直接冠以"××纺织大学"或"××化工大学"等名称，整个大学从名称上看就只涉及部分学科。

学科的分隔必然造成学生在大学所学知识的局限。为就业而学的培养与学习方式使知识构建具有先天缺陷，面对越来越复杂的就业要求，看似高深的专业知识很多时候反而成了缺陷，造成学生适应性差、知识涉足量小等问题。而各行各业的成功人士，往往都是多面手，例如建筑学家梁思成酷爱中国古典文学；地质学家李四光学过作曲；数学家苏步青、华罗庚、谷超豪均热爱古典诗词，多有诗集问世；钱学森是钢琴好手……

（二）专业的冷热和社会需求并不一定一致

热门专业从来不是近几年的事，人们一直热衷于谈论所谓热门专业，并对每年的高考志愿填报和学生的职业规划等产生了不可忽视的影响，出现了热门专业挤破头，冷门专业门可罗雀的现象。

热门专业可能是社会需求量大导致的，但是也有可能是炒出来的。例如会计、金融等专业，常被某些家长或学生认为是理想专业，但实际却可能并非如此；而由于人们的误解，一些社会需求量大的专业也并不一定被人们追捧，比如市场营销；一些大众公认的冷门专业，恰恰可能是社会急需的，例如化工、纺织类专业。专业冷热和社会需求的不一致导致了高校人才培养和社会需求间的结构性失衡。

（三）社会对大学生的要求并不只看专业

近年来，企业在人才招聘中表现得越来越理性和务实，企业希望招到综合素质高的大学生，并且要综合考虑身体条件、气质、性格、学习能力、专业素养、团队协作等因素。有些跨国公司在招聘大学生的时候，甚至不考虑学生所学的专业，面试测试以性格、能力、潜质等情况为主。以往很有用的名牌高校、名牌专业、专业名称、证书及表现资质的一些内容现在越来越不好使了，如果学生只埋头苦学特定专业，而不注意综合素质的培养，将来将面临就业面越来越窄和越来越难的局面。

（四）学生的所学和所用并不一定吻合

我们发现，名称越是具体的专业，大学里学的课程分得越细，学生在校期间对专业知识构架里的各个角落、各种知识原理都进行了较为扎实的学习。当他们毕业进入企业后，才发现企业需要学生掌握和运用的常常是一些特定的知识，而这些知识是学生在校期间没有学过的。

（五）大学毕业生所从事的工作并不一定是专业相关

很多大学毕业生最终找到的工作可能跟大学所学专业没有一点关系，

例如理工科学生最后找了营销类工作，营销专业学生最后考了公务员。这种情况在大学生毕业几年后更加明显。经过几年的工作和思考，自己喜欢什么、擅长什么、理想目标是什么都比高考填报志愿之时和大学刚毕业时更加明确，所以他们进行二次求职、三次求职的时候可能就不会抓住相关专业不放，又由于企业招人的要求如前所述并不一定只考虑专业，所以越来越多的人工作内容脱离了曾经所学的专业。

二、"双创"时代对大学生知识和能力的新要求

随着我国经济结构性调整和供给侧改革的深入推进，经济发展正面临着改革的阵痛和新的要求。在这样的背景下，李克强总理号召我们"大众创业、万众创新"，适应经济社会的新要求，推动社会健康发展。那么在全新的"双创"时代里，社会对大学生的知识和能力方面有什么新要求呢？

（一）大学生应具备宽厚复合的知识与能力

"大众创业、万众创新"要求大学生具备宽厚的知识和强大的综合能力。以市场营销专业学生为例，要满足"双创"要求，要求学生不仅有营销知识的积累，还得掌握一定的管理知识、财务知识、法律知识、生产知识乃至新产品开发知识等；不仅需要智商，还要有丰富的情商；不仅要有专业分析与计算能力，还得要有敏锐的洞察力和敢闯敢拼的毅力。只有某一方面的知识能力，难以支撑他们实现创新与创业的目标。

（二）养成创新、创业的思维与习惯

"大众创业、万众创新"是不要求所有大学生都要开公司，也不是指每个人每天都要开发新产品、研发新服务。准确地说，它应该是指一种思维和习惯。创新是社会进步的灵魂，创业是推动经济社会发展、改善民生的重要途径。大学生是知识层次较高的群体，也是未来社会发展的栋梁，他们不应该整天坐在前人创造的基础上按部就班，而应该时刻想着如何在此基础上进行改进和创造，解决前人未解决的问题，找到更高的发展目标，有效发挥自身才能，推动社会前进，这就是创新；关注民生，发现社会需求的痛点，开发新的产品或服务满足社会需求，或者在企业岗位上不断开拓创新，为企业开发新市场，创造新局面，这就是创业。大学生从大学期间就应该养成这种思维习惯，以这样的思维习惯指导学习。

（三）具备有效掌握信息与自我学习的能力

信息社会，谁先拥有有效的信息，谁就占据了决策的先机。"双创"时代，信息就意味着机遇，大学生必须拥有迅速收集、处理、运用有效信息的能力来应对不断变化的环境和不断出现的新情况。大学里的知识学习不

能一劳永逸，工作以后大学生们必然面对不断更新的知识体系和不断出现的挑战，这要求大学生必须具备良好的自我学习能力，持续学习、终身学习，始终保持知识的新鲜。

（四）能够进行有效沟通和团队合作

创新、创业往往是团队的杰作，离开团队的单打独斗往往难成气候。在一个拥有各种背景、各种性格、各种知识、各种岗位的人的团队里，如何协调整个团队，使团队发挥合力和保持旺盛生命力是关键，而沟通和合作则是使团队协调健康的有效手段。不管是创业还是在企业工作，沟通与合作都是基本的要求。

（五）进行基本职业技能的实践锻炼

大学生往往知识扎实而能力不够。在瞬息万变的社会里，以僵化的知识来面对变化的环境，常常显得无所适从。"太学生气""缺少锻炼"常常是企业对大学生的评价。在大学里，除了知识的学习，大学生还必须进行实习实践环节的锻炼，尤其是与专业相关的基本职业技能的锻炼，确保所学的知识能在一定程度上落地实践，以此奠定大学生进入企业工作的基础。

三、打破学科分隔，破解新时代大学生培养的难题

传统的大学生培养模式难以适应新的挑战。在新的时代里，大学生的培养应该有新的思路与模式。

（一）以任务为导向带动相关专业知识的学习

"双创"时代里，以任务为导向就是以创新与创业为导向。虽然不是要求人人开公司、天天研发新产品，但是应该要求大学生去养成创新的思维与习惯。创新创业的思维与习惯带动大学生日常的一些实践，如实习、创业、比赛、案例研究、规划设计等，这些任务的解决一定不是单一专业知识能解决的。例如，参加创业计划比赛，为完成任务，就要求大学生运用营销、财务、管理、法律、相关生产技术等知识。传统的大学生上课，以院系为单位，以课程为元素来组织，真要达到创业创新的要求，恐怕要等到大学生把所有知识都学完为止，而且专业之外的知识还学不到。

因此，我们应该以创新创业这个任务为导向，需要什么专业知识，就学什么，需要多大程度就学多少，打破院系和学科的分隔，实现多专业的跨界联合培养。

（二）改变传统以院系为单位的教育管理体制

传统上各个专业归属于不同的学院，相关课程又归属于各个专业，各专业学生学什么，什么时候学，完全是各个院系早就安排好的。这个进度

不可能与创新创业完全吻合,也无法根据创新创业的实际需求满足大学生的知识学习。为了解决这个问题,我们是否可以考虑变以往的以院系为单位的教育管理为以学校教务部门直属的扁平化的管理模式,凡是大学生根据"双创"情况实际需要的课程和知识,学校有关部门就根据情况跨学院进行安排,布置教学任务,打破传统的班级上课排班,在全校范围内调动师资实施教学活动。

(三)建立新的学生学业评价机制

打破学科分隔,以"双创"任务为导向安排培养计划,必然带来传统的考核学生的方式的失效。传统的考核依然是以学生所在的院系为单位,以学分、成绩为依据,而"创新、创业"所要求的大学生的学业表现往往无法归属到具体的课程和具体的学院,也往往无法量化为学分或成绩。因此需要建立新的学业评价机制,新机制以创新创业为导向,以任务为考核标准,考核学生在创新创业过程中对于相关知识学习的过程和解决实际问题的效果,这是院系层面无法做到的。

(四)强化通识教育

这里所说的通识教育是指能够帮助大学生搭建正确的世界观、人生观、价值观的教育,强调艺术、人文类知识普及的教育,着重对大学生走入社会用得着的沟通交流、团队合作方面的教育。通识教育帮助大学生尽快成为一个基本知识构架完整、富有情商、有远大理想、善于与人沟通交流、有积极的人生态度的人。

(五)注重学生思维训练与基本能力训练

大学里要学的远不止有限的几门课程,从某种意义上说,培养学生良好的思维习惯更加重要,因为这样的习惯能够让他们今后能够更好地融入社会、创造价值。因此,我们要在日常的教学中注重学生良好思维习惯的养成,要让学生学会用创新的思维去发现、分析和解决问题,跳出"理所当然"的思维藩篱。

基本能力是指学生独立工作生活所需要的能力,如独立解决问题能力、团队合作能力、有效自我学习的能力、应变能力、沟通能力、判断能力、社交能力等。这些能力不是说具体属于哪个专业,也不是归属于哪个学院,是作为一个大学生面对新的时代要求而必须具备的能力要求,是进入社会应对职业挑战所必需的能力。

四、跨界融合培养思路面临的挑战

"双创"时代要求打破学科分隔,跨界联合培养学生,但同时要注意此举必然面临的现实挑战，在今后的培养模式改革中采取有效的应对措施。

（一）现有教育管理体制的阻碍

现有的教育管理体制固化了专业、课程，也固化了学生。适应新时代要求的培养模式应该打破这种固化，由更高一级学校部门根据"双创"学生需求跨院系和专业实施培养。但由于这种跨界对于传统的体制是一种彻底变革，会带来学科调整、人事安排、协调管理、资源配置、学生管理等一系列难题，在短时期内难以破解，如果强行推动，将会带来巨大震动，最终可能得不偿失。如果依然以院系为单位实施新的培养模式，实际上又不能真正解决"双创"时代的现实挑战，那所谓"双创"便成为一个口号。

（二）学科融合带来的调整难度

跨界联合培养打破了专业界限，也打乱了传统的专业内课程设置的方案。虽然从理论上讲，大学生培养要根据"双创"需要来学习，但是大学生的培养也应该是有计划、有步骤的，如何在"双创"新环境下合理安排大学生的学业，如何解决"双创"下不同学生需求凌乱与培养的计划性的矛盾，课程资源有限与学生需求碎片化的矛盾，各院系如何围绕全校大学生"双创"需求之下的资源使用、教学节奏设计，都是必须要解决的问题。

（三）有效的学业评价机制的设计

传统的以成绩、学分为依据的学生学业评价机制在"双创"时代无法实施，需要以"双创"任务导向下的学习过程、"双创"效果为学业评价的机制。这种重过程、看效果的"软"评价必然要因人而异，这跟我们目前规模化培养大学生，量化考核确保公平，成绩学分考量学生培养质量等有一定冲突。怎样的评价机制既能确保众多大学生互相能有比较价值，保护大学生的有关利益，又能真正满足"双创"的实际要求，准确反映大学生的素质能力和大学的培养质量，这是人才培养改革中要面对的控制性节点。

五、结语

"大众创业、万众创新"是时代的要求，是社会前进的需要，也是我们大学生新的生存法则。高校的人才培养工作必须根据时代的要求做出改变，根据"双创"的要求，打破学科分隔，实现高校人才培养的扁平化，改革传统的教育管理体制，设计新的学业评价机制，切实解决"双创"背景下不适应新要求的一些阻碍，推动高校人才培养上一个新台阶，推动"大众创业、万众创新"理念在我国的实施，实现经济社会的持续健康发展。

基于建构主义的移动学习教学模式探索[①]

王江涛

[摘要] 建构主义理论体系下,移动学习教学模式在远程数字化教学发展的基础上越来越成熟。基于学习者的主动性与情境设计,教学者可以实时利用庞大的因特网资源辅助学习者实现意义建构;通过教学方式的改进,建立起实时共享的交流环境;通过办公室移动学习教学模式及其构成要素,在建构主义学习观的理论体系下,设计可考量预期教学效果的教学目标;通过对教学内容和过程的把握,形成一套教学相长的机制,实现教师和学生的共同提升。

[关键词] 建构主义　移动学习　慕课　微课　远程教学

随着技术进步与市场需求的发展,现代企业越来越多地将以前的"复合型"岗位工作向"专业化""精细化"方向发展。传统大学教育在这一充满激烈竞争的时代,需要进一步整合资源、集中优势教学资源,与时俱进,从内容到形式全面升级,才能把握时代脉搏、满足现代企业用人需求。

近年来,慕课、微课的兴起,从形式上给学生更多的选择。而对于当前在校大学生而言,时间对于他们来说显得更为宝贵。除了教学形式以外,教学内容是否具有能迅速适应就业岗位的"干货",也成了学生选修课程的重要参考依据。

建构主义理论体系下的交互式教学(Reciprocal)模式、认知学徒(Cognitive Apprenticeship)模式、抛锚式(Anchored)教学模式、问题解决(Problem Solving)教学模式,从理论上将学生学习的主动权放回给学生,让教师将更多精力用于教学设计与学习思路的引导。在此理论体系的指导

[①] 本文为重庆市研究生教育教学改革研究项目(YJG153050)、重庆工商大学教育教学改革研究项目(2016205)、重庆工商大学研究生创新型科研项目(YJSCXX2016-060-23)研究成果。

下，移动学习教学模式更灵活地方便了学生的碎片化时间安排，在教学内容方面也更容易与在线教学资源相结合，从而实现传统课堂教学所不易达到的丰饶效果。

一、建构主义学习观

建构主义学习理论强调以学生为中心，认为学生是认知的主体，是知识意义的主动建构者；教师只对学生的意义建构起帮助和促进作用，并不要求教师直接向学生传授和灌输知识。因此，在建构主义学习环境下，教师和学生的地位、作用与传统教学相比已发生很大的变化。在这种情况下，如果仍然沿用传统的教学设计理论与方法来指导，显然是不适宜的。

建构主义批判了行为主义、前认知主义的学习观，吸收了杜威的经验学习论、维果茨基的发展学习论、皮亚杰的建构学习论、布鲁纳的认知结构学习论、奥苏伯尔的认知同化学习理论以及图式论等，对认知主义进行了一次大综合、大发展，形成了自己的学习观。

（一）学习的本质是一个积极主动的建构过程

由于学习者具备通过既有知识经验进行推论的潜能，因此他们不是被动地将知识接收，而是主动地对外部信息或符号进行选择和加工，通过新知识与原有知识经验的相互作用与改造、充实并丰富已有的认知经验，赋予新知识一定的意义。建构主义强调学习者的自主性、能动性，强调学习者在学习中要主动发现问题，主动收集、分析、整理有关资料，并将所获得的新知与已有的知识经验建立实质性联系，进行意义建构。

（二）建构的内容可以是在具体情境中形成的非正式的经验，即非结构性知识

建构主义认为，人的能力性决定了学习者更易于掌握情境化的、非结构性知识。这对于传统教学模式而言，无疑展示了崭新的视角。

（三）学习建构的过程是双向的

一方面，通过使用先前知识，学习者构建当前事物的意义，会超越给定的信息；另一方面，对以往的知识不是原封不动地提取，而会因具体情境的变异而被重新建构。

（四）学习建构的结果是多元化的

由于学习过程中情感因素、知识经验的不同，学习者对同一事物意义的建构结果也不尽相同。但是通过合作学习，他们对同一事物的理解则会更丰富、更全面。因而，建构主义学习观十分强调"意义建构""情境""协作""对话"。通过利用已有的认知赋予新知以意义，学习者达成学习的

终极目标；在一定的社会文化背景之下进行学习，使学习情境的设计有利于所学内容的意义建构；学习者在学习资料的收集与分析、问题的解决、学习成果的评价等过程中进行合作，以便相互启发；通过会话、讨论完成学习任务。其中，协作与对话贯穿学习过程的始终，并体现互动交流，个体的思维成果为整个学习群体共享。

建构主义的学习观与移动学习教学模式的教学环境如此融洽、和谐，因而建构主义学习观也自然成为移动学习教学模式的理论基础。

二、移动学习教学模式

移动学习（Mobile Learning）是移动计算技术与数字学习的结合，借助移动通信设备（如笔记本电脑、平板电脑、智能手机等），学习者可以实现随时、随地、随身的学习。相对于实时的远程在线学习而言，它还具备"分时"的特性，能够使学习者自己灵活安排碎片化时间。

移动学习教学模式更多尊重了学习者对时间把控的主动性，这一点与建构主义"以学生为中心"的理念不谋而合。因此，基于移动学习教学模式的慕课、微课等近年来发展较好。

（一）移动学习教学模式界定

1. 移动学习教学模式的特点

移动学习是远程学习的一个子集，亦是数字化学习的扩展，其学习内容与数字化学习相同，但信息与知识的获取方式却是借助于移动通信网络和移动通信设备。

移动学习应该能够在电子设备辅助下，在任何时间、任何地点开展学习，移动学习所使用的移动计算设备必须能够有效呈现学习内容并提供教师与学生之间的双向交流。

移动学习的数字化内容，应该有助于学习者在任何时间、任何地点回放；移动学习所使用的软硬件条件，应该有利于学习者在非固定和非预设的位置下，有效利用移动技术进行学习。

2. 远程学习、数字学习与灵活学习的关系

（1）远程学习。远程学习（Distance Learning）是指教学发生在非同一地点的一种教与学的形式，传统的函授教学（非数字化学习）和近年来的网络教学（数字化学习）都应该是这种学习的表现形式。

（2）数字学习。数字学习（Electronic Learning / Electronic Internet Learning，简称 E-Learning），也称在线学习或电子化学习、网络化学习、数字化学习等，是指通过因特网或其他数字化内容进行学习与教学的活动。

移动学习是移动计算技术和数字学习的结合，是建立在数字学习基础上的一种新的远程学习方式。移动学习必定属于数字学习、远程学习，但根据情况不同可能属于在线学习，也可能属于非在线学习。

（3）灵活学习。灵活学习（Flexible Learning）是指不包括固定学习在内的各种灵活便利的学习方式。

根据上述概念间的关系，远程学习是灵活学习的一个子集；数字学习是远程学习的子集（远程学习也有非数字的形式，例如邮寄纸质资料）；在线学习与数字学习相交并隶属于远程学习，是远程学习的子集；移动学习则是数字学习的子集，与在线学习相交（如图1）。因此，移动学习被称为第四代或第五代远程学习，是建立在数字学习基础上的一种新型的远程学习方式，其主要特点是时间终身化、空间网络化、主体个性化、内容整合化、交流平等化。

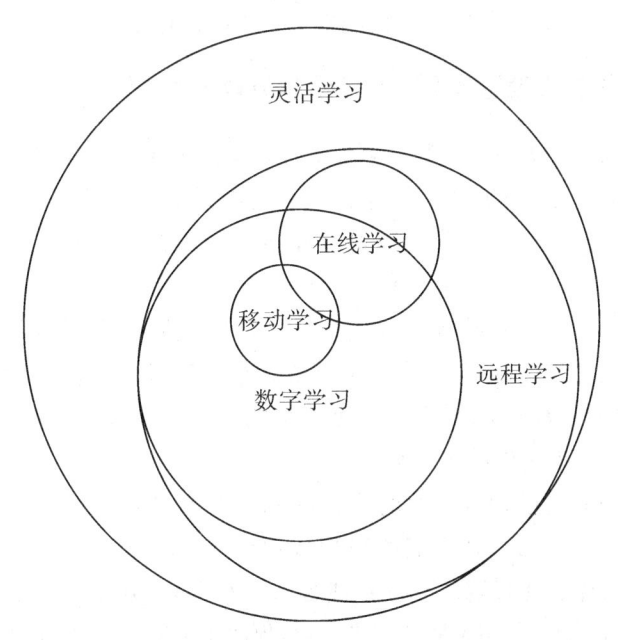

图1 各类学习之间的关系

（二）移动学习教学模式的构成要素

1. 移动学习主体

移动学习应用范围较广，不过仍然可以在授权范围内学习。移动学习主体应该以学生为主，也包括部分在职人员。移动学习不同于传统课堂教学，在监管力度上显得更弱，更多是以求学者自己的主动性来把控。

为了能够取得较好的学习效果，课后作业、课堂在线问答将成为必不可少的手段。

2. 移动学习设备

移动学习设备可以用智能手机、平板电脑、笔记本电脑等易于移动或相对便携的电子产品，通常具备联网功能（某些时候没有网络环境，依然可以学习事先下载好的学习资料）。

对于操作性较强的教学，仍然建议以笔记本电脑甚至台式电脑为主，因为屏幕更大则显示内容将更为清晰，对教学效果也有更好的保证。对某些软件性能要求较高的学习，还需要在硬件性能和软件系统上提前准备，才能保证教学过程的流畅。

3. 移动学习环境

移动学习环境以虚拟方式模拟传统教学环境，比如可以指定学生上台演示，也可以禁止学生发声以保证教师讲授效果。移动学习环境应该在流畅性、易用性上给予保证，并且让教师和学生预先熟悉。

三、建构主义理论体系下的移动学习教学模式设计

建构主义学习理论强调教学情境的丰富性和对环境资源的有效利用，认为结构良好、单一的情境不利于学生建构灵活、高效的学习，而真实、结构不良的、问题丛生的真实情境（社会领域、企业环境、市场环境）不仅可以提供丰富的信息资源，更重要的是把学习者的主动建构放入现实世界，更符合人的社会性特征。建构主义更注重实际社会环境，而不仅仅局限于书本；更重视学生学习活动的合作，通过学习者的合作，减少可能的认知偏差，使理解更加丰富全面，使建构的意义更准确完整和深刻。

（一）教学目标与预期效果

移动学习者自己即是学习的主动建构者，通过自己选择学习内容、选择学习环境，在学习过程中能够得到教师指导、同学帮助（移动学习不同于传统课堂教学，可以随时相互在线提醒、帮助），还能下载资料、分享资源、作品印证。通过这种学习方式，移动学习者将更能适应现代企业高强度、高效率、高标准的真实工作环境，并且随时做到与时俱进，实现学习方式与就业之后的"自我提升"的融合。

移动技术的动态使用会产生许多不同的情境，教学者可以通过网络虚拟不同的工作场景，让学生在身临其境的过程中直面真实问题。例如，学生对于就业时用人单位的需求不清楚时，可以直接通过网络访问各大招聘网站，查询真实的用人单位需求，并尝试撰写有针对性的个人简历。此外，不同的情境也使学生在学习过程中，能通过多次临摹因特网上优秀作品形

成自己的独特原创风格，有利于学生真实能力的成长，并保持学生较高的个性化和兴趣热度。

（二）教学内容

与传统课堂教学更多关注理论不同，移动学习教学模式将更多关注操作，甚至是显得有些"烦琐"的操作，通过教师操作（或指定学生"上台"操作）的方式，不断将原本生涩、枯燥、不易理解的原理以"润物细无声"的方式渗透到操作内容中。

因此，适用于移动学习的课程内容，应该具备更多可操作性，使学生精力能够集中于课堂之上。

（三）教学过程

移动学习教学全过程包括课前准备、课堂交互、课后工作、延伸工作四个部分（如图2）。所有过程全部都在网络上完成（主要利用腾讯QQ、QQ群、QQ视频、录屏软件、截屏软件、群共享等），充分保证学生学习的灵活性。

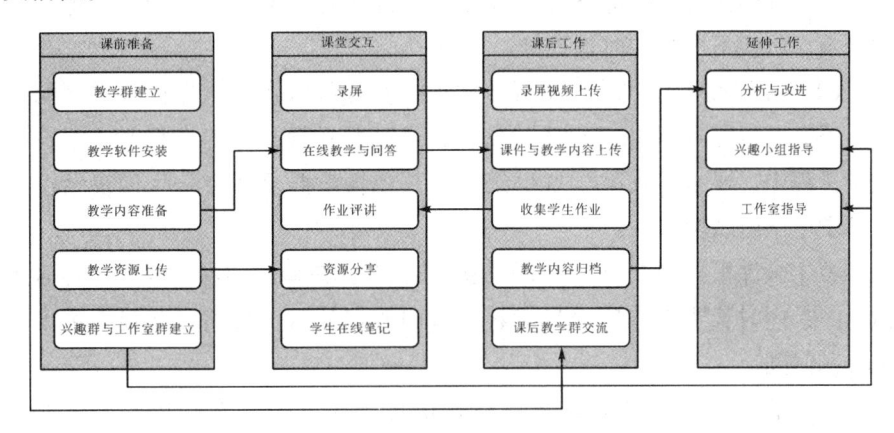

课前准备	课堂交互	课后工作	延伸工作
教学群建立	录屏	录屏视频上传	分析与改进
教学软件安装	在线教学与问答	课件与教学内容上传	兴趣小组指导
教学内容准备	作业评讲	收集学生作业	工作室指导
教学资源上传	资源分享	教学内容归档	
兴趣群与工作室群建立	学生在线笔记	课后教学群交流	

图2 移动学习教学过程

1. 课前准备

（1）创建交流群。教学交流工具以腾讯QQ为例，首先保证所有学生和教师均拥有或注册有QQ号，然后由教师建立一个教学群，后期可以视学习情况建立更小规模的兴趣群、工作室群。

（2）安装教学软件。无论是学生端还是教师端，各类相应教学软件均应提前安装好，并通过调试。

（3）教学资源上传。教师和学生通过QQ群上传文件（包括各类工具、课件、资料等），通过百度云、阿里云、微云等网络平台共享上传大文件。上传资源以教师为主，但也要鼓励学生上传和分享优秀资源。

另外，在 QQ 群论坛或百度贴吧等地，可以发布一些文案资源、优秀网址链接，辅助学生在课余时间进行自我提升。

（4）教学内容准备。教师应准备教学课件、操作手册、数据包等各类教学内容，并提前备课演练，以便在线教学时能够高效准确地展示教学内容。

2. 课堂交互

（1）录屏。移动学习需要教师在电脑端进行，配备麦克风、功放、音箱（必备）、摄像头（可选），教学过程中应该保证大部分学生在线以方便随时查验学习情况。

为了保证不漏听学习内容，每次上课应该录屏——一方面有利于学生课后温习，另一方面对于漏听或缺席的学生也能够在很大程度上补益。目前免费的录屏软件较多，并且还有一类视频加密软件（只能在通过授权的设备上播放）可保证教师的知识产权。

对于教师而言，录屏也能够事后检验自己的教学效果，反复精炼其中的内容，以便下次授课时进行修正补充。

（2）在线教学与问答。录屏开始后，教师可以在腾讯群视频中开始讲授，语音通过麦克风进行传播，视频则通过群视频共享给在线学生。在线教学过程中，要不时在教学群里提问，并在教学群里查看学生回复情况以了解学生学习状况。

至于微课里提倡 6~15 分钟的短时长观点，在移动学习中并不一定必须执行。具体时长要因内容而异。学生看回放视频时，自然知道拖拽进度条来分割时间。

（3）作业讲评。作业讲评主要是讲评上次或更上次收集的学生作业（一般通过 QQ 邮箱收集），这个过程能够肯定学生的劳动成果，对于移动学习过程来说是必不可少的重要环节。对作业讲评深度的把握应该根据教学进度来控制，一些学生具有共性的问题要强调和展示给所有在线学生观摩。

（4）在线笔记。不同于传统课堂的记笔记方式，移动学习的笔记应该更具备效率。学生记笔记一般采用纸笔记草图或关键词+视频截图来完成，简单而重要的内容由学生用纸笔记录，复杂而详细的内容便直接截图（事后可以补充标注），以保证高效和规范，使听课效果得到保证。

（5）资源分享。教师在每次课中、课后应该分享当前课内相关的资源，并引导学生主动去下载、浏览甚至上传相关资源。资源应该更贴近企业和市场的需求，让学生在这个过程中又一次感受职场的真实情境。

3. 课后工作

（1）录屏视频上传。根据教师对知识产权的理解，进行不加密或加密的视频录制，并上传到指定空间供学生下载。学生下载视频后，可以利用自己的空余时间回放，来搞清楚上课时未弄清的问题；对于漏听或缺勤的学生，也可以通过这种方式得到一定程度的挽回。

（2）课件与教学内容的上传。教师将讲完的课件与教学内容上传到指定空间供学生下载。

（3）收集学生作业。教师事先给出截止时间，由学生发送到教师的QQ邮箱，并由教师在讲评前下载。

（4）教学内容归档。授课结束后，教师应该将视频文件、课件、相关的数据、资料等整理归档，以备今后再次教学时参阅。

（5）课后教学群交流。教师应该以经常在线的方式，在QQ群里发布跟教学或自我进修有关的内容，并积极回答学生问题、引导学生思考，以补充传统课堂教学"人走茶凉"的不足。

4. 延伸工作

（1）分析与改进。在教学内容归纳的基础上，教师应分析教学过程中的得失，并拟定改进方法，力争在其后的教学过程中不断优化，不断适应移动学习教学模式的要求。

（2）兴趣小组与工作室指导。在某些课程中，教师应该引导以部分优秀学生为首成立兴趣小组，并由学生创建兴趣小组QQ群，经常给予指导。同时，教师应该独具慧眼，找出优秀并愿意投入时间的学生，建立工作室群，通过承接一些实际工作来验证、提升学生的工作能力。

四、结语

在基于建构主义的移动学习教学模式中，学生的主动性通过具备时代特性的移动方式得以增强；教学过程中的情境化特性也因移动学习教学模式的特点得以渲染。学生在此教学过程中受益，又反过来激励教师的自我提升与改进，共享思维成果的特性也在移动学习教学模式中发挥得淋漓尽致。

因此，教师可以更多地关注教学内容，并有益于提升自身专业性；学生也有利于培养自身的专业兴趣，进而形成个性特征鲜明的专业优势——"教学相长"的良性循环也可借以成型。

参考文献

[1] 许明，洪明. 当代国外大学本科教学模式的改革与创新［M］. 福州：福建教育出版社，2013：267-278.

[2] 胡斌武，吴杰. 建构主义教学论评述［J］. 电教化教育，2007（2）：10-12.

[3] 张向峰，王小侠，阎成文，高涛. 基于远程指导和角色扮演理论视野下的考核方式改革研究——以创新教学课程实操考核为例［J］. 唐都学刊，2010，26（12）：131-134.

[4] 赵慧文，张建军. 网络用户体验及互动设计［M］. 北京：高等教育出版社，2012.

[5] 苏平萍，谢朝霞. 建构主义理论下教师创设问题情境的三大难点［J］. 教育探索，2005（11）：11-12.

基于专业吸收能力促进电子商务师资采纳创新机制研究

刘四青

[摘要] 本文主要运用实证研究的方法，基于高校专业吸收能力，研究电子商务社会需求与电子商务师资核心素养采纳创新间所起的中介效应；分析师资的采纳创新意愿影响因素，厘清师资核心素养采纳创新的构成要素，探索师资核心素养采纳创新的培养路径，试错核心素养采纳创新的培养策略，提升电子商务运营师资教育质量，为"互联网+"教育改革的实施提供参考。

[关键词] 专业吸收能力　师资采纳创新　机制研究

一、引言

"互联网+"教育下，院校竞争日益激烈，创新日益成为影响专业竞争优势的决定性因素。专业创新已经成为院校发展的头等任务。采纳创新是发展电子商务、运作电子商务的本命课题。当前，普通高校电子商务专业仍停留在理论分析和经验总结阶段，配套师资发展滞后，核心素养关注不强，和实际需求脱节严重，具体表现在电子商务采纳创新意识不强，互联网理论创新素养底蕴欠缺，互联网生活体验不足，互联网创新实践匮乏，院校的互联网技术采纳创新机制不健全。本文主要运用实证研究的方法，基于高校专业吸收能力，研究电子商务社会需求与电子商务师资核心素养创新采纳间所起的中介效应。

二、概念界定

（一）高校专业吸收能力

专业吸收能力是指高校专业能够对全新的外部知识进行识别、评价，同时对该知识能够进行消化从而将之应用于人才培养的能力。专业吸收能力可进一步概括为三个维度：识别能力、消化能力和转化能力。高校电子商务专业吸收能力是指研究电子商务专业的知识识别、评价、消化、转化、整合和应用的能力和过程。

（二）电子商务师资

电子商务师资是必须具备电子商务理论知识与技术能力运用水平，能够指导学生线下线上学习、历练专业、网商价值活动优化和创新，有助于大学生互联网职业能力培养和职业素质养成。

（三）核心素养采纳创新

电子商务师资核心素养是采纳创新，体现在"互联网+"教育多元化知识来源下的创新发展的电子商务理论文化基础，学会学习、健康生活的自主创新发展以及责任担当、实践落地的社会创新参与三个维度。

三、研究述评

（一）专业素养与采纳创新

专业教师如何适应互联网时代要求？余胜泉教授认为"互联网+"教育变革将重构教育生态系统。电子商务师资要求必须重构实现内容供给、重构智慧学习环境、重构教与学方式，突出专业教育系统的采纳创新。顾明远教授提出在互联网时代，教师应适应教育环境变革，科学利用信息技术，改变教学内容，改变教与学方式，以未来的眼光培养面向未来社会的人才。海伦·卡朋特（Helen Carpenter）将教师的学科知识列在核心素养之首，刘永胜也强调学科素养重要性。他们认为教师不仅要熟悉学科知识，还要能够对学科知识有宏观的理解和把握，帮助学生建立知识点之间的联系。本杰明·J. 霍特迈尔（Benjamin J. Hotmire）界定一个"真实的教师"应该具有的品质是充分了解学生，关注学生需要；对学生表达关心、关切；能够使学生成为更好的人。

如何有针对性地促进专业师资采纳创新以及进行创新？罗杰斯（Rogers）于1962年出版《创新扩散》一书，对创新采纳进行了开创性的研究。罗杰斯（Rogers）指出所谓创新采纳是指个人或组织对于某一项创新是否使用所做出的决策。后来的研究者所建立的关于创新采纳的模型基本上都是建立在 Rogers 的研究基础上，描述与解释了不同变量因素与创新采纳决策行为之间的关系。创新的价值和作用体现在高校专业对创新的采纳并被培养人才的社会需求所接受。学校可以通过多种手段进行创新采纳，而大量的实证研究分析表明，社会需求是影响院校专业进行创新采纳的一个重要因素，进而引出了需求拉动理论，主要是指院校进行创新采纳的动力受到社会人才市场等方面需求的影响，院校在发展过程中不断采用新理念、新方法、新设施、新技术来满足各方面的需求。这种观点是众多主流专家的观点。北京教育科学研究院副院长褚宏启认为，学生核心素养的核心可以聚焦为创新能力与合作能力，也就是学生不仅要有健康的身体，还要有聪明的脑和温暖的心。而教师核心素养就是很好地培养学生这两种素养的能力。贺诚同样认为，学生核心素养的核心是创新素养，如果离开教师的创新素养和创新能力，那么学生的创新素养是很难培养的。甘乐鸣则建议教师应该以创新的思维，在课堂上通过开放式的问题设计、对提问层次的把握、有效的交互反馈，来启发和引导学生思维的发展，培养学生的创新能力。

（二）吸收能力

吸收能力自提出以来一直是一个研究热点。学者们将其应用于战略管理、组织学习等多个领域，进行了大量的理论研究和实证研究。科恩和利文索尔（Cohen & Levinthal，1990）首次提出吸收能力概念，将吸收能力划分为识别、消化和应用三个维度，同时他们基于认知行为学的观点认为吸收能力具有一定的累积性和路径依赖性。此后，大部分学者对吸收能力的研究都是在科恩和利文索尔（Cohen & Levintha）的基础上进行的。扎赫拉和乔治（Zahra & George，2002）基于动态能力理论认为吸收能力是一系列组织惯例和过程，通过这种动态组织能力专业可以获取、消化、转化和利用知识并获取持续的竞争优势。除此以外，他还将吸收能力划分为潜在吸收能力（PAC）和现实吸收能力（RAC）两大类别、四个维度。其中，潜在吸收能力包括知识获取和知识消化；现实吸收能力包括知识转化和知识利用。随后，雷恩（Lane，2006）将吸收能力定义为利用外部知识的能力并将其划分为三个连续的动态过程，分别是探索性学习、转化性学习和应用性学习。王天力（2013）整合了"能力观"和"过程观"，将吸收能力定义为专业识别和评价、消化和转化外部新知识并最终把新知识整合应用于商业化产出的动态过程能力，并将其划分为了识别评价能力、消化和转化能力以及整合应用能力三个维度。

目前，基于院校吸收能力研究相对不足，部分研究也是涉及专业吸收能力影响校企合作绩效方面。曹达华等重点分析了专业吸收能力影响校企合作绩效的中间过程机理。当然，针对院校专业提升、教师素质提升等类似研究仍不少，这些研究基本脱离不开专业建设、师资建设、课程建设等单方面或多方面研究。钟秉林就提出学校要加强系统研究和顶层设计，统筹谋划学校的管理体制机制、人才培养模式、课程体系建设、教学方法手段和教师队伍建设等方面的综合改革。李烈也认为，创新和持续性的教师发展是一个系统工程，学校要结合实际，制定生成符合自己学校的切实可行的行动措施。

四、研究假设

在错综复杂的网络化、全球化的背景下，院校的发展需要创新，专业只有不断进行创新，才能够在激烈的竞争中获取优势与发展。本文通过调研认为社会电子商务运营职能和岗位需求，对院校经管类专业开展电子商务运营教学具有显著的正向影响。

假设1：电子商务运营社会需求对院校专业创新采纳有显著的正向影响。

学校如何建设网络学习空间，构筑线上线下（OTO）融合的育人环境？通过改变学校基因和改变学校运作流程。提升院校自身专业吸收能力，能够较早地获取电子商务运营信息、识别运营机会，为专业发展提供知识储备，丰富专业知识体系，为专业师资进行创新采纳奠定良好的基础。因此，提出假设2。

假设2：院校专业吸收能力对电子商务运营师资创新采纳具有促进作用。

本研究认为，电子商务运营社会需求的变化将可能影响院校专业创新采纳模式，而电子商务社会需求的传达在很大程度上又依赖于专业的吸收能力。所以说，专业吸收能力日益成为院校发展的重中之重，尤其是对于人才培养的个性化需求进行的量身定做尤为重要，因此，提出研究假设3。

假设3：电子商务运营社会需求通过院校吸收能力对师资创新采纳产生正向影响。

五、研究方法

（一）数据来源

文章数据主要采用调查问卷的方式获得，问卷的发放对象主要为重庆工商大学教师和学生，由师生进行匿名填写。本次调研共发放问卷200份，回收165份，其中有效问卷160份，有效问卷回收率为80%，满足研究的需要。

（二）变量选取与测量

问卷设计采用7点式李克特量表。同时，为保证问卷设计信度可靠性和效度有效性，问卷的设计量表建立在已有文献并经验证过的量表上，并根据研究的内容进行了适当修改。具体有以下几点：

电商社会需求采用需求量表（CNFU）来测量社会需求，并经过略加改造，使其适合研究需要。专业吸收能力测量主要借鉴李克特的成熟量表，该量表主要测量转化性学习、探索性学习和利用性学习能力。师资创新采纳测量方式在借鉴相关研究的基础上进行了3个条目的测量，包括师资新技术学习、师资新软硬设备采购、师资新方法和新技术使用。

六、结果分析

数据进行描述性统计及Pearson相关性检验。分析结果表明，Pearson相关系数的绝对值均小于0.7，从而说明各变量之间的相关性在可接受的范围之内，同时社会需求、专业吸收能力与师资创新采纳之间存在相关性，为进一步验证它们间的作用关系建立了基础。

针对共线性问题，本文在进行层次回归分析之前，采用方差膨胀因子（VIF）进行检验，来排除共线性的干扰，对相关数据进行分析研究，模型中变量的VIF值均大于1小于10，证明研究模型不存在较严重的共线性问题，满足研究需要。同时，对所做的中介模型进行索贝尔（Sobel）检验，表明中介效应显著。依据巴伦和肯尼（Baron & Kenny）的中介检验方法进行假设检验如下：

社会需求对专业吸收能力有着正向的影响，回归系数为0.435（$p<0.001$），表明需求的变化会提高专业的吸收能力，这主要是因为社会需求是专业发展的源动力，专业往往会从多个方面来获取社会需求，从而提高专业的竞争力。

社会需求对师资创新采纳有直接影响，回归系数为0.132（$p<0.01$），表明假设1成立，需求能够正向显著影响专业的创新采纳。专业进行创新采纳是专业创新的一种表现形式，社会需求的获取在一定程度上对专业的决策起到了引导作用。

专业吸收能力对师资创新采纳有影响，回归系数为0.242（$p<0.001$），说明专业吸收能力能够正向促进专业创新采纳，这与研究的假设预期相符，假设2得以验证。专业吸收能力的增强能够使专业及时准确获得创新所需知识，对技术创新的采纳获得专业方面的支持。

专业吸收能力在消费者需求和专业创新采纳关系中的中介作用，在对专业吸收能力进行控制后，社会需求对专业创新采纳的影响作用消失，而专业吸收能力对于专业创新采纳的影响依然显著，从而可以说明专业吸收能力的中介作用显著，假设3成立。

七、结论

从本文的研究结果可看出，社会需求对专业进行创新的采纳具有促进的作用，这也与实际相符合。需求给企业创新采纳提供了推动力，整体上促进专业创新绩效；专业吸收能力有利于专业间知识的传播、学习，有利于提高专业的工作效率，对专业进行创新采纳起到促进作用；社会需求的传达在一定程度上需要依赖专业吸收能力进行，使得专业管理层能够准确地根据社会需求去调整战略，进行相关的创新等行为。

基于应用型人才培养的客户关系管理课程改革研究

袁 俊

[摘要] 在电子商务迅猛发展、市场竞争加剧的背景下，企业经营理念过渡到以客户为中心，企业对客户关系管理人才的需求达到一个前所未有的状态。高校的客户关系管理人才培养却不容乐观，课程教学存在重理论轻实践、教学内容与方法陈旧、教学目标与企业需求严重脱节等问题，缺少企业需要的能将理论运用于实际管理活动中的应用型人才。针对目前的问题，文章提出了优化课程教学内容体系、完善实践实训环节，实现教学方法多样化、考评方式多元化的课程体系的课程改革建议，以培养具备典型行业的客户关系管理岗位工作任务所需的理论知识和实践能力的应用型人才。

[关键词] 客户关系管理 课程改革 应用型 人才培养

随着电子商务的迅猛发展，产品同质化严重，市场竞争日益加剧，企业经营理念也从以产品为中心过渡到以客户为中心。企业通过实施有效的客户关系管理策略来获得和保持更多的忠实客户，建立起长久稳定的客户关系，实现企业与客户的双赢。在市场竞争日益加剧的背景下，客户的价值受到企业重视，客户关系管理（CRM）的重要性尤为突显，电商和传统企业对客户关系管理人才的需求达到一个前所未有的状态。各经管类专业相继开设了客户关系管理课程，尤其是电子商务专业将其作为了专业核心课程。

教育部 2016 年工作要点中指出：鼓励具备条件的普通本科高校向应用型转变，加大支持力度，有序开展改革试点，会同有关部门共同建立跟踪检查和评估制度。客户关系管理课程具有非常强的应用型特点，不仅要求学生具有扎实的理论功底、实践的经验，还要具备把理论运用到实践中的能力。然而高校的客户关系管理人才培养却不容乐观，缺少企业需要的把理论运用于实际管理活动中去的应用型人才。

一、客户关系管理课程特点

客户关系管理起源于 20 世纪 80 年代欧美国家所提出的"接触管理"（Contact Management），即企业有针对性地收集、分类、过滤、整理、集成客户与企业相关联的所有信息。在业务需求拉动和信息技术推动下，经过 20 多年的理论完善，接触管理演变为目前的客户关系管理，并日趋形成一套完整的管理理论体系。

客户关系管理的产生主要基于三个要素：市场营销理念的发展、企业竞争的加剧、信息技术的发展。客户关系管理是将现代的管理理念与创新的商务管理机制有机结合，通过现代信息技术、网络平台支持来实现的一门新兴综合性学科。客户关系管理课程涉及的学科主要包括：工商管理、市场营销、商务策划、统计学、计算机等。课程涉及知识面广，内容跨度大，不仅要求学生能够拥有多元化的知识，也要求老师具有多样化的知识背景和技术能力。

客户关系管理课程重点突出以客户为中心的核心价值观，以获得企业的核心竞争优势为目标。课程的教学目标是让学生掌握客户关系管理的基本概念和理论，理解客户关系管理的功能、结构以及在企业中的应用，掌握客户关系管理系统的实施过程和开发方法，培养学生对客户关系管理的理解、应用和设计基本能力。

客户关系管理课程具有鲜明的应用型特点，层次结构丰富，但理论研究和实践教学滞后。在理论教学层面上，要求学生充分掌握客户关系管理的基本概念和基本原理，形成以客户为中心的管理理念；在实验操作的要求上，要求学生能够熟练使用 CRM 系统，准确地完成各种验证性实验；在应用层面上，要求学生能够进行综合性应用，主要内容包括现实环境和实际情境的确认、对客户关系管理的应用和设计、对实践数据的综合分析等。

二、客户关系管理课程现状及问题

我国高校客户关系管理教学目前陷入了困境，无法适应企业客户关系管理实践的需求，无法为企业培养合适的客户关系管理人才，阻碍了我国企业客户关系管理的发展进程。因此，我国高校客户关系管理课程教学的改革已刻不容缓、势在必行。

（一）偏重于理论教学，缺乏实践教学环节

许多高校客户关系管理课程仅开设有理论课，缺少实践、实训环节，考核方式为单一的笔试，更没有课程设计考核环节。客户关系管理课程的实践性很强，虽然很多学生基本掌握了客户关系管理的理论知识，但是在实际工作中却难以运用相关知识，觉得上课的内容太空泛，而且脱离实践应用。客户关系管理工作岗位要求员工有较强的实践操作动手能力，这就要求我们的授课要更加突出实践技能的训练。

（二）教学内容与教学方法陈旧

各经管类专业在开设客户关系管理课程时，课程体系差异较大，困惑于客户关系管理的工作过程，在设计教学内容方面缺乏系统性。我国高校客户关系管理专业的相关教师缺乏实践教学经验，缺乏课程所需的多样化的知识背景和技术能力，对课程实践能力的培养远未达到预期目标。

（三）教学目标与企业需求严重脱节

当前客户关系管理教学中存在的主要问题是研究方向的两极分化，对学生实践能力培养的力度也较为不足。在教学中，大部分的实践教学只局限于校内，仅开展了对CRM软件系统的简单操作，没有让学生真正地深入到企业客服部门去实践，也没有让学生深入企业调研分析其客户关系管理存在的问题，并针对商务实战给出系统化的客户关系管理优化设计方案。因此导致了学生实践应用能力不足，无法真正满足企业对客户关系管理人才的要求。

三、客户关系管理课程改革的建议

客户关系管理课程以培养学生具备典型行业的客户关系管理岗位工作任务所需的理论知识和实践能力为核心，根据客户关系管理岗位的典型工作内容确定教学内容，根据客户关系管理岗位的典型工作内容组织教学过程。课程改革的目标是优化课程教学内容体系、完善实践实训环节，实现教学方法多样化、考评方式多元化的课程体系，培养具备典型行业的客户关系管理岗位工作任务所需的理论知识和实践能力的应用型人才。

（一）夯实课程理论基础

客户关系管理课程一般包括原理、技术、应用三大模块。学生通过课程的理论学习，掌握客户关系管理的基础理论（包括CRM的定义、内涵、功能、源流、背景、设计、制定、实施等基础知识），了解客户关系管理行业应用、客户关系管理软件等。了解客户关系管理未来发展趋势，理解客户数据挖掘、数据分析以及移动商务、物联网、云计算等新技术环境下的客户关系管理运营方法。

(二) 教学方法多样化

理论教学可主要采用讲授法、案例教学法、视听教学法、小组讨论等方法；实践教学主要采用项目教学、案例教学、情景模拟、实际操作等方法。在课堂教学中，教师要注重启发学生，让学生参与到课堂教学中来，引导学生善于思考和分析问题，发挥学生的主动性、积极性和创造性。在课堂教学活动中，教师利用多媒体演示、情景模拟、角色扮演等手段再现实际的工作过程或情境，让学生置身于各种模拟的客户服务环境中，使学生在"工作情境"中领悟知识，提升职业能力。

(三) 精选案例分析

在教学改革中，坚持课堂理论与案例相结合，及时更新案例材料，案例要符合学生专业特点。客户关系管理课程应采用国内外成功和失败的客户关系管理实施的经典案例，其主题要符合客户关系管理教学内容和特点。通过教师的重点讲解和学生的讨论，学生可以对客户关系管理课程的实际实施有一个完整的认识。由于客户关系管理自身处于高速发展、不断更新的过程中，热点多但热度持续时间短，因此案例和研究主题必须及时更新，切合当前主流。

(四) 完善实践实训环节

目前客户关系管理课程的实践教学主要还是围绕着客户关系管理软件的演示进行，以操作性实践为主而忽略了管理客户关系的理论和思想的应用，且不能让学生应用所学的知识解决实际问题，无法真实了解企业具体的工作内容，同时缺少了互动过程。课程改革需要完善课程作业、课程设计等环节，让学生通过这些环节锻炼对所学知识的应用能力，摆脱只会基本操作软件，不能解决实际问题的弊端。

(五) 考评方式多元化

我们的目标是培养应用型人才，是指能将学习材料用于新的具体的情境的一种专门人才。将学习材料用于新的具体的情境包括原则、方法、技巧的拓展。因此，客户关系管理课程应改变传统以笔试为主的终结性考核方式，而改用过程性考核与终结性考核相结合的方式，加大对学生综合能力的考评。课程可以大胆采用课程设计、实践项目设计评定课程成绩。

四、结语

客户关系管理课程必须确立适应市场发展要求的新理念、新思路，彻底更新教师现有教学观念，以培养学生的应用能力为目标，改革、整合目前的实践教学内容体系，使教学内容更具实践性、实用性，教学方法更具多样性，建立以能力为核心、具有创新特色、虚实结合的实践教学模式，培养学生具备客户关系管理相关岗位的知识与技能，提高学生的任职能力，从而满足企业对客户关系管理人才需求。

参考文献

[1] 王丽静. 客户关系管理课程教学内容及方法研究 [J]. 知识经济，2016（24）：149-150.

[2] 中华人民共和国教育部. 教育部2016年工作要点 [EB/OL]. (2016-02-04). http://www.moe.edu.cn/jyb_xwfb/moe_164/201602/t20160205_229511.html.

[3] 宋丁伟，丁江涛，张同建. 论高校客户关系管理课程教学改革的路径 [J]. 中小企业管理与科技，2015（34）：195-196.

[4] 李越. 工业4.0时代下的客户关系管理探究 [J]. 经济师，2016（12）：269-271.

基于 BTEC 理念的
电子商务课程教学模式探索

张梁平

[摘要] BTEC 是源于英国的一种全新的课程、教学、培训模式。以"人格本位"来充实和完善"能力本位"的课程观以及在此基础上形成的全新的能力标准、课程模式、教学方式及评价机制是 BTEC 教育的显著特征。电子商务课程因其内容的综合性、边缘性、应用性,在课程内容设计、教学方法上借鉴学习 BTEC 的理念方法,对于电子商务人才培养有着较大的作用与价值。

[关键词] BTEC 学生中心 关键能力 过程管理 课业

一、引言

BTEC 是 Business & Technology Education Council(商业与技术教育委员会)的缩写,它是一种全新的教学模式。目前,全世界共有 100 多个国家,5 700 多个中心在实施 BTEC 的课程教学模式。BTEC 强调案例教学与互动式教学,注重关键能力培养,教学目标具有综合性;注重市场需求分析,课程具有职业性;教学过程以学生为中心,教学具有现代性;质量评估与审核体系完整、严格,具有高效性。通过对 BTEC 的教学模式特色的探索,汲取其先进的理念与运作思路,对提高当前电子商务人才的质量有较大的意义。

随着互联网的发展,电子商务已经成为当前经济的主流,电子商务课程也成为高校诸多专业课程体系的重要组成部分。但是由于该课程内容新颖性、复合性、应用性等特征,采取传统的讲授法难以实现教学目标,引入新的教学模式就成了该课程教学改革的重要内容。

二、BTEC 教学模式的基本理念

"以学生为中心"是 BTEC 教学模式的一个基本出发点，这一核心理念已成了管理者和教师的共识。BTEC 教育的真正价值就在于学生的"独立思考，勇于创新，大胆质疑，积极实践"，通过学生对已有知识的思考，培养其理性精神，鼓励学生与众不同个性及能力的充分、自由表现和发展。这一理念的体现主要在以下两个方面：

一是围绕学生，建立全面的"学习支持系统"。BTEC 非常重视让学生明白自己的学习任务和责任的重要性。学生入学后会得到一本学习手册，里面有课程目标、学习内容、考核评估方法，以及学生的责任、权利和可以利用的学习资源等。同时，学校还设立"咨询中心"，从课程选择、学习方法到日常生活、毕业出路，全方位为学生提供广泛地支持与服务。为了让学生的个性得到充分发展，BTEC 的常规教学计划中，学生周课时一般为 15 节左右，学生有大量可自由支配的时间来读书学习、社会调查、完成课业等。电子商务课程教学内容涉及信息技术、网络营销、网站运营、数据处理等庞杂知识，仅靠课堂所教所学，显然不能有效提升教学效果。参考 BTEC 做法，以学习手册的形式，将课程知识、能力进行分解，对于增强学生对课程的了解，从而主动地学习，应该有比较大的帮助。

二是教学过程中，学生是真正的"主角"。BTEC 提倡学生积极、主动参与到学习过程中来，对自己的学习负责。教师设计丰富多样的课堂学习活动，如问答、小组讨论、调查、操作演练、演讲等来指导、引导学生学习，鼓励学生思考、提问。同时，学生在课程中要取得怎样的成绩，主要取决于学生自我发展和自我设计的要求，学生可以根据自己将来要从事的工作和自己的学习兴趣，决定自己力争达到的成绩等级。在教学评估中，以"任务法"的方式来考核学生解决实际问题的能力，一门课程要进行连续多次的评估，通过每次评估后的反馈来促进学生的发展。"以学生为中心"的教学理念与"主体性"教育是有共通之处的，两者都强调学生的主体地位，尊重学生的主动、能动精神，培养学生的实践能力和创新精神，都是时代精神在教育领域的反映。BTEC"以学生为中心"的教育理念及其在教育中的实施途径，对于更新教育观念，推进"素质教育"具有良好的借鉴意义。鉴于电子商务课程的内容应用性比较强，应特别注意"以学生为中心，以过程为中心"。

三、强调通用能力培养的重要性

BTEC课程为非学科化模式,强调学习应与将来所从事的工作相关联,即面向应用。学生不仅要学习知识(理论),获得实践技能并会运用这些技能,更要发展自己的通用能力。而且,BTEC在培养学生发展专业技能的同时,特别重视培养通用能力(也称关键能力,即跨职业的、可迁移的、有助于终身学习的、可发展独立性的能力),使学生成为岗位适应性强和积极上进的高素质劳动者。"通用"的含义是不针对某一具体的职业,而是从事任何工作的任何人要获得成功所需要掌握的技能,主要包括以下七方面的内容:管理与自身发展、在工作中与人合作、交流、管理任务和解决问题、数据应用、技术应用、设计与创新。BTEC还把这七个方面的能力继续分解为一系列具体的行为结果与行为指标,使学生在学习过程中有明确的方向与目标(如表1所示)。

表1   BTEC通用能力一览表

通用能力	评估指标
管理和发展自我	安排自己角色和责任;安排时间来达到目标;发展个人和事业;以所获取的能力应对新的情况和变化
与他人合作	尊重他人的价值、信念和意见;与个人和集体有效地联系和互动;作为团队成员能有效率地工作
交流	接受并对丰富的信息做出反应;以各种视觉形式提供信息;善于书面交流;参与口头和非语言交流
管理任务和解决问题	使用信息来源;能同时完成常规和非常规的任务;明确和解决常规和非常规的问题
数据应用	运用数字的能力和技术
技术应用	运用大量设备和系统
设计和创新	在产品、服务和工作条件的创新方面运用多种能力和技术实现新的构思;运用多种思维方式

通用能力作为BTEC证书课程的核心课程,并不采用单独开课的方式,而是落实在课程的教学活动中,把通用能力列入教学目标,明确界定通用能力的内涵,把发展通用能力作为学生学习过程的一部分,有计划、有步骤地培养学生。例如在设计课业时教师除说明完成的教学目标外,还要说明本课业要发展学生哪些领域的通用能力并获得哪些成果。

电子商务课程在教学设计中,也有培养学生通用能力的要求,因此在教学模块的安排上,系统地嵌入通用能力的培养,对于学生知识、素质、能力的提升大有帮助。在过程考察中学生完成学业时,要有两方面的提升:一是专业能力,二是通用能力。对学生的过程评估中,注意学生的个性特点,视其潜能的开发情况,综合对其通用能力的发展水平进行客观评价。在评估学生课业时特别注意评估通用能力的成果。由此看出,BTEC课程教学把发展学生的通用能力与发展专业技能放在了同等重要的位置,将通用能力的培养落到了实处,其可操作的方式与方法颇值得我们学习与推广。

四、以课业为教学的主要形式

BTEC教学没有固定的教材,但有严格的教学要求。电子商务的课程体系目前虽然也有一个相对成熟的基本框架,但由于所涉及的互联网技术发展日新月异,电子商务新经济形态变化更新极快,教学的内容大多滞后于实践发展。因此教师在组织教学中,大多是框架相对稳定,内容补充、调整较大。

BTEC的教学是基于课业进行的。学生要按照课程目标,以任务、问题为先导,分析问题、查找资料、解决问题。课业(如案例研究、作业、以实际工作为基础的项目等)是一种最主要的教学形式,它由一项或一系列有实际应用背景的任务所组成,每一次课业一般要完成1~2项专业能力训练,3~5项通用能力训练,课业学习的成绩最终以成果定等级。设计课业时,围绕教学大纲的要求,结合行业实际和学生特点有针对性地开展,课业要介绍背景,交代任务产生的原因、条件和可以利用的资源等内容。在设计书中,对任务、完成标准和应取得的能力有明确的要求,按由易到难和逐步深入的原则,详细描述每项任务的具体要求,使学生明确需要完成的内容和等级的划分标准,对每个等级完成任务的状态有详细的说明,还附有对完成课业的建议。这种方式能有效地促进教学过程中的师生互动,有利于培养学生自主学习、自我评价的能力。BTEC的课业与我们常规课程设计有较为明显的区别,主要有以下四点:

1. 内容分量不同

课程设计是对一门课程内容的综合训练,一般安排在一门课程结束时。而课业是对一门课程的阶段性训练,一般一门课程要安排两个以上的课业。

2. 时间安排不同

课程设计一般是进行专周训练,而课业则是随时可以进行的,教师并不安排专周进行。

3. 指导过程不同

课程设计体现的是教师如何教。要求教师为学生提供一份尽可能详尽的指导书，选题一般是虚拟的。学生只要按指导书提供的要求和方法，再参阅少量参考文献就可完成设计任务。而课业的设计体现的是学生如何做，要求教师给学生提供自主学习的机会。选题一般都是真实的，往往有着工程背景。课业只有任务书而无指导书，学生需要自己主动收集大量的信息并进行归纳、分析才能完成课业，教师要求学生在收集信息时要使用多种交流手段（如社会调查、到图书馆和上互联网查阅有关资料、请教老师或身边的任何人）。

4. 训练目标不同

课程设计的训练目标是掌握该门课程的专业技术要求和技能，而课业的训练目标则是在完成大纲规定的课程教学目标的同时，还要涵盖学生通用能力的培养。使学生学会分析自己的能力以及打算发展的领域，以便适应其一生中需要不断地进行自我提高的要求。

五、强调学习的证据与过程

BTEC教学不是以最后的考试为唯一考核依据，强调以学习的证据与过程作为考核的依据，考核的内容包括了七种通过能力。而考核所需要的证据，指的是学生学习的各类成果，其形式是多样化的，如课业、报告、论文、案例分析、产品制作、实操技能、卷面考试、教学活动、课外项目、口试、录像和录音等。学习证据是通过以下渠道可获得的证据：学习过程的表现，来自社会、学校各方面的反映，学习总结，自我评价以及笔记等。BTEC教学中强调建立学生"学习证据汇编"。该汇编是由学生自己收集整理的应保存的重要资料，收集的内容有个人总结、学习心得、测验单、教师和实习指导教师的书面反馈意见、课堂笔记、实验报告、问卷调查、小组工作记录、图表、照片、计划、流程图、日程表、草稿、数据库、计算机文档及软件等。建立汇编的意义在于为学生申报成果提供基础证据，为教师评估通用能力等级提供基础证据，为用人单位展示学生已取得的成就以及学生所具有的潜力。对证据的重视，从另一方面反映了BTEC课程教学注重教学的过程，而不仅仅只看结果来决定一门课的最终成绩。可见，BTEC教育要评估的结果是必须能够执行或证明的可观察的结果，即这种结果是一种行动或行为，对学生的评估是对这种行动或行为"证据"的收集与评价。这种对学生成绩的评估，与我们传统的"一试定高下"的考试有较大差别，它视角全面，评估结果可信、相关、真实、高效。评估既注重结果,又注重过程,它判断学生是否达到了结果所规定的所有的评估标准。

BTEC 课程将英国最好的学术传统和现实工作中所需的主要技能的开发和评估完美地结合在一起。在电子商务课程中汲取 BTEC 先进的教育理念、先进的教学模式和教育技术,建立以电子商务能力为核心、全面发展综合能力、突出创新特色的多元化的课程结构,有助于培养适合社会发展需求的、具有关键能力的电子商务人才。

参考文献

[1] 刘尚国,于胜文,王喜芹,等. BTEC 理念用于工程测量学实践教学之初探 [J]. 测绘通报,2011 (11):80-90.

[2] 李耀华. 电子商务课程教学改革分析 [J]. 郑州牧业工程高等专科学校学报,2015,35 (1):75-77.

[3] 雷朝阳,陈永秀,陈利兵,等. 基于 BTEC 思维的《营销策划》课程项目驱动式教学应用研究 [J]. 萍乡高等专科学校学报,2014 (1):102-105.

[4] 胡桃,尧舜. 电子商务教学方法改革与实践 [J]. 中国大学教学,2012 (10):67-70.

[5] 张红艳,柳璐. BTEC HND 课程体系人才培养模式的优势探索 [J]. 科教文汇,2011 (33):56-57.

基于合作学习模式的
电子商务风险投资与创业教学实践探索

张梁平

[摘要] 电子商务风险投资与创业课程涉及电子商务、风险投资、创业三个领域，教学内容具有创新性、综合性、应用性等特征，教学难度比较大。本文着重分析在教学中引入合作学习模式的意义，重点介绍以"异质分组""正相互依赖""个人责任""小组自评""社交技能"为特征来构建合作学习小组的方法。

[关键词] 电子商务　合作学习模式

合作学习模式是目前在世界范围内被广泛使用的课堂教学组织形式，它是一种富有创意和实效的教学理论与策略，在改善课堂社会心理气氛、提高学生的学业成绩、促进学生形成良好非认知品质以及改善师生关系等方面效果显著，成为当代主流教学理论与策略之一，被人们誉为"近十几年来最重要和最成功的教学改革"。针对电子商务风险投资与创业课程的现状，引入合作学习的理论来改进教学形式，提高教学质量，应有较好的效果。

一、电子商务风险投资与创业课程教学难度分析

随着信息时代的飞速发展，电子商务已经成为社会经济发展的基本商业形态，电子商务创业也形成了一股热潮。高校越来越重视大学生创业教育，电子商务风险投资与创业这样的跨专业、综合性、应用性课程也应运而生。但同时，课程的创新性、综合性、实践性特点也给教学带来了不小的困难。

电子商务风险投资与创业课程涉及电子商务、风险投资（即创业投资）、创业三方面的内容，要求学生通过学习，掌握基于风险投资视角下的电子商务创业的知识，达到激发创业热情、提升创业意识、锻炼创业能力

的教学目标。但在实际教学活动中，课程各部分内容相对独立，学生在学习时一下子要接触大量的知识，往往觉得一头雾水，摸不着门道，把握不住关键。

同时，由于电子商务风险投资与创业课程实践性强，而课堂教学的学时数有限，因此让教师与学生双方都感到困难重重。教学知识的综合性和教学内容的实践性，给教与学带来了较大的考验，传统的讲授教学法难以实现好的教学质量，要提升课程的教学质量，就需要对教学模式进行改革探索。

二、合作学习模式的优点

合作学习（Cooperative Learning）由威廉·格拉塞提出，20世纪70年代后期在美国兴起。它是一系列促进学生共同完成学习任务的教学方法，通过学生之间的交互作用对学生的认知、发展、学习情感和同伴关系产生积极影响。1997年，美国著名教育评论家埃利斯指出，如果让我举出一项真正符合"改革"这一术语的教育改革的话，那就是合作学习；合作学习如果不是当代最伟大的教育改革的话，那么它至少也是其中最大的之一。

该模式是根据需要把教学班分成多个学习小组，淡化教师信息发布人的作用，让学生逐渐成为学习小组的参加者和决策人，鼓励学生在小组内相互协作。课堂教学形式以竞争性、协作性以及个性化为特征。

合作学习模式与传统教学模式相比具有明显的优越性，既能提高学生的主动性和参与性，又有利于培养学生的团队协作精神，教师还可以通过合作学习模式提高教学质量。由于合作学习模式在改善教学气氛、大面积提高学生的学业成绩、促进学生形成良好非认知品质以及改善师生关系等方面效果显著，很快引起了世界各国的关注，合作学习必将成为课堂教学和学习的主流模式。我国自20世纪80~90年代开始，在各学科的学习中也出现了一些合作学习的研究与实践，并取得了较好的效果。合作学习模式是课堂教学的一种创新和改革，成为推动课堂教学改革的一项有效的教学模式。把合作学习模式用于电子商务风险投资与创业教学过程，使学生在愉快的课堂气氛中掌握知识，并且建立良好的新型师生关系，实现教学相长、师长共进的目标。

三、在电子商务风险投资与创业教学中引入合作学习模式

合作学习模式以"群体动力"理论为基础，以来自集体内部的"能源"为学习动力。一方面，具有不同智慧水平、知识结构、思维方式、认知风

格的成员可以互补；另一方面，合作的集体学习有利于学生自尊自重情感的产生。但是在教学实施中，不少教师容易把合作学习模式简单理解为"分组学习"，虽然也能克服普通教学方式的一些弊端，但同时也带来了一些新的问题。真正的合作学习模式的实施，需要一整套科学的方法，并且要掌握基本的要点，才能达到事半功倍的学习目标。具体可按以下步骤推动开展：

（一）以"异质分组"为基本特征，构建学习小组

异质分组是指在组建合作学习小组时，应尽量保证一个小组内的学生各具特色，彼此取长补短，即小组成员是异质的、互补的。对学生进行混合编组，一个重要的理由就是合作学习需要多样性。由于电子商务风险投资与创业教学的创新性、综合性、应用型，在条件允许的情况下，可先对学生的电子商务风险投资与创业相关课程进行调研，了解学生对电子商务、风险投资、创业学等方面知识的掌握情况，并将个人能力与特长不同的学生组成学习小组，共同推动各教学模块的学习。通过学习，不仅可以将相关知识串起来，形成一个完整的框架体系，而且可以让学生全面了解电子商务创业的基本内容和运行关键。混合编组也保证了小组成员的多样性，从而使小组活动中有更多、更丰富的信息输入和输出，可以激发出更多的观点，使全组形成更深入、更全面的认识。

（二）强调"正相互依赖"，明确小组成员的关系

正相互依赖代表了小组成员间一种积极的相互关系，每个成员都能认识到自己与小组及小组内其他成员之间是同舟共济、荣辱与共的关系。

正相互依赖包括以下四个方面：一是目标互赖，即共同的小组目标；二是奖励互赖，即奖励小组而不是某一个体；三是角色互赖，即每人承担相互关联的具体责任；四是资源互赖，即有限制地发放学习与活动资源。总之，正相互依赖意味着每个人都要为自己所在小组的其他同伴的学习负责。显然，这种合作的集体学习有利于学生自尊自重情感的产生。

创业活动原本就强调团队组建，需要一群有共同目标、能力互补的同道中人共同合伙联手前行。在创业过程中，大家互相依赖，共同为创业成功而长期奋斗，这方面意识与能力的培养，在电子商务风险投资与创业教学中也完全可以结合"正相互依赖"特征来模拟训练。具体而言，电子商务创业项目一般会有首席执行官（CEO）、首席财务官（CFO）、首席营销官（CMO）、首席技术官（CTO）等职位。在教学中，可让小组成员分别扮演承担互补的、有内在关联的以上角色，同时也实现了从不同角度来感受、学习、理解电子商务风险投资与创业这门课程内容的目的。

（三）强调"个人责任"，激发学生学习积极性

个人责任是指小组中每个成员都必须承担一定的任务，小组的成功取决于所有组员个人的学习。一般人容易把合作学习简单地理解为分组学习。社会心理学的研究表明，在群体活动中，如果成员没有明确的责任，就容易出现成员不参与群体活动，逃避工作的"责任扩散"现象。因此，在小组活动中每个组员都要担当特定的角色，并且每个角色都是不可或缺、不可替代的。同时，应强调对"责任承包"的理解，将小组的总任务分解成若干子任务，每人承担一个子任务，小组完成总任务的质量取决于完成成员每个子任务的质量。在分组学习中，明确参与人的"个人责任"，从而有力地推动学生产生学习的动力。

比如，在电子商务风险投资与创业教学中的各方面事务都让学生自己参与、亲自体会，并承担相应的责任。在案例的选择中，以学生较为熟悉的电子商务项目，如阿里巴巴、京东、奇虎360科技公司等有关创业过程进行具体分析，让学生自己来对问题提出规划意见并进行分析论证，使学生受到最生动、最直接的教育，从而增加学生的感性认识，这将极大地提高学生学习的积极性，对学生能力的培养也是十分有利的。

（四）开展"小组自评"活动，促进小组成员的交流

为保持学习小组活动的有效性，合作小组必须定期地评价小组成员共同活动的情况，这就是小组自评。总结提出有益的经验和小组活动中好的方面，由教师来引导学生把这些小组合作的成功经验具体地表述出来，在不同小组之间进行交流。同时，分析存在的问题及相关的原因，鼓励学生正视本组在合作中出现的问题，分析导致问题的原因并提出改进建议。

教师在组织合作学习时，应先让小组成员独立思考要讨论的话题，再由小组长安排各个成员说出自己的想法，其他同学认真倾听并开展讨论。在每个小组中设立组长、记录员、资料员、汇报员，小组中的角色担当要轮流进行，保证每位成员都有机会了解所担任的工作。

（五）强调"社交技能"在实现小组目标中的重要性

创业活动的核心是商务活动，人与人的社交能力是关键。而合作学习小组解体或不能顺利进展的最主要因素是小组成员不会合作。导致学生不合作的原因往往不是学生缺乏合作的愿望，而是学生缺乏合作的方法——社交技能。因此，教师最好在传授专业知识的同时教学生掌握必要的社交技能。

四、结语

实践证明，合作学习能够激发学生学习电子商务风险投资与创业课程的兴趣，提高学业成绩，有利于培养和提高学生的学习能力和创新能力。促进学生人际交往，增强学生合作意识，培养学生合作技能，有助于减轻其学习焦虑。但在合作学习实践过程中，也存在着小组成员的参与度不均衡，学生合作技能欠缺，人数过多而影响合作学习效果等问题。因此，在教学的过程中，教师要坚持自己的主导地位，围绕教学内容，合理分组，采取灵活多变的合作学习形式，充分调动学生学习的积极性，培养学生的合作精神和交际能力，全面提高电子商务风险投资与创业课程的教学质量。

参考文献

[1] 储君，和学新. "互联网+合作学习"的内涵、特征与有效实现[J]. 教学与管理，2017（18）：77-79.

[2] 彭绍东. 混合式协作学习设计研究的干预设计模型[J]. 现代教育技术，2017（6）：71-79.

[3] 苏兆芳. 美国大学合作学习经验研究[D]. 济南：山东大学，2016.

[4] 陶啸云. 分组合作学习策略研究[J]. 湖北经济学院学报（人文社会科学版），2014（11）：167-168.

[5] 程晓兰. 论合作学习在高校专业课教学中的运用[J]. 教育与职业，2010（9）：104-105.

[6] 黄学锦，向劲松. 谈高校课堂上的分组教学[J]. 中国教育技术装备，2016（16）：78-80.

[7] 钟有为. "参与式"教学模式与学生学习方式的转变[J]. 合肥师范学院学报，2010（5）：114-117.

[8] 曲莉梅. 倡导小组合作学习，构建高效课堂教学——"学习金字塔"理论的启示[J]. 职业时空，2014（7）：101-103.

[9] 张亦含. 《电子商务风险投资与创业》教学方法改革的探讨[J]. 中小企业管理与科技，2012（3）：255-256.

[10] 王巍，贾少华. 论电子商务创业课程体系的构建[J]. 职教论坛，2011（35）：74-75.

国内外高校创业教育研究综述

古纯玉

[摘要] 创业教育兴起于美国，并逐步发展推广到世界各国。国外高校的创业教育取得了较大成就，而我国在大学生创业教育方面的研究尚处于升温阶段。高校创业教育研究的内容主要涉及内涵和功能研究、比较研究、实践模式研究三大方面。

[关键词] 高校　创业教育　研究

一、国外研究

创业教育兴起于美国，并逐步发展推广到世界各国。国外高校创业教育发展至今已有半个多世纪。各国根据自身情况已经形成了各具特色的高校创业教育模式。如今，国外对大学生创业教育的研究已经取得了较大进展，成果丰硕。特别是美国在创业教育的研究和实践方面已经处于世界领先水平。根据卡兹（Kartz，2003）的研究，美国至少有44种与创业相关的学术期刊，并且这一数量一直在增加。而其他国家也紧随其后，各自加强了对创业教育的研究和探索。例如，德国把高校作为创业者的熔炉，印度在高校设立了各种创业研讨会和研究开发项目等。各国对高校创业教育的研究内容主要体现在以下几个方面：

（一）创业教育的内涵研究

对创业教育的理解大致分为两种观点。一种是管理学派的观点。这一观点认为创业教育的目的是培养成功的企业家。另一种是教育学派的观点，认为创业教育是一种精神和态度的养育，目的在于培养人的事业心和开拓心。后一种观点越来越被人们认可。欧盟委员会工业总署关于创业教育的报告（2008）就曾指出创业教育不应该混淆于一般的商业和经济教育，它的目的是培养创造力、创造精神和自我雇佣能力。

(二) 高校在创业教育中的地位和作用研究

大多数学者对高校在创业教育中的作用给予了积极评价，并肯定其重要地位。查图维迪（2009）就曾指出高校是创业教育第二个阶段的实施平台。他认为，相对于商业学校，高等教育更能够提供创业教育所需的理论框架。高校激发创业者的能力，让一部分人具有成为实际的创业者和企业家的可能。

(三) 高校创业教育的实施模式研究

国外对创业教育实施模式的研究较多，研究层面从宏观到微观逐步转变，侧重于对创业教育的实践层面的分析。例如，有研究者（Eugne Luczkiw，2008）专门论述了创业教育课程构成模式和创业教育的实施环境。其指出，创业教育应该包括环境、经济、创业家、事业心和创业融合五个方面。查图维迪（2009）把创业教育分为基础阶段、能力意识阶段、商业计划阶段、创业阶段和成长阶段。

总体说来，国外对大学生创业教育的研究较为充分，内容涉及基本内涵、实习模式、评价体系等方面，研究成果丰硕，非常值得国内学者借鉴。

二、国内研究

相较于国外研究，国内对大学生创业教育的研究起步较晚。我国对创业教育的系统研究始于20世纪90年代，主要代表作品是毛家瑞主编的"创业教育系列丛书"（1992）和彭钢主编的《创业教育学》（1995）。随着教育部九所创业教育试点高校的确立，创业教育的相关研究才逐步增多。近年来，我国在大学生创业教育方面的研究处于升温阶段，大量期刊文章、硕博论文和专著涌现。研究内容主要涉及内涵和功能研究、比较研究、实践模式研究三大方面。

(一) 内涵和功能研究

国内学者对创业教育的理念和内涵的研究比较多。目前，多数学者赞同1991年东京国际会议《通过教育开发创业能力》报告中关于创业教育的定义。该报告认为广义的创业教育旨在培养具有开创性的个人，使未来的职业者具有首创精神，同时具有创业独立工作的能力和社交、管理技能。大多数学者认为大学生创业教育应面向全体学生实施，主张创业教育与专业教育相结合，批判开办企业论和第二课堂论（丁立群，2004）。罗志敏和夏人青（2011）认为高校创业教育是一种新的教育理念和模式，其本质是培养具有开拓性素质的人才。林文伟（2011）指出，高校创业教育首先要厘清价值体系。他提倡从创业理论知识、创业能力、创业精神品质和创业技能四个方面构建创业教育的价值体系。

(二) 比较研究

国内许多学者对各国的创业教育进行比较研究，为国内的创业教育发展提出对策和建议。其中比较突出的是对美国创业教育的研究。学者们对美国创业教育的发展历史、发展目标、实践模式、课程设置、师资培养等各个方面均进行了研究。邓汉慧等（2007）对美国创业教育的发展历程进行了研究。梅伟惠（2010）将美国高校创业教育的实践模式总结为"聚焦模式""全校性模式"。其中，全校性模式又包括"磁石模式"和"辐射模式"。王琼花（2013）分析了美国创业教育的支撑，包括联邦政府计划、州和地区计划、学术机构计划、私人基金计划。周兆农（2008）根据美国的创业教育，提出国内高校应采取多种方式，构建创业教育体系，创新开展创业教育。除了对美国的研究外，一些学者还对日本、英国、澳大利亚、加拿大等多个国家的创业教育进行研究。例如，李志勇撰写了《日本高校创业教育》一书。牛长松（2009）对英国创业教育进行了系统研究。

(三) 创业教育实践模式研究

一些学者对实践模式的总体情况和构建进行研究。木志荣（2006）提出应该将建设合理的创业教育课程和组织培养优秀的创业教育师资相结合，构建创业教育模式。袁盎（2016）的硕士论文研究了我国高校创业教育的模式，指出清华大学、北京航空航天大学等属于磁石模式，黑龙江大学属于辐射模式，上海交大是混合模式。董晓红（2009）提出了"内部完善-外部支持-综合激励"的高校创业教育管理模式。部分学者从对个别高校的案例研究出发探讨创业教育模式的构建。谢志远（2008）提出构建创业教育的"温州模式"。张利君（2010）以哈尔滨工程大学为例，提出构建"竞赛牵引、社团运行、中心保障、社会融资、基地实践"的大学生创业实践运行模式。许多学者对创业教育实践模式中的方法和途径进行研究，并分析他们在创业教育中的地位和作用。钱辉（2012）对大学创业孵化过程进行研究和解析，指出在大学创业孵化的 3 个阶段过程中，创业者主要体现出 14 项关键能力特征，由此会产生 8 项主要的创业教育需求。李永慧（2012）、周勇（2014）等都对学科竞赛在创业教育过程中的作用进行分析和论述，提出应充分重视竞赛对大学生创业的促进作用。孟芊（2008）则提出单纯以竞赛为平台开展创业教育的不足之处，提出应将竞赛与其他创业教育手段结合起来开展创业教育。於莉（2013）提出高校创业教育模式应当从以创业教学为主向创业教学、创业实训、创业实践"三位一体"模式转换，构建多元主体的协同合作创业教育体制与机制。

综上所述，我国对大学生创业教育的研究从国外借鉴到逐步本土化，已经取得了较好的成绩，但是与国外相比，仍有较大差距。目前，我国尚无专业的创业教育学术期刊。在已有的研究中，定性的研究较多，实证的研究较少。并且在中微观研究层面，尤其是实施层面还缺乏深入的系统研究。

参考文献

[1] 罗伯特·A.马隆，斯科特·A.谢恩.创业管理基于过程的观点 [M].张玉利，谭新生，陈立新，译.北京：机械工业出版社，2005.

[2] 彭刚.创业教育学 [M].南京：江苏教育出版社，1995.

[3] 梅伟惠.美国高校创业教育 [M].杭州：浙江教育出版社，2010.

[4] 牛长松.英国高校创业教育研究 [M]上海：学林出版社，2009.

[5] 李春琴.中国创业教育十年研究回顾与展望 [J].社会科学战线，2010（9）：199-203.

[6] 毛家瑞.从创业教育研究到创业教育 [J].工程教育评论，1995（2）：7-8.

[7] 木志荣.我国大学生创业教育模式探讨 [J].高等教育研究，2006（11）：79-84.

[8] 李伟铭.我国高校创业教育十年：演进、问题与体系建设 [J].教育研究，2013（6）：42-44.

[9] 周勇，杨文燮.竞赛模拟视角下研究型高校创业教育体系探析 [J].北京教育，2014（10）：14-17.

[10] 张竹筠.美国大学的创业教育对中国的启示 [J].科研管理增刊，2005，26（21）：86-89.

[11] 吴剑平.大学生创业计划竞赛概观 [J].江苏高教，2000（4）：67-69.

[12] 孟芊，刘震，申跃.从创业竞赛到创业教育：对我国大学生创业教育的思考 [J].特区经济，2008（11）：17-20.

[13] 李政，张玉利.国内外大学创业教育实践与理论研究进展 [Z].创业研究与教育国际研讨会，2006.

商务策划学院大学生创业教育的调查研究报告

古纯玉

[摘要] 2014年以来，李克强总理在会议发言中多次提出"大众创业、万众创新"，希望将"大众创业、万众创新"作为经济体的新增长动力引擎，促进中国经济的发展。由此，我国也迎来了创业教育发展的新时期。我国的创业教育始于20世纪末期，与西方国家相比，起步较晚，发展较为滞后。重庆工商大学商务策划学院自2003年起，就逐步探索并形成了以创业类竞赛为基础的创业教育模式，并积累了丰富的经验。对重庆工商大学商务策划学院的创业教育的研究将为基于创业类竞赛的大学生创业教育提供借鉴。

[关键词] 创业教育　比赛　模式　商务策划学院

一、重庆工商大学商务策划学院学生创业及创业教育的基本情况

商务策划学院一直以来重视学生的创业工作，采取各种措施推进学生创新创业，学院学生创业热情较高，创业的情况较好。

（一）学生创业的基本情况

据初步统计，学院目前参加创业的在校学生人数有80余人。这些同学的创业情况大致分为三类：第一类是已注册微企。学院现有2名同学分别注册了两家微企，一家是12级市场营销三班向秋林同学注册的"重庆雄创文化创意策划有限公司"，另一家是12级商务策划一班龚靖翕同学注册的"重庆柏朗亚文化传播有限公司"，其注册资本分别为5万和10万元。第二类是聚集在香樟林、学创园的创业群体和学院的创锐模拟公司。其中，在学创园的有重庆益众校园文化传播有限公司、海纳电子商务有限公司、壹树电子商务有限公司。在香樟林的有1952咖啡馆和教育培训、服装销售类公司等。第三类是分散在各个地方，如在回龙湾的夜市摆摊、外卖递送、

在校园的其他地方开设门店、在网上开店等方式进行创业。其中比较有名的是"大个子寿司""亚迷饰品店"和"图遥遥文化生活馆"等。

总体来说，学院学生创业有以下几方面的特点：

第一，学生创业项目多与专业、专长相结合。学院学生创业的公司以文化策划、营销策划、应用软件开发、网店、微店为主。大多与市场营销、商务策划和电子商务等专业密切相关。学生的创业本身就是专业的实践。在我们电子商务专业的学生课程里就有关于开网店、做销售平台等相关内容。

第二，学生创业多为小规模、小成本创业，绝大多数都未在工商部门注册登记。目前，学院学生参与创业的人多，但真正注册的很少。很多学生仅是在大学阶段通过创业去体验社会，体验专业，很少有学生将创业坚持下去。

第三，学生创业合伙经营的较多。学院学生大多是和一些志同道合的同学一起，共同探索进行创业。独立经营的较少。

第四，学院一部分学生创业团队是来自于学院的"六大赛事"以及学校和重庆市、全国的各类比赛中的比赛团队和创新创业训练的项目团队的项目培育。例如，益众团队、海纳团队、最团队就是在各级创业比赛中屡屡获奖后，将成果转化为创业实践的团队。

（二）商务策划学院在学生创业工作中的推进措施

第一，以赛促学、以赛促训，通过创新创业比赛带动创业实践。学院一直秉持"以赛促学、以赛促训"的理念，通过比赛推进学生的专业学习，提升他们的学习热情。同时，通过比赛促进学生将专业技能融入实践，在实践中开展探索。每年举办的学生科研"六大赛事"与学院专业紧密结合，其中，创业计划大赛、电子商务三创大赛、营销策划征文比赛等都能促进学生利用所学进行创新实践。在比赛中，学生根据所学专业进行创业设想，并在指导老师的指导下，进行计划书的撰写，从而历练自己的团队。在参赛的过程中，一部分参赛团队将自己的设想变成现实，在实践中进行探索和检验，进而将成果转化到创业实践进行孵化培育。如学院邓德敏书记指导的益众团队的重庆益众校园文化传播公司、团委吴佑波副书记指导的最团队的"一棵树"移动软件开发公司均在学校、重庆市和全国获得创业比赛大奖。

第二，设立创业基金支持学生创业。学院利用校友捐助资金，制定了《重庆微商大学生创业基金管理使用办法》，每年拿出5万元资助学院大学生创业。创业学生可以向学院提交创业计划，经学院评估批准后，给予其相应的资金支持。目前，施冬梅、胡欢和任铭等同学均已获得学院创业基金的资助。

第三，聘请校外创业导师指导学生创业。学院聘请了壳牌石油重庆区总裁、五斗米饮食文化有限公司董事长王顺海、重庆茂田集团总裁游兴茂、重庆共好企业管理咨询公司高级顾问陈力铭博士等 8 名企业家担任学院的创业导师，对学生的创新创业进行指导。

第四，大力举办各类创业讲坛。学院每年会邀请创业导师、创业成功的校友、校内教师为学生开设讲座，提升学生的创新创业能力，丰富学生的创业知识，推进学生创业。

第五，积极组织学生申报各级创新创业训练项目。2017 年学院学生获批大学生创新创业训练计划项目市级立项 8 项，占全校立项总数的 1/3。学院邓德敏书记指导的重庆益众校园文化传播公司和星光微电影分别获得了 2012 年和 2013 年国家级大学生创新创业训练计划项目。

二、商务策划学院推进学生参加各类比赛的情况

商务策划学院自 2003 年 4 月开始举办学生科研赛事活动，内容日趋丰富，由"四大赛事"扩展到"六大赛事"，从面向本院学生到面向全校学生，如今已成功举办了多届。在学校各方的关心支持下，该赛事已成为我校校级学生科技创新的主流赛事。

"六大赛事"专注于学生专业能力的训练与培养，是以能力培养为导向，知识、能力与素质三位一体的人才培养模式的改革与探索。2003 年开始的学生科研"四大赛事"包括"营销与策划征文大赛""营销与策划方案大赛""市场调研报告大赛""创业计划大赛"，主要对接市场营销与策划专业学生知识结构与能力培养要求。随着专业发展，2006 年起，增设了"电子商务网站设计大赛"和"物流管理挑战赛"，"四大赛事"扩展为"六大赛事"。2011 年 10 月，教育部电子商务专业教学指导委员会在全国高校举办的"创新、创意与创业"电子商务三创大赛，使学院意识到，电子商务专业学生能力培养不仅是限于网站设计，更主要的是依托互联网技术的商务活动的组织与实现。此后，学院将"电子商务网站设计大赛"升级为"电子商务三创大赛"。改革后的"六大赛事"包括营销策划征文大赛、市场调研报告大赛、营销与策划方案大赛、创业计划大赛、物流设计大赛、电子商务三创大赛，涵盖了商务策划学院市场营销、商务策划、物流管理、电子商务、国际商务各专业，并有效辐射全校经济管理类及其他专业学生，形成针对学生专业学习与能力提升的系列赛事。

"六大赛事"具有以下几方面的特点:

第一,赛事与专业对接,第二课堂紧扣第一课堂。2003年开始,学院根据学生专业培养目标,结合学院专业实际,开设学生科研赛事活动,使得课堂专业知识和实际操作能力得以有效结合,学生科研赛事活动的开展使学生的专业学习有了联系实际的练兵场。学生在参加赛事的过程当中,对专业知识有了更加深刻的理解和认识,使参赛学生的业务素质和专业能力得到了大幅提升。

第二,学生参赛获奖作品与专业设计、专业实习成绩对接。由于学院新增了物流管理和电子商务管理两个专业,"四大赛事"也增设了物流管理挑战赛和电子商务三创大赛,由此变成了"六大赛事"。学院根据学生实习实践情况和具体专业培养要求进行了获奖作品与专业设计、专业实习对接的制度改革,在"六大赛事"中获得一、二、三等奖的学生可对应等级申请85分、80分、75分的专业设计和专业实习免修。

第三,明确"三个层次",做到"点-线-面"结合,确保参与热情,提高获奖率。学院将学科竞赛分为三个层次:第一个层次是国家级竞赛,即由教育部、共青团中央主办的竞赛项目,如全国挑战杯、物流设计挑战赛、电子商务大赛、市场营销大赛、数学建模、青年创业计划大赛、"创新创意创业"大赛、大学生英语竞赛等。第二个层次是省部级竞赛,主要有重庆赛区挑战杯、物流设计挑战赛、电子商务大赛、市场营销大赛、数学建模、青年创业计划大赛、"创新创意创业"大赛、人文知识竞赛等。第一、第二层级的竞赛都是校级组织校内预赛,选拔参赛队或者作品参加市级、国家级竞赛。第三个层次是学校组织主办的竞赛,这类竞赛项目数量很大,层次不一。"六大赛事"不仅仅停留在校级层面,而是全面对接国家级、省部级相应赛事,如创业计划对接全国挑战杯大学生创业计划大赛,营销策划方案大赛对接全国高校市场营销大赛,物流管理挑战赛对接全国物流设计大赛,电子商务网站设计大赛对接全国电子商务三创大赛,征文对接全国"挑战杯"课外学术作品大赛。"六大赛事"为同学们提供了一个专业实践、专业演练的平台,理论知识在这里得到充分发挥与延伸,同学们在这里挥洒激情、激发创意、成就梦想。

在"六大赛事"中获奖的作品,经过指导老师分类指导和学生团队修改、加工后作为"一线作品"参加省部级各种学科类竞赛。在省部级竞赛中获奖并入围全国竞赛的优秀作品,由学院组织指导教师团队对其进行全方位的指导,整体包装,重点打造。在三个层级的竞赛中,做到全面撒网、捕捞一线作品、重点打造第一个层次竞赛作品的"点-线-面"结合方法,提升作品质量,培育高等级获奖作品。

三、重庆工商大学商务策划学院的创业教育模式的运作方式分析

(一) 以竞赛为出发点和基础

商务策划学院自 2003 年起就开始创办全校性的创业计划大赛。2006 年,学院形成了自成体系的全校性的"六大赛事"。其中,创业计划大赛和电子商务三创大赛就是典型的创业类竞赛,而其他四类比赛也是与学生创新创业技能相关的比赛。通过发动学生参加"六大赛事",将学生的专业学习与创业类比赛对接,配备专门的教师进行指导,使学生在比赛实践中将专业知识与创业的实践相结合,产生并完善创业计划,凝练创业团队。在"六大赛事"的基础上,学院进一步发动参赛学生在指导老师的指导下完善创业作品,参加省市级乃至全国的比赛。

(二) 设定专人负责创新创业工作,充分发挥学生社团的组织推动作用

为培养和推进学生参加比赛,学院安排一名教师牵头专门负责创新创业比赛类工作的组织和开展。学院成立专门的社团组织,与学生会、分团委一起负责各级各类比赛的发动和组织工作。学生社团每年承接各种竞赛并收集各种竞赛信息,发动和组织学生报名。学生社团根据竞赛的情况,联系专业教师、校友和企业人士开设各种类型的讲座和论坛,提升学生创新创业能力。学生社团还对学生的竞赛数据进行统计和梳理,建立学生团队库,有针对性地开展创新创业工作。

(三) 向社会融资,加大对学生参加创业类竞赛及创业的奖励和支持

学院积极加强校企合作,在企业的资助下,组织开展一些创业类比赛,提升学生的创新创业能力。同时,学院加强与创业成功校友的联系。将创业成功校友的捐赠设立为创新创业奖学金和创业基金,前者用于奖励在各类竞赛中获奖的学生,后者则是无偿借支给学院创业的同学作为创业起步资金。

(四) 推进参赛学生进入创业孵化基地,开展创业实践

学生在参加创业类竞赛的过程中,其创业计划得到不断完善和提高的同时,还需要在现实中进行实践和演练。学院积极推进参赛学生团队进入到学校和地方的各种创业孵化基地,帮助学生将创业计划变为创业实践。目前,学校的大学生创业园区里有大量来自商务策划学院的学生竞赛团队。他们是从竞赛出发,在老师的指导和学院的推动下进入到创业园区的。部分学生在毕业之后,继续自己的创业实践,走向了自主创业。

四、重庆工商大学商务策划学院创业教育的优势和不足

根据收集到的关于商务策划学院创业教育的文献资料和对商务策划学院学生进行的调查问卷，我们大致可以分析商务策划学院在创业教育中的一些优势和不足。

（一）优势

1. 激发创业意识，提升创新创业能力

第一，通过这种创业教育的方式，学院培养了学生的创新意识，提高了其综合素质，增强了学生的就业能力。

在赛事的推动下，学生对专业问题的把握更加深入、思考更加透彻、思维更加活跃。在专业指导老师有针对性的指导下，学生们带着各种独特的问题，深入社会实践，进行广泛的调查研究，并提出解决问题的途径、方法。在实践中，通过设计产品市场推广方案，完成市场调研报告，在不断创新过程中训练敏捷思维，学生的创新能力得到加强。赛事举办至今，已有部分学生根据参赛作品，开办各种形式的商店、酒吧、网站等，在学校学生创业园和重庆工商大学大学生实践经营公司有了自己的小微企业和创业项目，如益众校园传媒、海纳电子商务公司经营效益良好，并取得了不小的成功。不少同学凭借解决企业现实问题的作品，被企业直接采用而获得企业认同，由此获得聘用机会。

第二，学生的团队协作能力、沟通能力增强，团队合作精神突显。此项赛事活动鼓励各学院学生跨学院、跨专业组队参赛，不同专业的学生在合作过程中，不同的思维方式激烈碰撞，知识结构相互交融，使学生在与外专业学生合作过程中，吸收各自所长，拓展思维，能够从多角度考虑问题并提出较为综合的解决问题的方法。同时，小组成员在分工合作过程中，不断磨合，互相沟通交流，协同作战，培养起强烈的团队意识和协作精神。赛事活动对于增强学生集体荣誉感，增强人际沟通能力，在群体中不断纠正自己错误言行起到很好的促进作用。

2. 提供良好的创业平台，推进学生实现创业梦想

基于创业类竞赛的创业教育模式通过竞赛对学生进行创业教育和培训。在竞赛的过程中，一些有创业潜质的优秀学生可以脱颖而出，一些优秀的创业计划也会凸显出来。竞赛不仅为学生提供了一个良好的展示平台，也为学校和社会发现具有创业潜质的优秀人才提供了平台。学校可以对一些有创业潜质的学生有针对性地开展创业教育工作，帮助这些学生提升创业能力，实现创业。社会上的一些企业和风投公司也可以通过竞赛找到较好

的创业计划,帮助这些学生实现创业梦想,实现合作共赢。

(二) 不足与问题

1. 创业与学习难以兼顾

目前,学院学生的创业热情高、思维活跃。部分学生把大部分时间花在创业上,旷课、缺考现象严重。因此,怎样让学生既积极开展创业,又兼顾自己的学业,更好地把学习和创业结合起来是当前我们需要探索和解决的问题。

学院将在以后的工作中,重视对创业学生的引导,让创业学生充分认识到学业的重要性,帮助创业学生利用好时间,将学习和创业更好地结合起来。

2. 创业想法难以变为实践

学院学生在创业方面有积极性,许多学生都有一些创业的想法。有的学生形成创业计划书,有的学生将之变成了实践。但是,仍然有许多同学只是停留在"想"的阶段。这些同学大都表示没有资金、缺乏场地、缺乏指导、缺乏专业性、不了解政策等。

因此,为推进创业,学院将进一步在资金支持、场地提供、帮助学生寻找指导和创业伙伴方面多下功夫。同时,学院还将加大对大学生创业的相关政策的宣传。

3. 通过创业难以实现就业

除了参加比赛和创新创业训练的学生,学院目前已经创业的学生大都是分散创业,缺乏指导。许多学生是抱着试一试的心态进行创业,在大四时还坚持创业的并不多。学院也曾通过创业导师、创业讲座的方式来帮助他们提升创业能力,推进学生通过创业实现就业。但是,许多同学在寻求指导方面的意识不强,参与讲座的很少。如何引导学生提升他们的创业能力,将创业转变为就业是学院需要进一步探索和加强的问题。

学院将加强对已创业的学生的指导力度,为已创业的学生寻找指导老师,对他们的创业情况进行跟踪,及时给予帮助和指导。

跨文化管理（双语）课程建设存在的问题及对策研究[①]
——以重庆工商大学为例

韩 艳　李树良　鄢清华　张 毅

[摘要] 本文从跨文化管理（双语）课程建设出发，以重庆工商大学为例分析跨文化管理（双语）课程建设的现状及存在的问题，提出解决跨文化管理（双语）课程建设问题的具体措施，以期对跨文化管理（双语）课程改革建设提供参考。

[关键词] 跨文化管理　课程建设　双语教学

一、引言

跨文化管理是 20 世纪初兴起于欧美发达国家的一门新兴学科，20 世纪 80 年代跨文化管理出现在中国大学的课堂中。此后，越来越多的高校认识到这门课程在国际商务中的重要性，分别开设了跨文化交际、跨文化礼仪、跨文化管理等课程。北京大学和对外经贸大学还开设了跨文化管理硕士研究方向。跨文化管理主要研究的是不同国家和不同文化中的组织行为，探讨提高管理者在不同文化背景下提升管理绩效的方法。跨文化管理（双语）课程对学生英语听说读写能力的运用有一定的要求。

二、重庆工商大学跨文化管理（双语）课程建设存在的问题

（一）缺少合适的教材

从重庆工商大学各专业的跨文化管理（双语）课程教学来看，教师所用的讲义、课件大多是多本参考教材拼凑在一起构成的。2017 年，教育部

[①] 本文为重庆工商大学跨文化管理（双语）课程改革建设项目阶段性研究成果。

规定大学禁止直接选用国外原版书籍当作上课教材，而国际商务专业学生的英语水平又参差不齐，授课对象还包括以法语为母语的非洲留学生。因此，选定一本合乎教育部规定，且兼顾授课对象的层次和英语水平的教材是比较困难的。

（二）缺少专业的跨文化师资队伍

重庆工商大学近几年才加大教师出国培训、访学的力度，因此具有跨文化学习和管理经验的老师不多，专门从事跨文化管理（双语）课程教学的老师则少之又少。

（三）缺少对学生跨文化意识的培养

大多数教师在讲授跨文化管理（双语）课程时关注的重点依然是学生对教科书中的基本理论和概念的理解。没有更多地关注对学生跨文化意识的培养，忽略了对各国文化差异的识别。这样就导致了从事跨文化管理工作的学生要重新补课。

（四）缺少多样的教学方法

大多数教师还是以传统的课堂讲授为主，缺少对互动式、启发式教学方法的运用。这种以教师为中心的教学方式不能充分激发学生的学习兴趣，更好地发挥学生的学习能动性，因此教学效果不佳。

（五）缺少对校外实习基地的建设和有效利用

跨文化管理要在实践中学习，而重庆工商大学对现有校外实习实践基地的建设和利用率都不高，学生需要参加留学生项目、游学、交换项目才能有跨文化经历与实践，成本支出较大。部分实习实践基地企业对学校学生实习支持不足，有的企业仅仅拿实习基地的牌子装门面，根本不提供实习岗位。

三、跨文化管理（双语）课程建设改革措施

在充分分析跨文化管理（双语）课程建设存在问题的基础上，在今后的课程建设改革中，应着重落实以下几个方面：

第一，根据授课对象的专业、年级等具体情况，结合现有国内外教材特点，由跨文化管理（双语）课程建设小组统一编写跨文化管理（双语）教材，按照培养方案、教学大纲的要求，明确授课知识框架及内容布局。兼顾学生的英语及留学生的母语、汉语水平，编写一本通俗易懂的跨文化管理（双语）教材。

第二，引进与培养相结合，打造跨文化师资队伍。学校应该在人才引进时优先考虑有海外留学经历的优秀博士、教授，根据具体留学地点和跨文化经历组建教学团队。在跨文化管理课程建设目标的指引下，努力实现

教师的课堂教学与学生的跨文化兴趣小组对接，达到"知识供给"与"需求"的良性平衡，使得学生的跨文化管理知识、能力、素质在此供需平衡循环中得到不断的提高。

第三，从霍夫斯坦德、特朗皮纳斯关于文化维度理论中可以清晰地看到，荷兰人关注文化的维度和东方国家的人关注文化的维度并不相同。从根源上讲，这是由人的意识和认知水平决定的。要在理论教学与实践教学中着力培养学生的跨文化意识，解决学生普遍关注的跨文化理论、概念等问题，缺少对跨文化意识的思考。可以借助虚拟仿真平台，通过影片赏析、跨文化视频渗透等方式，逐步培养学生以跨文化意识为主导的跨文化管理知识的学习。

第四，理论与实践并重，引入案例教学法、兴趣项目学习组等方式改变现行教学围绕"教师中心、教材中心和课堂中心"的状况。借鉴国内外高等学校开展的项目实践教学方法，以学生为中心，以跨文化问题为导向激发学生的好奇心，培养学生的跨文化学习兴趣。课堂教学时采用前置性的案例阅读、案例分析讨论、教师引导与总结提升，课后让学生反思与实例搜集的案例教学法。努力形成能让学生自主学习、主动探索的一整套适合跨文化管理学习的启发式、探究式、讨论式、参与式的教学方法。

第五，建设适用于跨文化管理教学的实习实践基地，使用好现有的实习实践基地。可以把跨文化某些知识的讲授课堂放在基地，让学生提前感受"联合国式"的文化交融的工作团队或氛围。通过学生对跨文化的思考和实践，努力帮助企业解决实际问题，从而达到学生提升知识、企业获利的双赢效果。

第六，改变跨文化课程教学评价方式，兼顾过程评价与结果评价、理论评价与实践评价。从传统的以课堂任课教师评价为主导向任课教师、企业项目导师、实践项目单位共同评价的教学评价体系转变。让跨文化企业经理、项目负责人走进课堂参与教学、参与学生评价，了解"课堂育人"的过程。努力营造校企互助互信、协同发展的良好氛围，逐步形成客观、公正、真实、有效的跨文化管理教学评价体系。

参考文献

[1] 弗雷德·卢森斯，乔纳森·多. 跨文化沟通与管理 [M]. 北京：人民邮电出版社，2016.

[2] 黄朝阳，张妮莎. 基于现代信息技术运用的"学与教"改革实践——以"跨文化管理"课程为例 [J]. 现代商贸工业，2015（7）：156-158.

跨文化管理虚拟仿真课程的设计与建设[①]

韩 艳 鄢清华 周 茜 李树良 曹 俊

[摘要] 跨文化管理类课程适合的专业广泛，目前国内大多数高校都开设有此门课程或类似课程。然而，目前的课程设计及教学模式已经不能适应学生学习方式的转变和教学科技的发展要求，变革迫在眉睫。本文是在课程组成功申报了重庆工商大学跨文化综合实训虚拟仿真课程的基础上，在课程的设计和建设中来探讨和实践如何通过虚拟仿真的模式和技术来改革跨文化管理课程群的建设问题。

[关键词] 跨文化管理 虚拟仿真 设计与建设

跨文化管理是大多数中国高校都开设的课程，只是课程的性质有所区别，有些高校或院系将其作为通识必修或选修课，有些将其列为专业基础课，而有些将其作为专业选修课。课程的名字有所差异，有的叫跨文化交际或跨文化礼仪，统称为跨文化管理课程群。以重庆工商大学为例，外语学院将跨文化交际作为专业基础课，而国际商学院、管理学院、商务策划学院的商科专业则将跨文化管理作为专业选修课。目前，重庆工商大学每年有8个专业开设跨文化系列课程，面向近500名学生，课程团队6人，全部具有海外留学或访学的经历。

一、跨文化管理课程教学存在的问题及改革研究综述

跨文化管理及相关课程应用性强，需要学生掌握相关理论知识，具备跨文化交际、管理的能力。然而在实践中，跨文化管理课程群的教学设计和教学实施存在教学方式缺乏多样性和生动性、考核方式单一、重知识传授轻能力培养等问题，李娜（2015）等亦提到这些问题。部分任课教师在

---

① 本文为重庆工商大学跨文化管理（双语）课程改革建设项目阶段性研究成果。

该课程群的教学改革方面也做了一些有益的探索。

陈晶莉（2016）认为跨文化交际课程群在其教学方法上应提倡实用性、互动性和灵活性。情景教学法和任务型教学法可以为学生营造一个相对真实和自然的跨文化交际环境。曾丹（2016）认为跨文化教学案例法主要包括：前置性的案例阅读、课堂内案例分析讨论、教师引导与总结提升、课后学习反思与实例收集。研究发现，在跨文化交际课程中使用案例教学法，不仅使英语专业的学生在英语阅读、英语表达方面得到锻炼，还使其在跨文化交际能力的三大层面，即知识、情感与行为方面取得了显著进步。黄朝阳（2015）等探索出在跨文化管理类课程章节，利用现代信息技术，引导大学生有意识地自主学习的模式，具体表现为鼓励学生结成学习小组围绕相关主题进行协作学习等，通过指导学生进行相关主题的资料收集、信息筛选、整理加工、信息发布、主题 PPT 制作、与留学生交流等活动，来激发学生的学习热情。陈霞（2011）探索采取角色扮演的方式讲授本门课程，既能提高学生的兴趣，引入学生的参与，又能加深学生对知识的理解和掌握，同时提高学生在本门课程中的参与性。

以上的探索和改革在一定程度上改善了跨文化管理课程群的教学设计和实施，提升了课程效果。但是这些研究依然是基于传统的课堂教学模式进行改良，不能适应当今教学科技发展和学生学习方式的变革。

二、跨文化管理课程采取虚拟仿真的必要性

跨文化管理课程涵盖的内容丰富，定义、概念、板块众多，有些理论、习俗、文化的差异很抽象，在有限的课时内，学生很难将各个模块的知识、常识掌握得很深入。目前的课程实践教学环节，以纸质案例讨论、课程调查、视频赏析等为主，没有专门的实验、实训课程，和当前的一些新兴教学技术和手段结合不深，不能充分调动学生学习相关知识的积极性，成为困扰课程组的一个难题。

跨文化管理是一门具有很强现实意义和实践意义的课程，重庆工商大学 2015 年成功申报了国家级虚拟仿真实验中心，推进虚拟仿真相关课程的建设，为本门课程由虚到实提供了契机。按照虚拟仿真的模式，把抽象的概念、理论转化为可视的、体现真实的跨文化差异情景，通过各种情景的交互式场景和视频的设置，能够让学生有跨文化沟通、谈判的虚拟体验。在虚拟条件下组建跨文化团队并评估团队的效果，还可以让学生拍摄和制作跨文化领域的微电影，曾强其参与感。

三、跨文化管理课虚拟仿真教学设计思路及框架

2017年中旬,课程组成功申报了跨文化管理综合实训虚拟仿真课程项目,作为理论授课之外的综合实训课程。依托重庆工商大学的在线课程平台,建立跨文化管理综合实训在线课程。按照理论课程体系,分为7个综合实训模块。每个模块包括理论起源及理论介绍、情景仿真案例(自拍视频素材或编辑影视资料)、案例分析及技能测试、课后总结或感受等环节。学生可以在老师的指导下自主学习和提升,而且课后可以反复学习和练习。

本实训根据环节进度,以个人和小组为单位,以文化差异的维度为基础,将跨文化沟通、跨文化谈判、跨文化礼仪、跨文化团队的组建等各大模块的知识、常识、技能串联起来,通过虚拟场景、情景,利用交互手段,让学生完成相关任务并从任务中学习,增加学生对跨文化管理综合知识和技能的回顾和运用。

综合实训课程框架如表1所示。

表1　　　　　　　　　综合实训课程框架

实训项目名称	需要完成的任务
跨文化维度的认知	通过虚拟场景展示,掌握文化维度理论、文化构架理论、六大价值取向理论和个人主义—集体主义理论的概念和特征,理解和预测特定群体的行为和动机,形成对跨文化理论的认知
跨文化电影赏析	通过观看反映跨文化现象的影片,分析跨文化环境中的文化差异以及这种差异带来的交际后果及处理方式
跨文化沟通	通过虚拟场景展示,判断和分析不同文化背景的语言沟通、非语言沟通(手势、体态、空间距离及书信往来)的差异,并提出由于差异带来的冲突的解决措施
跨文化谈判	通过虚拟谈判场景展示,判断和分析不同国家的谈判风格以及文化差异(如情绪的敏感性、对老板的忠诚度、如何反驳对方的论点等)。同时,合理运用一些沟通技巧(如口头承诺、威胁、奖励、推荐、警告等)可以促进谈判的顺利进行,达到双赢或多赢得结果
跨文化礼仪	通过就餐、交谈、做客、礼品赠送和接收等虚拟场景展示,了解跨文化交际中礼仪的差异,并提供商务人士应具备的正确的礼仪方式
跨文化微电影制作	选择一个和跨文化管理有关的主题,以小组为单位(3~5人)制作一部5分钟左右的微电影,要求先确定主题,然后构建角色和故事,编写剧本并进行拍摄和后期制作

四、课程建设的资源获取及保障措施

一是总结目前跨文化管理课程实践环节的经验和不足。自 2002 年起，重庆工商大学就在相关专业开设了跨文化管理、跨文化沟通、跨文化谈判等系列课程，也尝试开展过基于手工形式的综合实训，其中有值得保留的优点，但是仍存在许多不足，比如在知识点的梳理、评分标准、实训流程、可视化与交互等环节的设计。

二是利用团队成员的资源优势。学习国内外跨文化管理课程实验和实践环节的经验，通过参加培训和外出考察学习，借鉴国内在跨文化管理领域的优秀实践、实验课程，学习他们的课程设计和资料制作的环节的经验。

三是录制相关的视频。依托重庆工商大学留学生和外教队伍，在跨文化差异的框架下，拍摄一系列短片，并通过交互技术让学生能感性地体验到跨文化的相关情景。

四是变革教学模式。以本次建设为契机，重庆工商大学改革教学形式，在线下以学生为主体的基础上，进一步增加师生线上的互动和学生之间的讨论，全面提升教学效果。我们在设计专业综合实验课程的环节时，要充分利用这一点，提高学生的参与讨论度。

五、跨文化管理课虚拟仿真课程的详细内容

跨文化管理课虚拟仿真课程的详细内容如表 2 所示。

表 2　　　　　　　　跨文化管理课虚拟仿真课程内容

	知识点及主题	呈现的内容
跨文化理论认知版块	视频：跨文化理论认知实验项目介绍	介绍实验项目的流程、考核方式等
	视频：权力距离维度虚拟场景	以虚拟视频的方式，介绍文化维度理论之权力距离维度，自拍视频加学生的分析判断练习
	视频：不确定性规避虚拟场景	以虚拟视频的方式，介绍文化维度之不确定性规避维度，自拍视频加学生的分析判断练习
	视频：刚性与柔性维度	以虚拟视频的方式，介绍文化维度之刚性与柔性维度，自拍视频加学生的分析判断练习
	视频：个人主义与集体主义维度	以虚拟视频的方式，介绍文化维度之个人主义与集体主义维度，自拍视频加学生分析判断练习

表2(续)

知识点及主题		呈现的内容
跨文化理论认知版块	视频：长期—短期取向维度	以虚拟视频方式，介绍长期—短期取向的文化维度，自拍视频加学生分析和判断练习
	视频：普遍主义—特殊主义	以虚拟视频方式，文化构架理论之普遍主义—特殊主义文化维度，自拍视频加学生分析和判断练习
	视频：中性化关系—情绪化关系	以虚拟视频方式，文化构架理论之中性化关系—情绪化关系的文化维度，自拍视频加学生分析和判断练习
	视频：关系特定—关系散漫	以虚拟视频方式，文化构架理论之关系特定—关系散漫的文化维度，自拍视频加学生分析和判断练习
	视频：将该理论的几方面内容在一个视频中展示	以虚拟视频方式，展示个人主义—集体主义之个人目标和群体目标的重要性、个体对内群体和外群体的区分程度、完成任务和人际关系对个体的相对重要性等内容的展示，自拍视频加学生分析和判断练习
	视频：高语境—低语境文化	以虚拟视频方式，展示霍尔的高语境—低语境文化理论，自拍视频加学生分析和判断练习
跨文化电影赏析版块	电影《安娜与国王》	通过影片了解和分析跨文化中高语境和低语境、"面子观"文化、时间观念、高低情境文化、权利距离
	电影《名字的故事》	这是一部表现第二代移民在美国寻求文化认同的故事。了解和分析人和自然的关系、内控和外控、长期的事业—成功导向、家族集体主义
	电影《世界是平的》	通过影片了解和分析集体主义和个人主义、人和自然的关系、外控和内控，使人认识到全球化背景下的经济发展，更深刻地了解到印度的文化特点及文化差异
	电影《服务外包》	通过影片了解文化多样性、跨文化交际能力、现代企业跨文化管理。跨国公司应重视雇员文化多样性、跨文化交际能力和跨文化培训，提升现代企业跨文化管理水平
跨文化沟通版块	视频：跨文化沟通实验项目介绍	介绍实验项目的流程、考核的方式等
	视频：跨文化语言沟通的差异虚拟场景（语速、插嘴、打断等典型的文化差异）	以虚拟视频的方式（工作场景和日常对话）显现跨文化语言沟通的差异，自拍视频或使用电影剪辑资料
	本环节实验报告撰写指导书	介绍适用的理论、撰写的要求、格式和评分标准等

表2(续)

知识点及主题		呈现的内容
跨文化沟通版块	视频：跨文化非语言沟通的差异虚拟场景（手势、体态、空间距离等典型的文化差异）	以虚拟视频的方式（工作场景和日常对话）显现跨文化非语言沟通的差异，自拍视频或使用电影剪辑资料
	本环节实验报告撰写指导书	介绍适用的理论、撰写的要求、格式和评分标准等
	视频：跨文化常用书面沟通的差异虚拟场景（电子邮件、名片、感谢信等）	以虚拟视频的方式（工作场景和日常对话）显现跨文化书面沟通的差异，自拍视频或使用电影剪辑资料
	本环节实验报告撰写指导书	介绍适用的理论、撰写的要求、格式和评分标准等
跨文化谈判版块	视频：跨文化谈判实验项目介绍	介绍实验项目的流程、考核的方式等
	视频：跨文化谈判虚拟场景（谈判的第一阶段：和对方建立联系）	以虚拟视频的方式（谈判场景和对话）呈现跨文化谈判的风格差异和文化差异，自拍视频或使用电影剪辑资料
	本环节实验报告撰写指导书	介绍适用的理论、撰写的要求、格式和评分标准等
	视频：跨文化谈判虚拟场景（谈判的第二阶段：交流信息）	以虚拟视频的方式（谈判场景和对话）呈现跨文化书面沟通的差异，自拍视频或使用电影剪辑资料
	本环节实验报告撰写指导书	介绍适用的理论、撰写的要求、格式和评分标准等
	视频：跨文化谈判虚拟场景（谈判的第三阶段：说服）	以虚拟视频的方式（谈判场景和对话）呈现跨文化书面沟通的差异，自拍视频或使用电影剪辑资料
	本环节实验报告撰写指导书	介绍适用的理论、撰写的要求、格式和评分标准等
	视频：跨文化谈判虚拟场景（谈判的第四阶段：让步与达成协议）	以虚拟视频的方式（谈判场景和对话）呈现跨文化书面沟通的差异，自拍视频或使用电影剪辑资料
	本环节实验报告撰写指导书	介绍适用的理论、撰写的要求、格式和评分标准等
跨文化礼仪版块	视频：跨文化礼仪实验项目介绍	介绍实验项目的流程、考核的方式等
	视频：跨文化场景——就餐中的文化差异及正确的礼仪方式	以虚拟视频的方式（工作和与工作相关的场景）呈现跨文化场景中，不同文化对礼仪的要求，自拍视频或使用电影剪辑资料
	视频：跨文化场景——交谈中的文化差异及正确的礼仪方式	以虚拟视频的方式（工作和与工作相关的场景）呈现跨文化场景中，不同文化对礼仪的要求，自拍视频或使用电影剪辑资料

表2(续)

知识点及主题		呈现的内容
跨文化礼仪版块	视频：跨文化场景——做客中的文化差异及正确的礼仪方式	以虚拟视频的方式（工作和与工作相关的场景）呈现跨文化场景中，不同文化对礼仪的要求，自拍视频或使用电影剪辑资料
	视频：跨文化场景——礼品赠送和接收中的文化差异及正确的礼仪方式	以虚拟视频的方式（工作和与工作相关的场景）呈现跨文化场景中，不同文化对礼仪的要求，自拍视频或使用电影剪辑资料
	本环节实验报告撰写指导书	介绍适用的理论、撰写的要求、格式和评分标准等
	视频：多元文化团队的冲突及管理虚拟场景	以虚拟视频的方式呈现多元文化团队中，团队成员的冲突及管理，自拍视频或使用电影剪辑资料
	本环节实验报告撰写指导书	介绍适用的理论、撰写的要求、格式和评分标准等
跨文化微电影制作版块	视频：跨文化微电影制作实验项目介绍	介绍实验项目的流程、考核的方式等
	跨文化微电影制作指导	介绍如何制作一段文电影及微电影制作的要求、评分标准
	样本视频库	网址链接：往届学生的部分微电影展示

参考文献

[1] 李娜. 基于跨文化交际能力视角对旅游管理本科课程平台建设的思考——以浙江外国语学院为例 [J]. 时代教育，2015（13）：181-182.

[2] 陈晶莉. 高校跨文化课程开设与国际化商务英语专业人才培养现状分析 [J]. 科教导刊，2016（22）：54-55.

[3] 曾丹. 基于案例教学法的"跨文化交际"课程设计 [J]. 开封教育学院学报，2016（5）：108-110.

[4] 黄朝阳，张妮莎. 基于现代信息技术运用的"学与教"改革实践——以"跨文化管理"课程为例 [J]. 现代商贸工业，2015（7）：156-158.

高校大学生就业指导课程改革初探

邓 艺 宋钰静

[摘要] 大学生职业发展与就业指导教育可以有效提升大学生综合实力，是当前严峻形势下促进就业、提高就业质量的重要途径。高校就业指导课程的改革，应坚持围绕大学生就业指导课程教学的终极目标——以帮助大学生科学规划职业生涯，最终实现大学生全面发展，来确立大学生就业指导课程的改革方向，不断增强课程教学质量与教学效果。

[关键词] 大学生 就业指导 课程改革

党的十八大报告指出：要推动更高质量的就业，特别是要提升劳动者的就业创业能力。要增强就业的稳定性。经济社会的快速发展，对人才素质提出了更高要求，这就要求大学生要不断提升综合素质。从历年就业情况来看，用人单位在选用人才时最看重的首先是综合素质和能力。事实证明，大学生职业发展与就业指导教育可以有效提升大学生综合实力，是当前严峻形势下促进就业、提高就业质量的重要途径。

一、大学生就业指导课程设置背景

2007年，教育部办公厅印发了《大学生职业发展与就业指导课程教学要求》（高教厅〔2007〕号）的通知，倡导高校开设大学生职业生涯发展与就业指导课程，将其作为公共必修课或选修课纳入教学计划，并根据实际情况制订具体教学计划，设立相应学分，教学课时不少于38学时。目前，全国各高校已经普遍开设了大学生就业指导课程作为毕业年级的必修课。但相对于专业课和其他思政课而言，大学生就业指导课程并未受到足够重视。

二、大学生就业指导课程教学目标

第一，需要让大学生了解当前的就业形势。2014年全国普通高校毕业生人数达到727万，2015年全国普通高校毕业生人数达到749万，2016年的毕业生人数达到765万。随着我国经济增速趋缓和结构的调整，客观上会对劳动者就业结构产生影响，同时也会对就业总体规模产生挤压效应，对就业产生影响。大学生所面临的就业形势依然严峻。

第二，结合当前就业形势，对大学生就业观与择业观进行教育和引导。高校应帮助大学生树立正确的就业观与择业观，是大学生思想政治教育的重要内容。部分大学生就业理念受社会各种价值取向的影响，"先就业后择业"的就业观念未能根植于心，存在"宁愿出国带光环，不在国内做职员""宁到外企做职员，不到中小企业做骨干""创业不如就业""就业难不如再考研""宁到大城市打工、不到小城市做东"等误区，导致最后成为待就业人员。部分大学生自我定位过高，对自身情况缺乏客观认识，自我评价过高，择业标准过高，存在"眼高手低""好高骛远"的现象。

大学生就业指导课的重要目标之一，应是从实际出发，引导大学生科学定位，正确认识自我，进而充分挖掘自身潜能。抛弃"社会精英"情结，树立"先就业，后择业"职业选择策略，确立大众化的就业观。目前二三线城市急需大学生这样的高素质人才，民营中小企业还存在大量的用人需求。大学生就业指导课应引导大学生树立基层意识、事业意识和奋斗意识，到基层锻炼自己，将眼光投向西部，从现实出发选择自己的求职道路。

第三，激发大学生就业动力。部分大学生存在就业惰性，其原因可能是素质能力较差导致的逃避心理或者家庭优越产生的思想惰性。对于素质能力较差的学生，大学生就业指导课应当结合学生实际情况，传授就业能力和技巧，帮助其找到就业信心。对于专业能力和综合素质不弱，但既不积极搜寻就业信息、投递求职简历，也不主动参加招聘会的学生，大学生就业指导课应帮助其树立"以啃老为耻，以早日就业、实现自身价值为荣"的观念。

第四，增强大学生就业技巧和就业能力。根据当下就业形势，结合大学生实际情况，传授大学生就业技巧和就业能力，是大学生就业指导课的又一重要目标。就业技巧和就业能力的提升，可通过实际笔试和面试案例、常见就业考题、求职材料准备、自我包装技巧、求职礼仪等方面的讲授来进行。

第五，实现大学生的职业生涯科学发展。就业指导课的课程目标不囿于就业选择、准备与安置，而更注重大学生就业后的适应与发展，绘制大学生对自我与社会如何实现匹配路线，挖掘自身潜能，开发自身资源，成就自我、完善自我。对于站在就业十字路口的大学生而言，实现职业生涯的科学发展是最为重要的一环。大学生就业指导课的最终目标并不是帮助大学生就业,而是通过帮助大学生科学规划职业生涯,最终实现大学生的全面发展。

三、大学生就业指导课程改革方向

(一)教学师资的专业性

高校就业指导课缺乏一支专业的师资队伍。就业指导课的授课教师多为辅导员、行政岗位教师或者其他思政课教师。他们因各自岗位工作任务限制,普遍缺乏对大学生职业规划和就业指导的深入及专门研究。部分高校存在教师在就业指导课授课前临时抱佛脚的现象,课件未能及时更新、备课不够充分等问题使授课效果大打折扣。

为提升大学生就业指导课的教学质量,实现课程教学目标,高校应当具备一支专门的大学生就业指导课程的科研和教学队伍。这支队伍可由从事大学生就业工作的专家、大学生就业指导中心教师、研究大学生职业规划与就业领域的专家教师组成。这支队伍还可吸收优秀校友,如杰出创业者、企业家、公司人力资源部门负责人等组成。没有考察就没有发言权。对大学生就业形势缺乏深入了解,是无法讲授好就业指导课程的。

(二)教学形式的多样性

教学形式的多样性是提升大学生就业指导课授课效果的必然要求。就业指导课程的授课应当有别于专业课和其他思政课程的教学形式。授课教师不仅要有广博的理论知识,还要有丰富的就业信息和实践经验。这就要求授课教师走出传统的说教式的教学模式,提供丰富的就业信息、列举典型的就业案例、传授必备的就业技巧。在这一过程当中,授课教师要重视与学生的双向互动,引导学生现场尝试解决问题。例如,教师与学生解决同一个问题时,就构建了共同的思维模式。

教学形式的多样性还包括教学模式的创新。如杰出创业者、企业家、公司人力资源部门负责人等优秀校友在受邀进行就业指导课程讲授时,可通过参与班会、讲座、研讨、沙龙、论坛等大学生喜闻乐见的形式,在激发大学生就业兴趣的同时,帮助大学生了解就业形势,提升大学生求职技巧和能力。

(三)教学内容的实践性

高校就业指导课程教学具有很强的实践性。理论必定来源于实践,同时又必须回归实践,接受实践的检验,理论的源泉即在于实践。但科学理论对实践有着巨大指导作用,为了大学生职业规划与就业理论更好地指导教学实践，这就要求大学生就业指导课程需要组织专家编制教材，不断规范与完善大学生职业规划与就业理论体系。

除通过班会、讲座、研讨、沙龙、论坛等大学生喜闻乐见的形式，引导大学生现场解决问题外，还可以模拟求职招聘中大学生将会遇到的各种情景，如演讲、讨论、辩论等。这都能极大增强就业指导课程的实践性。

(四) 教学学时的延展性

就业指导课不能成为毕业生就业前夕临时抱佛脚的阵地，应当贯穿大学生的整个大学生涯。七个学期的教学应当各有侧重。前四个学期应当注重大学生职业生涯规划部分的教学，引导大学生科学定位，正确认识自我，不断挖掘自身潜能。从一定程度上来讲，大学生就业指导课不是一门纯粹的应用型教学科目，而是思政课的一部分，也是一门哲学课程。它从培育大学生正确就业观和择业观的角度，塑造大学生的人生观和价值观。然而，就业指导课又不能完全脱离应用型教学模式，传授大学生就业技巧并提升其就业能力，是最后三个学期大学生就业指导课的教学重心。因此，大学生就业指导课的学时具有延展性，对于处于不同学习阶段的大学生，就业指导课将传授其不同的知识和技能。

四、结语

课程改革以"为了每一个学生的发展"为核心理念，在具体的理念上倡导注重知识传承和技能训练的同时，更加重视全人教育，关注情感、态度、价值观。高校就业指导课程的改革也不例外。高校需牢牢坚持围绕大学生就业指导课程教学的终极目标——以帮助大学生科学规划职业生涯，最终实现大学生全面发展，来确立大学生就业指导课程的改革方向，不断增强课程教学质量与教学效果。

参考文献

[1] 汤锐华. 大学生职业发展与就业指导课程改革的研究 [J]. 课程与教学研究, 2014 (4): 52.

[2] 胡建平, 王华. 高校就业指导课程改革浅析 [J]. 就业指导, 2012 (6): 41.

[3] 李亭, 杜江山, 杜伟. 高校就业指导课现状及对策分析 [J]. 中国西部科技, 2014 (1): 93.

[4] 周妍. 浅谈就业指导课的课程改革 [J]. 教育与职业, 2009 (9): 142.

浅析"三级十维"大学生学业促进体系的构建

——基于商务策划学院学业促进实践

邓 艺 宋钰静

[摘要] 大学生学业促进体系在激发大学生学习动力,提升大学生学习能力中有着举足轻重的作用。笔者结合在学院的学业促进工作实践,诠释了"三级十维"大学生学业促进体系的内涵,进而提出建立健全"三级十维"大学生学业促进体系的思路。

[关键词] 大学生 学业促进 体系 构建

一、"三级十维"大学生学业促进体系内涵

授人以鱼,不如授人以渔。学习是人进步和发展的动力,学习是学生的第一要务。对于处于高等教育阶段的大学生而言,学习是大学生成长成才的基础,它仍是大学生的第一要务。新时代的大学生,不能仅仅满足于对知识营养的汲取,更重要的是要学会如何汲取营养,也就是学会学习。只有学会培养自身学习的能力,才能适应未来社会发展的需要。学习的能力主要是学习方法与学习技巧。大学阶段的学习不同于中小学阶段,知识涉及面广、内容深,只有具有良好学习能力的大学生,才能具备很好的课堂学习与自主学习效果,在大学期间取得优异成绩。大学生学业促进体系在激发大学生学习动力,提升大学生学习能力中有着举足轻重的作用。

大学生学业促进体系是指通过学业指导,激发大学生学习动力,提升大学生学习能力,最终提高大学生学业成绩,促进大学生成长成才的系统工程。笔者认为,提升大学生学习能力与学习动力是大学生学业促进体系的核心目标。学校、学院、班级,是大学生学业促进体系的"三级";以导促学、以督促学、以考促学、以赛促学、以创促学、以用促学、以评促学、

以范促学、以帮促学、以情促学,是大学生学业促进体系的"十维"。

二、"三级十维"大学生学业促进体系实践

在以导促学方面,结合班级学业成绩分析工作,第一时间关心和教育学业困难学生,并及时将情况向学生家长反馈,家校联合共同督促学生学习。在关心教育的过程中,了解学生的基本情况,帮助学生科学分析学业成绩困难的根本原因并加以引导。

在以督促学方面,狠抓学生课堂管理工作。通过参与课堂管理的研讨会,认真分析学院学生旷课、迟到的种种原因,有针对性地提出一系列的管理办法。积极向班级宣传学院的班级纪检干部自查、学院学业促进委员会抽查、学院勤工助学中心普查的"三查"课堂考勤制度,积极关注班级课堂考勤展示窗口,批评每周课堂缺勤学生,落实考勤结果的奖惩制度,确保学生的到课率。

在以考促学方面,鼓励大学生考取与专业学习紧密相关的国家证书,掌握必备知识技能。如会计从业资格证书、英语四级和六级证书、计算机二级证书等。要求学生认真对待期末考试的每一门课程,力求"不挂科、不补考、不重修"。倡导学生参加研究生考试,通过备战研究生考试复习,巩固基础知识和专业知识,完善知识体系。

在以赛促学方面,鼓励大学生学以致用。鼓励大学生积极参与学科竞赛,积极参与中国"互联网+"创新创业大赛、全国大学生电商"三创"大赛、"创青春"大学生创业计划大赛、学生科研"六大赛事"等国家、省、市、学校的各项学科竞赛。

在以创促学方面,鼓励大学生在老师的指导下,培育创新创业项目,参与创新创业大赛。优秀项目进驻创业园区,大胆实践,促进创业项目的孵化和落地。组织有创业意向和创业项目的学生团队参与"创业实验班"的课程培训,通过系统的创新创业教育,提升大学生创业精神和创业能力。

在以用促学方面,鼓励大学生运用专业的知识技能,广泛参与到志愿者服务、"三下乡"社会实践等实践活动中去,在实践中加深对课堂所学理论的理解和认识。

在以评促学方面,认真组织开展优秀读书感悟评选、"品学兼优"师范生评选、优秀班级学业分析报告评选、奖学金评选、优秀学生优秀学生干部评选、优秀团员优秀团干部评选,充分发挥评优评奖的示范、引导和激励作用。

在以范促学方面,重视学习优秀学生的榜样作用。通过学业分析主题班会，分析班级学业成绩不足的同时，安排学业成绩优异的同学发言，向身边同学传授学习方法和学习技巧，营造良好班风学风。

在以帮促学方面，积极鼓励和宣传班级学生参与班级学习兴趣小组与发展性资助项目，形成团队成员互帮互助的学习模式。寝室中，学习成绩较好的室友有义务帮助和监督学习成绩差的室友学习。班级中，学习委员有责任监督和帮助学业困难的同学学习，并定期向辅导员汇报班级存在的学业成绩问题的情况。

在以情促学方面，在学院的组织下，响应学校号召，假期前往重庆、四川等地，开展辅导员家访活动，关心和看望学院贫困学生和学业成绩困难的学生。开学之后，根据学院统一安排，每周深入学生寝室工作，关心学生在寝室的学习生活娱乐情况，与同学们打成一片，努力使思想政治教育工作贴近学生、贴近实际、贴近生活。

三、建立健全"三级十维"大学生学业促进体系的思路

第一，以学生组织和学生干部为依托，指导学院促进委员会的健全和完善，充分依靠和发动学生，师生联动促进学院学风建设。学业促进委员会在原有的三个部门的基础上，扩充读书学习部与项目调研部，实现与校大自委学业促进中心职能对接，明晰各部门分工，进一步提升学业促进委员会各项工作效率。

第二，深入落实学院学生工作队伍"四进"工作。学院积极推动进课堂、进公寓、进活动现场、进实践平台工作，制度化、规范化、长效化发展，把促进学风建设落到实处。商务策划学院对辅导员课堂查课、深入学生公寓和学生活动现场做出了细致的要求。

第三，继续狠抓学生课堂管理工作。开学初即召开关于加强学生课堂管理的研讨会，认真分析学院学生旷课、迟到的种种原因，有针对性地提出一系列的管理办法。学院建立起班级纪检干部自查、学院学业促进委员会抽查、学院勤工助学中心普查的"三查"课堂考勤制度，进一步强化学院领导、辅导员、学业促进委员会学生干部、勤工助学中心贫困学生、班级纪律检查干部对课堂的检查和管理工作，建设班级课堂考勤展示窗口，落实考勤结果的奖惩制度，确保学生的到课率。

第四，重视学生的心理辅导和职业规划指导，帮助学生树立自我发展目标，从而增强学生自觉学习的意识。在考研情况较好的基础上，商务策划学院力促学生考研。针对二三年级学生，商务策划学院安排学业导师一对一地对有意向考研学生就如何学习英语、数学和专业课程，以及如何定

位选择学校做比较专业的辅导；针对考研学生，学院党总支安排专职辅导员重点做心理辅导和作息时间合理安排方面的指导工作。通过这些措施，学生课堂主动出勤率明显改观，学生在自我学习、自我规划方面有了很大的进步，成绩有了明显提高。

第五，加大对完成学业有问题的学生转化和处理的力度，召集学院受到学业警示的学生进行专门关心与指导，着力构建家校联合教育体系，深化与学生家庭的沟通交流，共同促进全体学生形成"乐学、勤学、善学"之风。

第六，坚持通过"读书讲坛"等形式，为学生搭建交流读书感悟、碰撞智慧火花的平台，评选月、学期、学年读书之星。

第七，继续引进企业进校园或主动与企业联合走出去办学生科研赛事，使学生科研赛事接地气，组织学院学生走访企业，引领社会实践发展，改变学生为做兼职而做兼职的被动状态，促进学生"学优则用"。

参考文献

[1] 沈自友，高春娣，王秀彦. 发展性学业辅导促进大学生优良学风建设的策略研究——基于北京工业大学学业辅导实践 [J]. 长春工业大学学报（高教研究版），2014，35（1）：120-123.

高校军训对大学生管理模式的思考与探索

樊少华　宋钰静

[摘要] 本文结合在高校组织大学生军训的实践和体会，对高校学生军训后期管理模式进行了初步探讨。高校军训有利于增强大学生的国防意识，锻炼大学生的身体素质和意志品质，而军训后期各种管理模式的作用更是巩固军训成果的关键环节。

[关键词] 大学生　军训　管理

大学生军训，是培养大学生树立爱国主义精神，增强国防观念，掌握基本的军事知识和技能的最重要途径，也是全民国防教育的重要内容之一。

从2002年《普通高等学校军事课教学大纲》（以下简称《大纲》）在全国施行，至今已有15年时间，通过这期间的军训实践证明，大学生的国防教育、国防观念和国防安全意识等各方面都取得了令人瞩目的成绩，并且随着《大纲》的实施，我国国防建设已成为当代大学生关注的焦点。不仅如此，众多学者也把"军训"作为研究的热门话题，相关著作成果层出不穷。在这些研究成果中，一般将军训模式的研究分为三个阶段：集中训练，军事理论教学，巩固军训成果（又称军训后期管理）。其中，前两个阶段是大家讨论、研究的热点，而第三阶段往往被研究者忽视。事实上，第三阶段作为军训工作的延续和发展，它具有周期长、实施难度大的特点，因此，把军训所取得的成果，长效地发挥出来，才是其精髓所在。可见，巩固军训成果是相当重要的，只有认真落实好了第三阶段，才能将国防安全意识、国防观念融入大学生爱国主义、集体主义的观念中，从而加强他们的组织纪律性，促进其综合素质的提高，才能坚定他们捍卫国家主权、安全和海洋权益的决心。

一、军训后期管理的参与者

（一）学校领导

每年的军训各高校都会组建如"军训办公室""军训领导小组"的部门，对军训进行统筹安排、部署。据统计，领导对于军训各阶段的重视程度，与执行、实施的效果成正比例关系。也就是说，领导越重视，下面的各级院、系、部门就会更加认真履行。

（二）优秀的高年级学生

高年级学生设身处地地做好传、帮、带工作，缩短新生由中学到大学的适应期。开展经验交流会，让优秀的高年级学生从自身实际出发，谈谈军训后期管理的重要性。

（三）优秀的班委

一个辅导员管理上百个学生，光靠一人之力是不能做好工作的。因此，辅导员要挑选和培养一批优秀的班干部，在适当的培养、指导之后，由他们为军训后期管理工作做出贡献。

（四）辅导员

辅导员是学生日常管理的组织者，思想政治工作的教育者和校纪校规的执行者。在军训后期管理中，作为最主要的实施者，辅导员应掌握科学的方式方法，在提高自身素质的同时，有计划、有安排地统筹管理。

（五）心理辅导老师

随着当代大学生知识层面的日益提高和思维空间的不断拓展，心理辅导应使他们的思维更加敏捷，更加有理想、有抱负。但和平、稳定的生活环境又让他们在面对困难时出现不同的心理问题，特别是面临新环境，又远离家人的保护时，更需要有专业的老师进行辅导。在军训之后，将成果延续运用到学习、生活中，势必会带给他们各种压力。所以，需要心理老师的辅导，让他们有信心开始大学的学习、生活。

二、军训后期管理方式方法

军训后期管理，主要是将军训时严格的组织性、纪律性，将军训时吃苦耐劳、坚韧不拔的精神延续到大学的学习、生活中。因此，我们可以开展一系列活动来巩固军训成果。如开展相关的主题班会，制作展板进行宣传，开展军训交流、总结等。但这所有的一切，都应围绕一个原则，即"以人为本，以学生为主体"。要通过激发和调动他们的主动性、积极性、创造性来展开工作，使他们学有所获。

作为军训后期管理的实施者,辅导员更应在日常工作中,加大军训成果巩固的力度。为此,应做好"四个抓"。

(一) 抓学生思想稳定工作

学生思想稳定工作是辅导员日常工作的重点之一。新生入学教育专题讲座的开展,为新生尽快适应大学学习奠定了坚实的基础。学习经验交流会,为学生们了解大学的学习、生活,掌握学习方法、技巧,提供了很好的参考。此外,学生在学习、交流、讨论中,也相互取经,缩短了他们进入大学以后的适应期。除此之外,班委不定期地深入学生宿舍,还可以了解学生在生活、学习方面遇到的困难、问题,给予他们鼓励、帮助与支持。在寒、暑假返校后,及时了解学生的思想动态,掌握假期的表现情况。同时,要积极鼓励学生多参加学校、院系、班级组织的各项活动,并在班上开展丰富多彩的系列活动,如篮球赛、羽毛球赛、中秋晚会、联谊晚会等,使他们把更多的心思放在大学的学习、生活中去。

(二) 抓学风建设

各个班级根据自己的实际情况制定班规,在学习、生活各方面对学生们的行为举止进行规范。为了抓好学风建设,要求学生们必须提前十分钟走进教室,便于纪检委员清点人数。平时,与任课老师相互沟通,掌握学生学习情况。同时,要尽量把学生关注、关心的事情及时予以告知,如就业前景、考研、专升本、自考、各种过级考试等问题,让他们知晓当今严峻的就业形势,促使他们刻苦努力学习,为自己的大学生涯和未来人生做好规划。

(三) 抓安全稳定

各班要学习相关文件,在各班开展"法制安全"主题班会,宣传防护安全方法,介绍典型案例,把发生在大家身边的违法违纪事件告诉学生,让他们提高警惕,注意保护自己的人生、财产安全。同时,还让每个学生签写保证书,保证他们不做违法违纪的事情。

为防止晚归、夜不归宿、使用违规电器等情况,组织班委和积极要求加入中国共产党的学生,不定期抽查寝室。同时,寝室长必须每晚到生活委员处报到签名,及时通报归寝情况。此外,对于问题学生,特别是性格孤僻、情绪化重的学生,派专人关注,准确掌握他们的第一手信息。

(四) 抓班级日常管理

抓班级日常管理主要采取民主制度和自主管理模式。班委由学生们民主投票产生,根据班规要求,各负其责,管理班级日常事务。遇到任何问题,主张先自己解决、处理,培养学生解决问题、协调人际关系的能力。

提倡在班级多组织、多开展活动,让大家都参与其中,锻炼自己的组织、协调、创造能力,全面提升综合素质。

除此,辅导员作为管理工作的实施者,应在日常工作中加强对学生的关爱、教育和引导,只有这样,才能将军训后期管理更深入。

"关爱"是做学生管理工作的前提。关心、爱护我们的学生,为他们排忧解难,使得学生心理得到慰藉。要让学生在遇到困难时,第一个想到自己的辅导员。在这其中,新生、女生、贫困生、毕业生这四类学生特别值得我们关爱。新生在面对新环境、新生活、陌生的人时常常会感到惊慌失措、孤独、恐惧。女生常常因为各种感情问题而面临情绪波动,心理压力过大。贫困生,因家庭环境感到自卑、压抑,做事没自信。毕业生,面临严峻的就业压力,因学位证、毕业证没能按时拿到,有的毕业生会做出过激的行为。因此,这些学生都需要我们用足够的关爱与之交流、沟通,走进他们的生活,深入他们的心理去了解他们。

而"教育"的前提应该是以身作则。作为辅导员应该从思想、学习、生活各方面给学生树立一个良好的榜样,只有这样,才能规范学生的一言一行。

"引导"的前提是辅导员的自身素质。只有自身素质达到了一个台阶,才能给学生指引的方向。对于刚开始大学生活的学生来说,适应大学学习生活,给自己确定一个近期目标是最重要的;而处于高年级的学生,要考虑的是人生理想、目标、追求。作为辅导员,给这些学生的意见、建议是至关重要的。

参考文献

[1] 鲍晓慧.普通高校学生军训模式研究 [J].当代经济,2006(3):23-25.

[2] 王敏达,张新宁.对高校新时期大学生军训工作的创新思考 [J].职业圈,2007(21):11-12.

[3] 石磊.立足五个保证 提高军训质量 [J].中小学管理,2007(8):17-18.

[4] 刘海涛,秦黎明.结合高职学生特点 增强学生军训效果 [J].教育经济研究,2008(24):41-43.

[5] 于有进.新时期学生工作新方法探讨 [J].上海冶金高等专科学校学报,2000(3):7-9.

浅谈感恩教育在大学生人才培养中的作用

樊少华 宋钰静

[摘要] 高校人才培养是高等教育的核心内容。大学生感恩教育作为大学生德育教育的一项重要内容,其重要性不言而喻。牛津字典对于感恩的定义是:"乐于把得到好处的感激呈现出来且回馈他人。"本文通过阐述高校大学生感恩教育的内涵和意义,探索了感恩教育对提高大学生综合素质以及在大学生人才培养、培育和弘扬社会主义核心价值观方面的重要意义。

[关键词] 大学生 人才培养 感恩教育

一、感恩教育的内涵

所谓感恩,即知恩图报,感谢自然、社会和他人所给予的恩惠和帮助,从狭义上讲,就是对别人伸出援助之手要心存感怀,进而培养成一种习惯及心态,最终成为自身的性格及思维方式,根深蒂固地存在于人的脑海中。自古以来,中华民族就有乐于助人、知恩图报的传统美德。"受人滴水之恩,当以涌泉相报""投我以木桃,报之以琼瑶"等千古名句,都浓缩了中华文化中推崇感恩思想的精华。作为中华民族的子孙后代,我们有责任和义务继承和发扬我们祖先留下的好的光荣传统,将知恩图报这一传统美德传承下去并发扬光大。我们的社会需要感恩。感恩可以促进人与人之间的和谐相处,使人与人之间的关系更加亲密,更加团结。我们每个人都应该与人为善,知恩图报。我们要培养知恩的意识,培养报恩的心态,感谢帮助过我们的人,用自己的勤奋工作和无私奉献回报社会,回报所有的恩惠。当感恩成为一种心态,回报成为一种习惯和责任,这个社会就会变得更加和谐,更加文明。

感恩教育是教会大学生善于从日常生活的世界里发现外界给予自己的恩惠,并学会感恩。高校教育工作者更是要及时把感恩教育和生活世界中具有丰富德育意义的事件有机结合，贯穿到高校人才培养中加强当代大学生感恩教育，提升学生的思想道德境界，这既是传承民族精神的重要内容，也是高校思想政治工作"立德树人"的基本要求。近年来，国内高校越来越注重开展感恩教育，培养学生的感恩意识和行为。

二、开展大学生感恩教育的重要意义

（一）感恩教育是促进大学生成长成才的必要条件

研究表明，感恩教育可以很好地提高大学生的综合竞争力。受当前社会风气影响，高校大学生心胸狭隘、漠视生命等现象较为常见，由此导致自身沦为阶下囚的事件时有发生，为整个社会敲响了警钟。这些事件正是大学生道德失范、感恩意识薄弱造成的后果。通过加强感恩教育，能够帮助大学生树立正确的人生观和价值观，从而抵制不健康思想、文化的侵蚀。同时，可以让大学生走出以自我为中心的禁锢，增强其责任意识和为他人意识。感恩社会、感恩国家，使大学生本身更加具有亲和力和个人魅力。通过一系列感恩教育可以唤起大学生心底的情感需求——感恩，可以让大学生形成正确的是非观、道德观和价值观，使大学生学会用美的眼光接受和欣赏周围的人和事，有利于大学生心理健康建设以及学生自我教育，孕育出报答、责任、理想和友谊等美好的品德，还能够有效减少和避免各类校园安全事件的发生，对于大学生的成长成才起到重要的作用，从而全方面地促进大学生的自身和谐，提高其综合竞争力。

（二）感恩教育是提升思想政治教育水平的重要举措

要实现中华民族的伟大复兴，需要提升大学生的优良品德和综合素质。立德树人是教育的根本任务，对高校如何培养人才、培养什么样的人才给出了明确方向，除了要给学生传授专业知识和技能外，还要培养学生良好的道德品行和综合素质。高校应通过加强感恩教育，提升学生的责任感和担当，培养学生对家庭、社会、祖国的情怀，使学生将建设祖国与自我实现结合起来，自觉践行社会主义核心价值观，成为社会主义的建设者。因此，加强感恩教育能够促进高校思想政治教育水平的提升。

（三）感恩教育是全面构建和谐社会的关键因素

高校大学生是全面构建和谐社会的主力，通过感恩教育让高校学生心怀感恩之心，就是为构建和谐社会播撒一颗和谐的种子。感恩教育有助于大学生对学校、老师和同学萌发感恩情感，从思想上能够与学校培养目标、教学目标保持一致，从而形成步调一致、思想统一、相互理解、相互支持、共同进步的和谐局面。感恩作为和谐社会的基本道德价值取向，能够让人与人之间相互信任，明礼诚信，从而促进人际关系的和谐。正确的高校感恩教育可以提高大学生的综合竞争力，可以引导大学生正确地看待一些社会负面现象。

（四）感恩教育对培育和弘扬社会主义核心价值观有促进作用

感恩是中华民族的传统美德，是社会主义核心价值观的重要内容。高校开展感恩教育可以让我国优秀传统美德在青年一代当中得以更好地传承，可以促进和深入挖掘、发扬中华优秀传统文化。通过感恩教育在大学生中弘扬讲仁爱、重民本、守诚信、崇正义、求大同的时代价值，使中华优秀传统文化成为涵养社会主义核心价值观的重要源泉，实现中华民族伟大复兴的梦想。

三、加强大学生感恩教育的措施

（一）发挥中国传统文化教育的作用

我国自古就有"知恩图报，善莫大焉""滴水之恩，涌泉相报"等知恩感恩的古训箴言，表明我国的感恩教育有着源远流长的历史。面对"90后"高校大学生开展感恩教育，要充分发挥我国优秀传统文化的教育作用。一方面，高校应加强传统文化的学习和传播，通过橱窗、书籍、网络、新媒体等多种途径，广泛宣传和学习传统文化，利用国学经典教化学生，提高当代大学生对中华感恩文化的知晓率。另一方面，高校应组织开展各类传统文化教育活动，通过话剧、论坛、沙龙等方式让学生亲身演绎传统文化中的感恩故事，将这些历久弥新的核心价值理念融入学生生活，将优秀感恩传统文化内化于心，外化于行。

（二）坚持育人为本、德育为先的办学理念

高校要将感恩教育的内容内化为大学生的思想、外化为大学生的实际行动，引导他们树立正确的世界观、人生观、价值观，修正以就业率、考研率为考量准则的办学理念，真正把大学生综合素质提高作为大学的办学目标，作为学院、教师的教学目标。同时，高校还要营造良好校园文化环境。良好的校园文化环境对于在校学生的思想教育和行为引导有着"润物细无声"的重要作用。调研发现，高校有关感恩教育方面的宣传，大多是配合有关活动阶段性地开展，没有形成常态化的机制，感恩文化氛围不够浓郁。因此，高校要把握各类节假日等特殊时间节点，以学生们喜闻乐见的漫画、微视频等多种方式开展感恩文化展示活动。

（三）完善高校大学生感恩教育培养制度

高校党委在做好顶层设计的基础上，还要加强感恩教育的制度建设。

一是要真正将感恩教育作为德育教育的重要内容之一,将感恩教育纳入思政课教学体系中,并规定课时量,作为学生的必修课程之一,通过科学的设置,为高校感恩教育提供理论基础和保障,系统地引导学生知恩感恩,帮助大部分学生形成感恩意识,培养良好品德,树立社会责任感。但是目前,几乎没有高校开设专门的感恩教育课程,导致感恩教育在课堂教育上存在缺失。因此,制订相应的考核方案,明确感恩教育的培养目标,让教育者明确感恩教育的工作内容、方法和考核指标,才能真正使感恩教育常态化。二是能否建立家庭-学校-社会感恩教育一体化、制度化。高校应拓宽感恩教育途径,把家庭和社会纳入感恩教育体系之中,以学生为根本,以学校为轴心,充分挖掘社会感恩教育资源,使感恩教育由单一渠道、固定时空向全方位、立体化转化,形成感恩教育的合力。三是完善高校奖学金、助学金、评优、发展入党对象的评定办法。高校可以在评选条件中加入以感恩社会、回馈社会为要求的考核内容,如每学期必须参加多少次公益活动,每月必须进行多少小时的公益劳动,以此来让同学们明白受助的资金来之不易,从中体会感恩、感受感恩,使得大学生对社会、对他人、对国家心怀感恩之情、回馈之情。

(四)开展高校感恩实践活动

开展各类活动是高校感恩教育的最主要形式之一,但是调研结果显示,高校感恩教育活动仍然存在形式单一、内容空泛等问题。高校感恩教育活动集中为讲座、征文、班团会议等形式,难以取得理想的效果,而且无法形成长效机制。因此,引导大学生走出教室,立足生活,深入社区,组织大学生参加勤工助学、社会实践调查、大学生志愿者活动等,使大学生在实践中切身体会、领悟感恩的真谛,把感恩教育与社会实践相结合,让校园内的感恩教育扩展至社会的实践教育。高校应根据学生的实际情况,配合不同的时间节点,针对不同类别的学生经常性地开展不同的活动,让学生在活动情境中得到真实的感恩体验,真正将感恩教育活动做到经常化、深入化。例如,针对贷款学生及家庭经济困难学生,高校应结合国家资助政策开展对国家、对社会的感恩教育;结合母亲节、父亲节、教师节、新生入学季、毕业季等时间节点开展对父母、老师、母校的感恩教育;组织捐款捐物、支教帮扶等各类志愿服务活动,将感恩之心化作感恩之行;等等。

(五)占领高校思想政治工作阵地

一方面,高校应加强传统的思想工作阵地建设,继续发挥思想政治理论课的主阵地作用,"晓之以理,动之以情,导之以行",强化大学生的感恩意识；引导大学生树立正确的是非观、价值观，学会如何正确处理人际关系；帮助大学生克服西方个人至上等消极观念的影响，从而提高他们的思想水平。另一方面，高校应加强新媒体时代下对网络媒体的运用，拓宽感恩教育的教育宣传途径，加强师生双方沟通和信息交流的时效性、及时性、亲和性，如开通微博、微信、微视等，重视大学生群体在网络中的影响力。

（六）打造高校感恩榜样

教师要树立教师感恩榜样。古人云："其身正，不令而行；其身不正，虽令不从"。教师应不断提高自身素质，树立教师的感恩形象，从内心深处要真正地感谢党和政府对教育的支持和重视；感谢社会提供的良好工作环境；感谢学校提供实现个人价值的机会；感谢家长的理解和尊重；感谢学生的配合和感恩。学生要成立"爱心社"等感恩社团，积极发掘大学生中的感恩事迹，扩大宣传面，树立学生感恩榜样，用身边的事，感染身边人，教育身边人；用感恩图报的榜样鼓舞人，用忘恩负义的反面教材警示人，让大学生明白感恩的真正内涵，营造高校感恩教育的良好舆论环境。此外，学生还可以开展以感恩为主题的事迹报告会、主题班会、学习讨论、演讲、征文等活动。

感恩是一种生活态度，不以物喜、不以己悲，感恩生活中的成与败，是人生大智慧的体现。感恩也是一种情感需求，是常思父母养育之恩、师长启蒙之恩……懂得感恩的大学生，懂得知恩图报的大学生，会更有责任感，进入社会后更有竞争力。怀有感恩之心的大学生，才能有人与人之间的信任理解以及尊重，才能构建良好人际关系和社会关系，才能为构建和谐社会、实现伟大的"中国梦"贡献一分力量。

参考文献

[1] 孟文静，张罗斌，刘英泽，等.大学生文明道德教育探析[J].河北科技学院学报（社会科学版），2009（1）：114.

[2] 王莹.论加强大学生感恩教育的必要性和途径[J].无锡职业技术学院学报，2016（3）：93-96.

[3] 葛春娱.大学生感恩教育思索[J].文教资料，2011（1）：218-220.

[4] 张颖.浅析提升高校感恩教育时效性的途径[J].人力资源开发，2016（6）：206-207.

[5] 陈琦.浅谈班级管理中的情感教育[J].延边教育学院学报，2011（1）：114-115.

浅析当代大学生就业意识与择业倾向

向丹丹

[摘要] 随着高校逐年扩招,大学生的就业形势也越来越严峻,有关大学生就业意识、择业倾向的研究也就成为理论界研究的热点问题。本文从就业意识的内涵、构成要素、就业意识的表现及影响因素、如何培养正确的就业意识;择业观的特点及影响因素、如何树立正确的择业观等方面对当前大学生的就业意识与择业倾向进行了研究综述。

[关键词] 大学生 就业意识 择业倾向

一、关于大学生就业意识的研究综述

(一) 就业意识的内涵

研究大学生的就业意识是切实提高高校就业指导的实效性及贯彻落实"培养什么样的人""怎样培养人"的现实举措。关于大学生的就业意识,有学者认为,所谓大学生就业意识是指大学生为顺利实现就业所做出的观念准备。

在传统的就业意识研究之上,还有学者提出了"现代就业意识"的概念。如张义明、刘志侃在《大学生现代就业意识:高校就业指导的逻辑起点》一文中提出:"现代就业意识"是指大学生作为个体的人在大学阶段不断地发展和完善,并内化为促进其现实需要与长远需要的统一,达到"和谐自我",追求其全面发展的自觉意识。

(二) 就业意识的构成要素

关于就业意识的构成要素是学者们研究的主要内容之一,概括来说主要有以下几种观点:

1. "一个起点,两个维度"

有学者认为大学生现代就业意识的内涵结构可以按照"一个起点,两个维度"来进行解释,即大学生现代就业意识的逻辑起点是终身教育意识,包括学会学习、学会生存、学会合作;在生成意义的维度上为更新传统意识、职业生涯设计意识、诚信意识和法律意识的综合;在实践意义的维度上为全面发展与创新意识的统一。

2."三要素说"

有学者认为就业意识的结构要素主要有三方面,即"对就业的认识""对就业的评价""对就业的情感和态度"。具体来说,对就业的认识包括就业目的、就业途径、就业方式;对就业的评价包括就业准备、就业观念、就业意愿实现的程度、就业动机;对就业的情感和态度包括就业的依据、对不同职业的喜好程度等。

(三)当代大学生就业意识的表现及影响因素

关于大学生就业意识的表现,主要表现在:一是在认知终身教育上存在一定程度的误区,表现为学生进入大学前对自己的职业个性、职业兴趣与动机的了解不深;进入大学后没有深挖自己的专业潜能,疲于应对"证书",满足功利需求。二是对于"就业准备"问题的认识存在误区,表现在职业生涯设计意识与发展规划不明确;居安思危及风险意识淡漠,安于稳定的心态较明显。三是就业行为依然受就业地域的影响。四是应对就业策略准备不足,表现在对自己的职业方向、职业兴趣及前景的了解与预测不明确。五是对就业的认识不容乐观,表现在面对就业仓促应对、被动适应。

随着社会上对女大学生就业难问题的关注,一些学者还专门就女大学生群体的就业意识进行调研与研究。学者们认为女大学生就业意识的特点是就业主体意识明显增强、就业期望呈现多种矛盾、就业意愿更加多元化、就业心态呈多元化分布、就业价值取向呈多元化趋向。在肯定女大学生就业意识的同时,学者们还提出女大学生在就业观念上还存在着一定的误区,主要表示在过于追求自我价值的实现、淡漠社会责任等。

针对大学生就业意识中存在的问题,影响大学生就业意识的主要有四大因素:一是社会环境因素的影响。在此方面,大学生现代就业意识不同程度地受到了社会变革和产业结构、社会评价、社会文化心理和就业市场体系的影响。二是高校就业指导的影响,主要是思想政治工作失利,就业指导中心功能失位。三是家庭背景、结构和经济状况对大学生现代就业意识产生一定影响。四是在个体方面。学生个性、价值取向和能力对其现代就业意识的形成产生了影响。

(四)如何培养正确的就业意识

培养大学生现代就业意识的五大途径:一是坚持以人为本的就业指导

理念。二是注重就业指导中心的功能化。这主要包括提高就业指导人员的整体素质，加大就业指导人员的结构调整，加强就业指导人员的业务培训。三是促进就业指导方式的时代化。四是实现组织结构的科学化。内容有理性审视招生就业处组织机构，回归高校大学生就业指导中心的隶属关系。五是推动社会机制服务化。这主要包括规划大学生就业市场是当务之急，变"准毕业生"为毕业生，改革当前使用的就业协议等。

关于培养女大学生的就业意识，高校要完善法规建设，保障女大学生合法权益；开展素质教育，提高女大学生就业竞争力；加强思想教育，帮助女大学生树立正确的择业观；开展就业指导，帮助女大学生树立健康的就业心态；女大学生自身要主动树立与当前市场经济相适应的就业观。

二、关于大学生择业倾向的研究综述

（一）当代大学生择业观的特点及影响因素

了解大学生择业观的特点，是解决大学生择业问题成功的开始。总体来说，当代大学生择业观的主流是好的，但是由于受多方因素的影响，大学生的择业观也存在种种问题，需要正确的引导与教育。

随着社会形势的发展，大学生对职业要求、生活理想和成就感等新的思想，表现在择业观上有五大特点：一是自主性，即大学生原有的被动型择业心态在市场经济的影响下，开始积极主动地参与选择；二是职业与专业相关性，即大部分大学生将能否发挥专业特长作为择业的一项指标；三是趋利性；四是多元性，即大学生对于自身的职业要求各有侧重，对具体的职业岗位选择也比较灵活；五是矛盾性，表现在择业时既欢迎竞争又害怕竞争，既渴望早日工作又担心难以适应等。

当代大学生择业观的特点主要表现为：在选择职业时，强调实现自我价值，选择职业的趋向是重个人、轻社会；缺乏牢固的专业思想，转行现象较为严重；功利主义倾向，实惠成为大学生追求的目标；具有浓厚的从政意识，缺乏到基层进行艰苦创业的精神。

当代大学生择业观的特点体现在三个方面：一是当代大学较理解和支持我国的就业制度改革，人生观积极向上，但对社会的发展和自己的就业前途既满怀信心，又怀有忧虑和迷惑；二是在择业价值目标上，大学生怀有寻求理想职业，实现自我价值的强烈愿望，但过分强调自我，过分追求物质利益；三是在择业的意识方面，大学生的社会责任感淡薄，少数人道德水平偏低。

对于大学生择业倾向上的这些表现，主要有以下原因：社会变革使就业结构模式发生变化，为大学生提供了多样化选择的功能；务实的社会大环境造就了大学生择业的功利主义倾向；高校中独生子女渐成学生主体，部分独生子女表现出自我实现的强烈愿望，反映在择业取向上就是过分强调个人价值的实现；大学生中相对贫困化问题日益突出，大学生择业中的求实惠倾向反映了他们的生存需要；等等。

（二）如何教育大学生树立正确的择业观

教育大学生树立正确的择业观是一项系统工程，需要从择业观念、社会环境、思想教育和职业理想等方面共同推进。要强化对毕业生的择业导向工作，寓思想教行于指导服务之中，使毕业生树立正确的择业观、价值观和人主观。

一些学者从某个具体角度对如何教育大学生树立正确的择业观的路径和方法进行了探讨。有学者提出要加强社会舆论导向作用，要大力宣传社会责任意识，弘扬奉献精神和艰苦创业精神，引导观念的更新；要注意典型事例的激励作用。也有学者认为，应加强对大学生的职业生涯的规划。

还有学者提出要加强创业教育，培养大学生的创业意识；要健全大学生的心理素质，提高心理承受能力。也有学者认为可以通过社会实践引导大学生形成正确的择业观。

三、几点思考

当前学术界对大学生"就业意识"及"择业倾向"的研究已经取得了一定的成果。这些研究成果将对提高大学生就业指导工作的有效性、针对性起着重要的作用。但目前的研究成果主要偏重于群体性研究，主要是针对毕业班群体，而对非毕业班大学生在"就业意识"及"择业倾向"上的特殊性，以及不同年级、不同学历层次、不同学科背景学生"就业意识"及"择业倾向"差异性等方向的研究涉足不多。本文认为，要重视大学生群体间的差异性研究，大学生这个群里犹如一个"小社会"，内部的异质性极强，差异、分化显著，因此应把性别差异、学历差异、年级差异、专业差异等因素引入，不能将所有的大学生一概而论，要突出不同阶层大学生的不同特征，"对症下药"才能"药到病除"。

参考文献

[1] 张建奇. 关于大学生就业意识、能力准备与就业满意度之间关系的研究 [J]. 河南社会科学, 2001 (4): 103.

[2] 张义明, 刘志侃. 大学生现代就业意识: 高校就业指导的逻辑起点 [J]. 贵州工业大学学报（社会科学版）, 2006 (3): 93.

[3] 郑华萍. 大学生现代就业意识培养研究 [D]. 西安: 西安科技大学, 2006.

[4] 郑洁. 当代女大学生就业意识的调查与研究——以重庆市高校的女大学生为例 [D]. 上海: 华东师范大学, 2004.

[5] 刘期忠. 大学毕业生择业观的特点及其就业指导 [J]. 邵阳师范高等专科学校学报, 2002 (4): 85-86.

[6] 陈继承. 大学生择业观念变化因素探析 [J]. 广西医科大学学报, 1999 (S2): 30-31.

[7] 刘尊法. 试析大学生择业观转变过程中存在的问题及对策 [J]. 河南大学学报（社会科学版）, 2000 (5): 111-115.

[8] 胡亚娥, 于雷. 当代大学生择业取向的特点及教育引导 [J]. 煤炭高等教育, 2002 (11): 41-42.

[9] 何冬梅, 李丹. 当代大学生择业状况调查分析及工作对策 [J]. 华北电力大学学报（社会科学版）, 2002 (1): 93.

重构现代大学教学观：
基于本体与价值的视角[①]

游 薇

[摘要] 对大学教学的关照不足，不利于现代大学教学观的澄明。本文从本体论与价值论的视角重新审视现代大学教学观，有利于重构现代大学教学观。

[关键词] 本体论 价值论 现代大学 教学观

教学是大学最古老的职能。正是通过教学这一特有的进化机制，大学才得以成为名副其实的保存和传播"高深学问"的重要机构。从本质上说，教学是大学师生之间、师生与高深学问之间的一种互动的行为模式，它在一定程度上决定了大学教师和学生的合法性身份。所以，只要大学还是一个育人机构，教学就将永远是大学的中心任务。

在大学的发展历程中，我们可以发现这样一种普遍的现象，即教学赋予大学教师的合法性身份，但大学教师却鲜有探求大学教学规律、提高自身教学能力的诉求。朴雪涛等认为"讲师不讲，教授不授"已成为大学中的一道风景。[②] 学术界对大学教学的研究远远比不上对中小学教学的研究。世界上很多有影响的教学理论，虽然出自大学教授之手，但其研究的对象仍是中小学教学。近年来，随着高等教育学学科的发展，人们对大学教学理论、课程理论研究也开始予以重视，但此领域的研究还刚刚处于起步阶段。

当前学界关于现代大学教学的研究，远者是从宏观上研究现代大学制度的内涵、构建及大学章程等，近者则主要研究现代大学教学的教学模式、教学质量、教学评价以及教学与科研、学术权力与行政权力等，立足现代

---

① 本文为重庆市教育委员会 2015 年度高等教育教学改革研究一般项目"大学生在新型社交媒体上的行为习惯及引导研究"（项目批准编号 153094）研究成果之一。
② 朴雪涛，刘旭. 现代大学教学论 [M]. 哈尔滨：黑龙江人民出版社，2002：1.

大学教学本身的研究并不多见。

一、本体论——现代大学教学释义

"大学"是拉丁文"Universitas"一词的译名,专指 12 世纪末在西欧出现的一种高等教育机构,这种机构形成了自己独有的特征,如组成了系(Faculty)和学院(College),开设了规定的课程,实施正式的考试,雇佣了稳定的教学人员,颁发被认可的毕业文凭或学位等。中古大学以法国的巴黎大学、意大利的勃隆那大学为最早。佼佼者有英国的牛津大学、剑桥大学,意大利的萨里诺大学,德国的海德堡大学、科隆大学等。

19 世纪末期,大学的特点开始产生巨变。在洪堡和阿尔托夫等人的革新下,大学的理念发生了根本的变化,大学成了一个"研究中心",教师的首要任务是自由地从事于"创造性的学问"。1930 年美国大学的先驱者佛兰斯纳(A. Flexner)在《大学》一书中阐明了自己的观点:现代大学不止在发展知识,也在培育人才。不过,他反对大学开设职业训练课程培养"实务人才"。

在我国古代有"大学"与"小学"之分,小学是"学其事",大学则"学其理"。我国古代大学是建立在自给自足的小生产基础之上的,与奴隶社会与封建社会制度相适应,具有等级性与阶段性的特点。教育机构既可以是官办的太学、国子监,也可以是私立的书院、私塾。我国古代大学的教学目的以读书做官为价值取向。尽管中国高等教育的历史最早可追溯到汉朝的太学,但我国现代意义上的大学的产生,不是"纵向继承"而是"横向移植",它与古代的高等教育机构并没有渊源关系,应主要归功于 19 世纪末期受西方的影响。[①]

现代大学产生于以机器大生产为特征的资本主义时期,资本主义等价交换的商品经济替代了自给自足的自然经济,社会生产力得到了极大的发展。现代大学由古代的官僚机构变成了一个学术机构,主要任务是研究高层学问,同时也确定了学与术的分离。既培养资产阶级的管理人才,也培养各种专门技术人才。现代大学反对封建专制主义,崇尚学术自由,逐渐淡化宗教色彩。教学内容主要是社会需要的各种专业知识,与社会和市场有相当程度的联系,并受国家法律的制约与保护,成为一种制度化的教育。

现代意义上的大学应该具备以下几个特点:一是综合性。那些单纯的技术性院校的建立,不能算是严格意义上的大学,正如柏林大学的创办人

---

① 孙泽文. 现代大学教学引论[M]. 武汉:华中师范大学出版社,2006:6.

纽曼所说的:"实用的知识乃是不足称道的。"二是男女同校。在中国传统的以男性为中心的社会,男女同校的意义就显得特别重大。男女不同校的大学,很难说得上是现代意义上的大学。三是稳定的科系设置,特别是学院和系的建立成为一种基本体制。四是各类研究机构的制度化。五是选课制的设立。六是大学出版社的设置和相关学术杂志的定期出版。七是教授和学生的自治程度较高。八是大学中普遍开展的体育运动。

二、价值论——现代大学教学的价值与功能

马克思主义的价值观认为,任何事物既有内在价值也有外在价值。因此,现代大学教学既有内在发展价值也有外在社会价值。

(一)现代大学教学的发展价值

人的发展应按照人自身固有的内在本性的要求去支配自身的发展,而不是被动地从属于某种外在的强制。人的自由发展的价值具体包括认识价值、主体价值、生命价值等。[①] 第一,从认识价值来看,现代大学教学认识的价值,主要表现在以下几个方面:一是有目的地塑造主体。现代大学教学按照一定的目标,通过教学认识的特定方式以及客体的内容、结构和性质,建构合理的教学过程,来影响学生的发展及其可能,培养理想中的现代人,达成确定的教学目标。二是提升与整合学生所学的知识和经验。现代大学教学扩张教学认识的功能,以高起点的系统理论知识为主导对学生的经验加以提升,使理论与经验结合起来。三是开发学生智能。传统的教学认识注重知识的传授,现代大学教学认识的价值取向是开发学生的多元智能,巩固、强化学习中的不稳定智能,并提供一定的条件,使其转化为实践能力与创新能力,形成学生的个性优势与内在素质。四是将学习内容内化为情感、态度和素质。传统教学强调把知识内化为学生的认知能力,并将之作为终极目标。

第二,从主体价值分析,随着现代社会的发展,教师、学生在教学中的主体地位越来越重要,他们有自己的价值需求和价值标准。传统大学的教学模式忽视学生的价值主体地位,学生的学习主要是一种被动参与,主体地位得不到认可,主体自觉程度不高,主体能力得不到发挥。新建构主义学习理论认为,个体的学习是知识的主动建构,而非被动接受,个体要利用已有的知识结构,对外界信息进行主动的选择、推断,主动地建构对外部信息的解释系统。因此,就主体学习而言,主要特征有:学习具有选

---

① 孙泽文. 现代大学教学引论 [M]. 武汉:华中师范大学出版社,2006:14.

择性、学习具有独立性、学习具有主动性以及学习具有创造性；就过程而言，现代大学主体具有的表征有：十分重视课堂交往、强调教学的生活性与实践性、注重培养学生的创新精神以及推崇人的主体作用。

第三，从生命价值的意义来讲，现代大学教学活动作为人类的一种社会活动，"应被看作是师生人生中一段重要的生命历程，是他们生命的有意义的构成部分"[①]。叶澜认为，现代大学应构建"生命课堂"，将"以符号为主要载体的书本知识重新激活"，"使教学的内容恢复到鲜活的状态，与人的生命、生活息息相关，呈现出生命的活力"[②]。简而言之，现代大学教学的生命价值观，关注的不仅在于人可以经由教学而获得多少知识、技能，而更在于人生意义和智慧可以经由教学而得以生成、扩展和彰显。当教学过程关注人的生命价值时，学生知识的学习已不再仅仅属于认知的范畴，它已扩展到情感、态度、人格等领域，使学科知识增长的过程同时成为人格不断健全与发展的历程。只有如此，现代大学才可以成为鲜活生活、完整生命的摇篮。

（二）现代大学教学的社会价值

现代大学教学的社会价值就教学应满足社会发展的需要而言，主要应包括文化价值、经济价值、政治价值等。这种价值系统具有开放性的特点，其重心会随社会变化发展而不断转移。

第一，现代大学教学的文化价值体现在以下几个方面：一是筛选与传递文化。现代大学教学对作为教学内容的文化素材不是机械照搬，而是根据学生的特点和文化本身发展的规律对文化素材进行再创造，把教师的理解传递给学生。同时，学生接受教师的认识也不是"全盘继承"。现代大学教学文化的传递需要以人对文化的理解为中介，它有一个摒弃腐朽、选择先进的筛选过程。二是创造与更新文化。现代大学在传承文化过程的同时，无疑会融入新的内容和价值取向，使文化不断得到丰富、发展。与此同时，现代社会的急剧变革、科技的迅猛发展，必将要求突破原有的文化范式，实现对文化的创造、拓展与更新，而这主要依靠现代大学教学来实现。三是整理、吸收和融合外来文化。在民族文化交流日益频繁的今天，现代大学教学过程中整理、吸收和融合外来文化，主要表现在对历史文化与外来文化的比较、评价以及对新文化的展望上，要把历史文化和外来文化中的积极文化要素梳理出来，在分析、综合、改造的基础上进行再创造。

---

① 叶澜."新基础教育"探索性研究报告集[M].上海：上海三联书店，2008：224.
② 叶澜.重建课堂教学价值观[J].教育研究，2002（10）：5.

第二,现代大学教学具有经济价值。现代大学一方面借助于各科教学,尤其是各门自然科学的教学,使学生掌握系统的科学文化知识,丰富他们的精神世界,使之形成和谐人格,进而成为合格的现代化建设人才;另一方面,通过实验课、劳动技术课、生产实习课等,使学生系统地掌握劳动技术知识、职业技能或专业技术并接受综合训练。① 现代大学教学除担负培养社会生产劳动者的功能外,还具有创造科学知识、更新技术和创造出更多潜在生产力的功能。现代大学教学还可以通过多种途径培养学生与现代社会经济发展相适应的思想观念、行为规范等,对社会经济的发展起促进与协调的作用。②

第三,现代大学教学的政治价值体现在三个方面:一是培养各种政治人才以促进社会稳定、完善、发展。"学而优则仕"是传统大学教学活动的重要价值取向,而随着社会的发展,现代大学教学自觉担负起了培养现代政治人才的职能。二是培养具有一定政治素养的社会公民和各个行业的专门人才。通过教学活动引导学生对自然、社会政治生活和人生的诸多现象进行探究思考,增强学生参与政治生活的热情,培养他们宽广的政治胸怀,形成国家、政府或执政党所希望的政治理想、政治信念与道德品质,使他们成为秉承人类文明成果,具有智慧和力量,能够担当社会主体责任和具有使命感的人,并在各自的领域发挥其应有的作用。三是传播先进的思想观和法律规范,弘扬优良文化,促进社会政治的变革。"君子如欲化民成俗,其必由学乎"。现代大学教学在传播真理的过程中用统治阶级的政治观、道德观教育学生,使之形成正确的舆论导向,抵制腐朽与落后的消极因素,使受教育者达到社会政治化,以推动社会的进步与革新,加速社会政治民主化进程与维护社会政治的稳定局面。

参考文献

[1] 朴雪涛,刘旭. 现代大学教学论[M]. 哈尔滨:黑龙江人民出版社,2002.

[2] 孙泽文. 现代大学教学引论[M]. 武汉:华中师范大学出版社,2006.

[3] 叶澜. "新基础教育"探索性研究报告集[M]. 上海:上海三联书店,2008.

[4] 叶澜. 重建课堂教学价值观[J]. 教育研究,2002(10):5.

---

① 李定仁. 大学教学原理与方法[M]. 北京:科学出版社,1994:6.
② 孙泽文. 现代大学教学引论[M]. 武汉:华中师范大学出版社,2006:22.

自媒体对大学生思想政治教育的影响与对策

郑 娴

[摘要] 以手机、微博、微信为代表的3.0自媒体已经成为大学生生活和学习的一部分，大学生的思想观念、行为方式、价值追求都受到了来自自媒体的重大影响。自媒体的运用创新了大学生思想政治教育的工作手段、工作方式和工作内容，但也带来了大学生缺乏对自媒体信息内容的正确选择和判断的问题。这对大学生思想政治教育的工作提出了更大的要求。通过高校重视大学生的媒体素养教育、加强自媒体的有效监管机制、创新大学生思想政治教育实效性的工作方法，可以实现大学生思想政治教育工作的与时俱进。

[关键词] 自媒体 大学生 思想政治教育

报纸、杂志、电视、广播等传统传播媒体1.0已逐渐被以网络为中心的新媒体2.0所取代。随着时代的发展，以微博、微信、博客为代表的自媒体深受大学生的喜爱，使大学生的思想观念、行为方式都受到了这些自媒体的重大影响。然而，自媒体虽然丰富了大学生的学习和生活，增长了他们的见识，但同时也带来了不少消极影响，这给加强和改进大学生思想政治教育工作既带来了机遇，也带来了挑战。因此，将自媒体的运用与改进大学生思想政治教育相结合成为大学生思想政治教育面临的重要课题。

一、自媒体的含义

（一）自媒体

2001年9月28日，美国科技作家和专栏作者吉默尔在对其"新闻媒体3.0"概念进行定义时，首次使用自媒体的概念。谢恩·波曼与克里斯·威利斯认为：自媒体（We Media）是一个普通市民经过数字科技与全球知识体系相连,提供并分享他们的真实看法、自身新闻的途径。

笔者认为自媒体就是通过利用 QQ、微博、微信、博客等平台,通过点对点的方式进行信息的传播与交流的一种媒体形态。

(二) 自媒体与新媒体的关系

吉默尔认为:Web 1.0 指的是传统媒体,Web 2.0 指的是新媒体,Web 3.0 指的是自媒体。从该定义来看,媒体的发展轨迹为旧媒体-新媒体-自媒体。自媒体是继新媒体之后的第三个历程。

从时代背景来看,从旧媒体到新媒体的发展转变,是由于数字科技和网络技术发展的不断成熟和普及,从而取代了传统的报刊、广播、电视的传媒媒介。然而自媒体与新媒体的时代背景是一致的,两者的区别在于传播方式的不同,新媒体是"点对面"的方式,而自媒体是"点对点"的方式。

因此笔者认为,自媒体与新媒体的关系应为从属关系,而不是连续关系,即自媒体应从属于新媒体,是其新媒体这颗大树上的一支强有力的分支。

二、自媒体给大学生思想政治教育带来的机遇与挑战

(一) 自媒体给大学生思想政治教育带来的机遇

1. 创新了大学生思想政治教育的工作手段

传统的大学生思想政治教育主要采取"填鸭式"的方法作为教育的主要手段。大学生主要是通过课堂上老师的教学、聆听专家的讲座、辅导员开展主题班会、收听广播或浏览校报等形式,在时间和地点都较局限的情况下接受"自上而下"被动地接受思想政治教育。而如今,微信、QQ、论坛、微博等自媒体平台的快速发展和普及,使得容易接受新鲜事物的大学生通过互联网和手机可以随时随地的获取所需信息。因此,自媒体开阔了大学生视野,打破了时空限制和规定,丰富了教育手段。

2. 改善了大学生思想政治教育的工作方式

自媒体的运用为大学生思想政治教育工作开拓了新渠道。以往教育者占用主导地位,而如今教育者和学生是可以进行交流和讨论,甚至通过探讨碰撞出学术灵感的火花,是趋于平等的师生关系。一方面,老师可通过 QQ 空间、微信朋友圈等自媒体,了解学生的所思所想,并针对其问题,帮助、鼓励、支持和引导学生解决其问题;另一方面,学生可以利用自媒体打破空间和时间的限制,与身边的老师、同学进行交流,分享生活和寻求

帮助。这种交流方式让大学生更有自主性，可根据他们的需求寻找需要的对应信息，使他们更容易主动地接受思想政治教育。

3. 丰富了大学生思想政治教育的工作内容

自媒体的运用使得教学内容更加多元性。一方面，大学生在接受思想政治教育时不再局限于课堂或图书馆，也不再受时间的限制，可以随时随地地获取知识和信息。另一方面，自媒体的运用可将教学内容变得更加形象生动，从而打破学生对思政课枯燥的印象，不仅可以利用丰富的图片和影像增强教学的感染力，还可以利用自媒体平台进行线下辩论、开展公益活动等，更加贴近大学生的学习生活，有利于大学生主动地接受思想政治教育。

（二）自媒体给大学生思想政治教育带来的挑战

1. 大学生缺乏对自媒体信息内容的正确选择和判断

自媒体传播的信息多种多样，且传播门槛较低，其中健康的、向上的正面信息很多，但也不乏一些虚假内容以及有害的低俗、恶俗信息，例如黄、赌、毒、邪教、反国反党、淫秽、暴力等信息。由于自媒体自身的虚拟性，任何人都能够肆意浏览和传播这类不良信息，而由于缺乏对自媒体信息内容的正确选择和判断，大学生容易被这些信息诱导和腐蚀。对世界观、价值观和人生观尚未完全形成的大学生来说，这些不良信息会严重影响他们三观的正确树立，对其价值观念和行为习惯带来严重影响。

2. 对大学生思想政治教育的工作提出更大挑战

一方面，自媒体的出现，在一定程度上会削弱大学生思想政治教育者的信息主导地位。传统的思想政治教育方式是通过"面对面"的方式交流和教育，教育者占主导地位，被教育者听从教育者的传授，接受知识。在此情况下，教育者对思想政治教育的内容和方式较容易把控。随着新媒体的出现，大学生可以根据自己的需要去收集相关信息，他们获取知识的途径变得多样化，因此大学思政教育工作者教育主体与教育主导者的地位也随之动摇。另一方面，自媒体会增大思想政治教育者的工作难度。大多数人在各大自媒体平台使用虚拟身份，使得思想政治教育工作者无法知晓其身份，不利于思想政治教育者掌握学生的思想动态，并且有针对性地解决实际问题。

三、自媒体环境下加强大学生思想政治教育的对策建议

（一）高校应重视大学生的媒体素养教育

高校是开展大学生媒介素养教育的主阵地，应充分发挥教育的主导性作用。一是提升大学生的媒介素养。加大系统化媒介素养教育构建与实施的力度，开展自媒体使用的相关课程，提高大学生的自我管控能力，引导大学生正确使用自媒体来获取知识信息。二是提升教育者的媒介素养。开展相关方面的知识培训，提高高校教师队伍特别是受传统观念影响较深的老师使用自媒体的能力。

（二）加强自媒体的有效监管机制

一是高校通过各部门责任联动的方式，加强对校园网的管理。《中共中央国务院关于进一步加强和改进大学生思想政治教育的意见》指出："应主动占领网络思想政治教育新阵地。要全面加强校园网的建设，使网络成为弘扬主旋律、开展思想政治教育的重要手段"。高校应建立与新媒体时代要求相契合的一套完整的新媒体平台管理办法，严格监督新媒体传播背景下信息传播的各种途径和渠道，从而加强校园局域网络管理和网络运行的安全。二是高校监管应与法律监管和社会监管相结合，强化在自媒体管理上"有自由，有限制"的观念，对恶意发布和转载黄、赌、毒等对社会影响恶劣的信息的网站坚决予以关闭，并进一步完善和新媒体相关的法规。

（三）创新自媒体背景下大学生思想政治教育实效性的工作方法

以网络为依托，思想政治教育者要主动占领网络思想政治教育新阵地，擅于运用各大自媒体平台，发挥网络意见领袖的作用，积极引导大学生树立正确的价值观。第一，高校思想政治教育工作者要加强对校园网络平台内容的监管，通过学生经常使用的校园论坛，及时关注和了解学生的思想动态，同时发动老师在线上与学生进行互动和讨论，增进相互之间的了解，真正走近学生，为学生服务，提高大学生对垃圾信息的辨别能力，积极地引导大学生理性冷静地看待社会问题。第二，发挥手机媒体的作用。随着通信工具的普及，大学生几乎人人一台手机，大学生广泛利用微博、微信、知乎、QQ等自媒体平台进行信息的获取和线上的互动交流。因此，思想政治教育工作者应抓住这一互动平台，辅助课堂教学内容，通过主动建立QQ群、开设微博或博客，积极地开展思想政治教育，随时关注和了解学生的思想动态和信息的反馈，同时也有利于增进与学生的距离。

参考文献

[1] DAN GILLMOR. We the Media [M]. Cambridge：O'Reilly Media, Inc., 2006.

[2] 中共中央国务院关于进一步加强和改进大学生思想政治教育的意见 [N]. 人民日报, 2004-10-15 (1).

[3] 杨贤芳. 自媒体时代大学生思想政治创新研究 [D]. 合肥：安徽大学, 2014.

[4] 李伟. 自媒体与新媒体比较研究 [J]. 西部广播电视, 2016 (5)：31-31.

浅析时代背景下大学生心理健康教育

朱华华

[摘要] 新时代背景下,大学生受到社会、家庭等诸多方面的影响。面对复杂的外部环境,大学生的心理问题越来越突出,科学开展大学生心理健康教育显得尤为重要。本文从当前大学生的心理健康教育实际出发,提出在高校加强大学生心理健康教育的重要性,并立足于当下大学生心理健康教育的现状,构建大学生心理健康教育四级防御网,希望对教育实践有所借鉴。

[关键词] 大学生　心理健康教育　四级防御网

在社会急剧变化和竞争日益激烈的社会背景下,大学生背负着自身成长成才和适应社会发展等多重压力,其心理健康问题日益突显。大量调查研究表明,目前我国大学生心理障碍严重,精神行为检出率约为16%,心理不健康或处于亚健康的比例为27%。

作为培养高层次人才的高等院校,开展大学生心理健康教育,不仅关系到社会主义高等教育能否培养出身心健康、全面发展、适应市场经济发展要求的新型人才,更关系到全民族素质的提高和社会主义事业的前途。

一、大学生心理健康教育的重要性

高等院校开展大学生心理健康教育对迎接时代竞争挑战、改革与创新素质教育、满足大学生自身健康成长都有重大意义。

（一）大学生心理健康教育是时代发展的要求

21世纪是速度、变化、危机的时代,是科技进步和经济发达的时代,是机遇与挑战并存的时代。在这种复杂的时代背景下,仅有良好的思想道德素质、科学文化素质和身体素质是不够的,还必须具备强大的心理素质、开拓进取的时代精神和思维意识、灵活多变的社会适应力和人际交往能力、良好的自我评价和情绪管理能力、正确的职业心理和求职择业观念、理性的婚恋态度和正常的两性交往能力等。重视大学生全面、均衡的发展，对塑造其完善的心理素质和个性品质，以适应时代发展的需要具有重要意义。

（二）大学生心理健康教育是改革与创新素质教育的重要内容

高等院校担负着培养高素质人才的重要使命。1994 年，《中共中央关于进一步加强和改进学校德育工作的若干意见》明确要求："要通过多种形式对不同年龄层次的学生进行心理健康教育和指导，帮助学生提高心理素质，健全人格，增强其承受挫折、适应环境的能力"。1995 年，《中国普通高等学校德育大纲（试行）》指出："要把心理健康教育作为高等学校德育工作的重要组成部分"。1999 年，《中共中央国务院关于深化教育改革全面推进素质教育的决定》强调："在全面推进素质教育中，必须更加重视德育工作，加强学生的心理健康教育"。重视大学生心理健康教育，根据大学生的身心发展特点和教育规律，培养大学生良好的心理品质和自尊、自爱、自律、自强的优良品格，是新时期培养高素质人才的迫切需要。

（三）心理健康教育是大学生自身健康成长的需要

大学阶段是人生可塑性较强的一个时期，也是人的世界观、人生观、价值观及良好的心理素质形成的关键时期。大学生在四年的学习生活中，面临着不同的心理困惑和心理问题。对刚进入学校的新生来说，他们面临着全新的环境，迎接着众多的挑战，容易出现适应性问题；对大二、大三年级的学生来说，他们面临着学习、交友、恋爱等问题，如果处理不好，便容易陷入学习和人际交往困境，对恋爱、婚姻、家庭持错误的观念和态度，无法形成正确的自我认知；对即将离开校园的大四学生来说，他们面临着择业问题，如何对自己进行精准的定位，如何处理好理想和现实之间的冲突，如何在就业竞争压力日益严重的今天，找到适合自己的工作，显得尤为重要。因此，对每个阶段的学生进行恰当的心理健康教育，将有助于大学生的健康成长。

二、大学生心理健康教育的现状分析

（一）高校对大学生心理健康教育的意识淡薄

我国高等院校对大学生进行心理健康教育开始较晚，所运用的心理健康教育的方法、技术、手段大多数是照搬欧美国家的，缺乏针对性，没有结合我国大学生的实际情况进行调整。

课堂教学环节使用的教材比较老旧，严格按照固定的教材、固定的内容、固定的模式进行教学，严格按照考分高低评价大学生的心理健康状况，大大增加了大学生的学业负担，导致大学生产生学习焦虑。

教育活动方面，简单化倾向严重，主题不鲜明，错误地将心理咨询与思想政治教育等同，错误地将心理健康教育与心理诊断和治疗画等号，将有轻度心理问题的学生当病人医治，使大学生产生抗拒心理。

教育群体局限，重调适性心理咨询，轻发展性心理辅导。仅仅关注少数甚至个别有严重心理疾病问题的学生，忽视大多数学生群体，将主要任务和工作重点放在对心理有问题大学生的咨询和治疗方面，片面地认为只有出了心理问题或有心理疾病的大学生才需要进行心理健康教育，殊不知对大多数学生群体进行发展性心理辅导是至关重要的。

（二）从事大学生心理健康教育的教师队伍不足

调查表明，高等院校心理健康教育教师队伍现有专兼两类，在人员构成上主要由心理学教育教师、思想政治工作者与医务人员三部分构成，但以兼职居多，专职教师太少，难以满足大学生心理健康发展的需要。

屈正良（2006）以 26 所高校为调研对象，结果表明有 26 所高校共有专兼职教师 160 人，平均每校 6.15 人；其中，专职教师 47 人，平均每校 1.81 人，兼职教师 113 人，平均每校 4.34 人。事实上，有 3 所高校尚无专职教师，兼职人员中有一部分只是挂名或偶尔参加活动。由此可知，具备专业素养且长期持续从事心理健康教育工作的教师人数更是少之又少。

粗略统计得知，26 所高校学生约 516 322 人，以专职教师为计算依据，折算师生比约为 1∶10 985，即平均每个专职教师要面对 1 万多名学生，大大超过了一个教师所能承担的工作量。事实表明，目前我国高校心理健康教育专职教师严重欠缺。

（三）推进大学生心理健康教育的教育模式单一

我国传统的心理健康教育的模式多以授课及进行心理咨询为主，最常见的是进行心理咨询。有些高等院校不是主动发现大学生存在的心理障碍和心理问题，而实施被动管理模式，要求大学生自己主动向老师或心理咨询机构寻求帮助。大学生处于成长和发育的关键时期，受外界和内心各种冲突因素的影响，多数情况都不愿意将自己的内心世界展示在外人面前。尤其是在出现心理困惑时，更不愿意与外界进行过多的沟通交流，不愿意向父母和老师倾诉。因此，此种教育模式已经无法解决当今时代背景下大学生的心理健康问题，创新教育模式势在必行。

（四）大学生自身对心理健康的认识度不够

多数大学生认为心理健康疾病的唯一表现形式就是精神类的疾病。因此，当他们面临陌生的校园、生疏的新群体时，当他们面对"理想世界"与"现实社会"的矛盾和冲突时，当他们与人交往和独处的经验相对较少时，当他们遇到恋爱和自我性意识困扰时，大学生甚至认为自身所面临的种种心理问题可能并不适合进行心理咨询，未能明确意识到这些都会给自己带来不同程度的心理应激，都是导致心理疾病的潜在因子。当这种应激超过限度时，就会造成心理问题，若不能及时解决，最后可能造成极其严重的后果。

三、大学生心理健康教育的策略建议

针对当前时代背景下大学生心理健康教育的现状，笔者提出建立大学生心理健康教育四级防御网，以期能够帮助大学生认识自身心理发展规律，了解保持心理健康的途径，学会心理调节的手段，掌握心理冲突化解、心理矛盾调节、心理平衡达成的方法。同时，期望高等院校能够以培养大学生挫折耐受力、坚强毅力和百折不挠的意志为目标，健全大学生心理健康教育的保障机制，以预防为主，切实提高大学生心理健康水平，改善其生活质量，提高社会适应能力，促进大学生德、智、体、心全面发展。

大学生心理健康教育四级防御网的建立，需要从高等院校、师资队伍、学生骨干、大学生自身四个方面逐层实施。

（一）心理健康教育第一层防御网：高等院校

高等院校应坚持在心理健康教育理念、心理健康教育内容、心理健康教育途径和方法、心理健康教育模式等方面不断进行创新。

第一，高校需增强对心理健康教育的意识，建立良好的校园文化，形成良好的心理健康教学氛围，树立"以学生为本"和"回归实践教育"的教育理念。第二，高校需以学生健全的自我意识、创造性的学习能力、良好的人际交往能力为教育教学内容；以积极心理学理论为指导，扩大心理健康教育的受众范围。第三，高校需积极探索和实践心理健康教育的有效教学途径，利用信息技术手段，构建心理健康教育的有效载体；将教学方法由心理适应性教育向潜能引导与开发转变；打破传统的教育模式，开展心理咨询课外实践活动，增强课堂教学的针对性与实效性。

(二) 心理健康教育第二层防御网：师资队伍

高校必须注重建设专业化师资队伍从事大学生心理健康教育工作，坚持对教师队伍数量和质量的把控，建立一支由教育管理者、思政工作者、辅导员、内部心理咨询师、心理学专业教师为专职，以医务人员和外部心理咨询人员为兼职的师资队伍，加大心理学专业人才的引进力度，以充实大学生心理健康教育的师资力量。

在人员配备方面，《教育部关于加强高等学校辅导员、班主任队伍建设的意见》规定：专职辅导员按 1∶200 的比例配备、联合国教科文组织规定专职学校心理学家的配备比例为 1∶3 000~1∶2 000，美国咨询心理学专家认为合适的配备比例是 1∶400~1∶250。教师数量达到要求后，更重要的是要不断加强从业者心理健康教育方面的业务知识培训与能力的培养，使其具有较高的职业素质和业务水平。

(三) 心理健康教育第三层防御网：学生骨干

学生干部队伍立足于学生，比起教师来，更容易贴近学生，更具有优势。班级干部中心理联络员作为心理健康教育第三层防御网中的骨干力量，在教师和学生之间起到了很好的桥梁与纽带作用。

在某些情况下学生遇到心理困惑、情感问题时，更愿意与同龄人交流、倾诉，通过学生骨干在学生群体中进行心理健康知识的传播，提供心理健康方面的服务，更有利于心理健康教育的宣传和心理问题的解决。

(四) 心理健康教育第四层防御网：大学生自身

作为新一代大学生，应该了解有关心理健康方面的知识，能够及时发现自己和他人早期出现的心理健康问题，及时求助和端正对心理健康和心理咨询的态度。树立正确的人生观、世界观、价值观，培养自己独立分析问题的能力，不偏激，不盲从，处理好学习、交友、恋爱、择业方面的问题，做一个健康、快乐的青年。

参考文献

[1] 樊富珉，李卓宝. 重视和加强大学生心理健康教育 [J]. 教育研究，1996 (7)：21-24.

[2] 姚本先，陆璐. 我国大学生心理健康教育研究的现状与展望 [J]. 心理科学，2007，30 (2)：485-488.

[3] 陈中永，付海东. 高等学校开展大学生心理健康教育工作的意义与

工作机制 [J]. 内蒙古师范大学学报（哲学社会科学版），2007，36（1）：25-28.

[4] 杨南熙. 大学生心理健康教育特点与对策 [J]. 统计与管理，2015（6）：162-163.

[5] 屈正良. 大学生心理健康教育工作的现状分析与对策研究 [D]. 长沙：湖南农业大学，2006.